# 2024
# 中国保险资产管理业发展报告

CHINA INSURANCE ASSET MANAGEMENT DEVELOPMENT REPORT (2024)

中国保险资产管理业协会 著

中国财经出版传媒集团
中国财政经济出版社
·北京·

图书在版编目（CIP）数据

中国保险资产管理业发展报告.2024／中国保险资产管理业协会著. -- 北京：中国财政经济出版社，2024.9.（2024.11重印） -- ISBN 978-7-5223-3350-2

Ⅰ.F842.3

中国国家版本馆 CIP 数据核字第 20244TX884 号

责任编辑：郁东敏　　　责任印制：党　辉
封面设计：中通世奥　　　责任校对：胡永立

中国保险资产管理业发展报告（2024）
ZHONGGUO BAOXIAN ZICHAN GUANLIYE FAZHAN BAOGAO (2024)

中国财政经济出版社 出版

URL：http://www.cfeph.cn
E-mail：cfeph@cfeph.cn

（版权所有　翻印必究）

社址：北京市海淀区阜成路甲 28 号　邮政编码：100142
营销中心电话：010-88191522
天猫网店：中国财政经济出版社旗舰店
网址：https://zgczjjcbs.tmall.com
中煤（北京）印务有限公司印刷　各地新华书店经销
成品尺寸：210mm×296mm　16 开　15.75 印张　275 000 字
2024 年 9 月第 1 版　2024 年 11 月北京第 2 次印刷
定价：108.00 元
ISBN 978-7-5223-3350-2
（图书出现印装问题，本社负责调换，电话：010-88190548）
本社图书质量投诉电话：010-88190744
打击盗版举报热线：010-88191661　QQ：2242791300

# 编 委 会

主　　任：王军辉

执行主任：王　毅

委　　员：（按照姓氏拼音排序）

　　　　　曹德云　陈国力　陈　林　陈奕伦　陈有棠　陈子昊
　　　　　程　锐　贡　磊　韩向荣　贺竹君　黄本尧　黄旭锋
　　　　　黄　勇　康国君　李　峰　李冠莹　李　巍　刘开俊
　　　　　彭吉海　孙　键　万谊青　魏　斌　吴　茜　吴　松
　　　　　严振华　杨　平　于　泳　于业明　俞岱曦　杨雪梅
　　　　　张凤鸣　张　倩　张秦华　张思贤　张　震　赵立军
　　　　　赵明浩　赵小凡　甄庆哲　周伏平　朱颖锋

主　　编：曹德云

副 主 编：陈国力

编　　委：（按照姓氏拼音排序）

　　　　　陈荆女　杜　建　方修广　李子祎　梁凤波　骆志威
　　　　　王　铁　薛永前　游　青　赵　新　赵　越

# 《中国保险资产管理业发展报告（2024）》编写组成员

**牵头执笔：** 中国保险资产管理业协会研究规划部

**全书统稿：** 李书轩　甘　露

**执笔人**（分章节，按参与撰写章节先后顺序排序）：

第一章：廖　博　姚泽宇　毛晴晴　樊　优　张煜昱

第二章、第三章：赵　芸　韩　铮　李浩天　甘　露　刘嘉雯　杜伊纯

第四章：安　思　郭　睿　王　辉　关凯明　密　密　隋　心　杨　扬　王天华　刘雅骏　薄清文

第五章：张　驰　刘嘉雯　刘静莹　熊文利　陆燕飞　楚国宾　王　辉　田　丰　肖　侃　刘思含　陈佳玥　刘雅骏

附录一、附录二、附录三：李书轩

附录四：各保险资产管理公司

**全书校对：** 李书轩　张孟茜　李俊葶　王文婧　刘一航　张　磊　王　辉

# 序　言

2023年是全面贯彻党的二十大精神的开局之年。在党中央的全面领导下，高质量发展扎实推进，全面建设社会主义现代化国家迈出坚实步伐。2023年国内生产总值超过126万亿元，同比增长5.2%[①]，高于全年5%的经济增长目标，回暖迹象显著。但经济修复的路径较为曲折，现阶段仍然面临有效需求不足、部分行业产能过剩、社会预期偏弱、风险隐患较多等诸多困难挑战，外部环境的复杂性、严峻性、不确定性也在不断上升。总体来看，我国经济回升向好、长期向好的基本趋势没有改变。

在过去的一年中，保险业积极发挥经济减震器和社会稳定器功能，在促进经济社会提质增效、保障人民群众生产生活等方面作出重要贡献。2023年全年，保险公司原保险保费收入5.1万亿元，同比增长9.1%，保费收入增速有所企稳；赔款与给付支出1.9万亿元，同比增长21.9%；新增保单件数754亿件，同比增长36.1%。偿付能力方面，2023年第四季度末，保险业综合偿付能力充足率为197.1%，核心偿付能力充足率为128.2%，均高于100%和50%的达标标准，整体保持在合理区间[②]。

作为我国金融市场的重要组成部分和支持保险主业稳健发展的核心力量，自2003年第一家保险资产管理公司成立至今，中国保险资产管理业经过二十年改革探索，在长期资金管理、大类资产配置、绝对收益策略等方面积累了丰富经验，在服务保险主业发展、支持实体经济和国家战略等方面发挥了重要且独特的作用。从行业运行看，截至2023年末，保险资金运用余额28.16万亿元，同比增长11.05%。其中，人身险公司25.19万亿元，同比增长11.52%；财产险公司2.02万亿元，同比增长4.59%。从配置结构看，人身险公司资金配置结构中银行存款、债券、股票、证券投资基金、长期股权投资占比分别为8.56%、45.96%、7.21%、5.38%、9.15%，财产险公司配置结构占比分别为18.09%、37.82%、6.26%、8.84%、6.47%[③]。从业绩表现看，2023年由于股债市场波动，保险资产管理业持续承压，多家机构业绩表现呈现负增长，但行业总体

---

[①] 《2024年国务院政府工作报告》。
[②] 国家金融监督管理总局官网，2023年4季度银行业保险业主要监管指标数据情况。
[③] 国家金融监督管理总局官网，2023年4季度保险业资金运用情况表。

收益相较 2022 年有所回升，2023 年末 33 家保险资产管理公司实现收入合计 296.62 亿元，同比增长 8.18%①。从产品创设看，2023 年全年中国保险资产管理业协会共登记债权投资计划、股权投资计划、保险私募基金 479 只，同比减少 9.45%，登记规模 8 545.72 亿元，同比减少 18.67%②。2024 年，保险资产管理业再接再厉，坚持以习近平新时代中国特色社会主义思想为指导，认真贯彻落实党的二十大精神，按照中央金融工作会议和中央经济工作会议部署，锚定金融强国建设目标，紧扣服务实体经济和服务保险主业的宗旨，扎实推进保险资产管理业高质量发展，探索中国特色保险资产管理业发展之路。

《中国保险资产管理业发展报告》是由国家金融监督管理总局指导，中国保险资产管理业协会牵头编纂，全面系统反映保险资产管理行业年度发展情况的权威报告，今年是连续第 8 年编纂出版。《中国保险资产管理业发展报告（2024）》分为正文和附录两部分。正文部分共五章，第一章是 2023 年保险资产管理行业发展概述，第二章是 2023 年保险资产管理行业运行情况，第三章是 2023 年保险公司资金运用情况，第四章是 2023 年保险资产管理行业专题报告，第五章是 2023 年中国保险资产管理业协会专项工作情况。附录部分包括 2021—2023 年保险资产管理行业主要政策目录、保险资产管理行业大事记、保险资产管理行业倡议书、2023 年保险资产管理公司情况统计表等。

中国保险资产管理业协会成立至今，一直将推动行业发展、支持行业建设、扩大行业影响作为工作目标之一。《中国保险资产管理业发展报告（2024）》作为客观记录行业情况的报告，希望能够为中国保险资产管理业的发展留下持续、真实、客观的历史资料，同时为当期和今后行业的发展提供必要参考。

中国保险资产管理业协会<br/>
党委书记、执行副会长兼秘书长 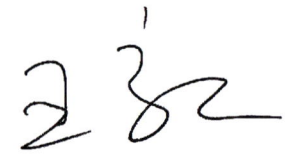<br/>
2024 年 9 月

---

① 《2023—2024 年中国保险资产管理行业运行调研报告》。因中邮保险资产管理有限公司为新设机构，暂无业务收入数据，行业收入分析统计口径为其他 33 家机构。
② 数据来源：中国保险资产管理业协会。

## 数据说明

本报告涉及的行业数据，如无特别标注，均出自《2023—2024年中国保险资产管理行业运行调研报告》，非监管授权数据，调研数据均截至2023年12月31日，其中，参与调研的保险公司共有198家，包括集团公司13家、寿险公司85家、产险公司88家、再保险公司12家；参与调研的还有保险资产管理公司34家和中保投资有限责任公司。

需要说明的是，截至调研问卷回收时，部分公司数据未经审计，可能与最终披露数据存在一定差异，具体请以各公司官方披露为准。本报告提供的数据信息，仅供参考。

# 目录 Contents

## 第一章　2023 年保险资产管理行业发展概述　　1

一、2023 年国内外宏观形势概述　　3
二、2023 年中国保险业发展情况概述　　6
三、2023 年中国资产管理行业发展概述　　12
四、2023 年中国保险资产管理行业发展概述　　14

## 第二章　2023 年保险资产管理行业运行情况　　19

一、市场主体　　21
二、管理规模　　23
三、资金来源　　28
四、资产配置　　35
五、行业收入　　46
六、保险资产管理产品　　52
七、组织架构与人才建设　　71

## 第三章　2023 年保险公司资金运用情况　　79

一、资产配置情况　　81
二、投资收益情况　　94
三、股权投资情况　　99
四、人才建设情况　　106

## 第四章　2023 年保险资产管理行业专题报告　　109

【专题一】保险资产管理公司产品登记情况　　111
【专题二】保险机构投资管理能力情况　　120
【专题三】保险资产管理行业服务实体经济情况　　124
【专题四】保险资产管理行业人工智能与大数据应用情况　　127
【专题五】保险资产管理行业自律评价　　132
【专题六】保险资产管理行业最受欢迎投资业务合作机构推介情况　　136

| 【专题七】保险资产管理行业定点帮扶情况 | 143 |
| --- | --- |
| 【专题八】保险资产管理行业清廉文化建设情况 | 147 |

## 第五章 2023 年中国保险资产管理业协会专项工作情况    151

| 【专项一】中国保险资产管理业协会风险监测情况 | 153 |
| --- | --- |
| 【专项二】中国保险资产管理业协会服务会员情况 | 155 |
| 【专项三】中国保险资产管理业协会自律管理情况 | 157 |
| 【专项四】保险资产管理行业标准化建设情况 | 160 |
| 【专项五】IAMAC 资产管理百人问卷调查 | 165 |
| 【专项六】中国保险资产管理行业投资管理人（CIO）调研 | 167 |
| 【专项七】保险资产管理公司参与金融衍生品业务情况调研 | 169 |
| 【专项八】保险机构境外投资业务情况调研 | 175 |
| 【专项九】保险资产管理行业投资者信心调查 | 178 |
| 【专项十】保险资产管理行业投资信心指数 | 181 |

## 附录    183

| 附录一 2021—2023 年保险资产管理行业主要政策目录 | 185 |
| --- | --- |
| 附录二 保险资产管理行业大事记 | 189 |
| 附录三 保险资产管理行业倡议书 | 191 |
| 附录四 2023 年保险资产管理公司情况统计表 | 197 |

## 后记    229

# 图表目录

| 图1-2-1 | 2023年财产险公司保费收入结构 | 9 |
| 图1-2-2 | 2023年人身险公司保费收入结构 | 9 |
| 图1-3-1 | 2015—2023年中国资产管理行业规模 | 13 |
| 图1-3-2 | 2015—2023年中国各类资产管理产品规模占比 | 14 |
| 图2-2-1 | 2015—2023年保险资产管理公司资产管理规模（全口径）及增速情况 | 24 |
| 图2-2-2 | 2020—2023年保险资产管理公司资产管理规模（窄口径）及增速情况 | 24 |
| 图2-2-3 | 2015—2023年行业资产管理规模TOP5集中度情况 | 24 |
| 图2-2-4 | 2023年9家超大型机构资产管理规模及增速 | 25 |
| 图2-2-5 | 2023年6家大型机构资产管理规模及增速 | 25 |
| 图2-2-6 | 2023年17家中型＋2家小型机构资产管理规模及增速 | 26 |
| 图2-2-7 | 2023年保险资产管理公司各类业务规模及构成情况 | 26 |
| 图2-2-8 | 2019—2023年保险资产管理公司各类业务管理规模占比情况 | 27 |
| 图2-2-9 | 2019—2023年保险资产管理公司各类业务管理规模情况 | 27 |
| 图2-2-10 | 2019—2023年保险资产管理公司各类业务规模及增速情况 | 27 |
| 图2-2-11 | 2023年四梯队机构主要业务规模占比情况 | 28 |
| 图2-3-1 | 2022—2023年末保险资产管理公司资金来源构成 | 28 |
| 图2-3-2 | 2021—2023年保险资产管理公司各类资金来源占比情况 | 29 |
| 图2-3-3 | 2021—2023年保险资产管理公司管理各类资金规模及增长率情况 | 29 |
| 图2-3-4 | 2023年保险资产管理公司资金来源构成情况 | 30 |
| 图2-3-5 | 2022—2023年超大型机构管理系统内保险资金规模及增速情况 | 30 |
| 图2-3-6 | 2022—2023年大型机构管理系统内保险资金规模及增速情况 | 31 |
| 图2-3-7 | 2022—2023年中小型机构管理系统内保险资金规模及增速情况 | 31 |
| 图2-3-8 | 2022—2023年超大型机构管理第三方保险资金规模及增速情况 | 32 |
| 图2-3-9 | 2022—2023年大型机构管理第三方保险资金规模及增速情况 | 32 |
| 图2-3-10 | 2022—2023年中小型机构管理第三方保险资金规模及增速情况 | 32 |
| 图2-3-11 | 2022—2023年超大型、大型机构管理银行资金规模及增速情况 | 33 |
| 图2-3-12 | 2022—2023年中小型机构管理银行资金规模及增速情况 | 33 |
| 图2-3-13 | 2022—2023年3家有投管人资格的保险资产管理公司养老金管理情况 | 34 |
| 图2-3-14 | 2022—2023年19家无投管人资格的保险资产管理公司养老金管理情况 | 34 |

| 图2–3–15 | 2022—2023年保险资产管理公司各业务资金来源构成 | 35 |
| 图2–4–1 | 2022—2023年保险资产管理公司资产配置结构 | 36 |
| 图2–4–2 | 2021—2023年保险资产管理公司主要投资资产规模及增速情况 | 36 |
| 图2–4–3 | 2023年保险资产管理公司各类资金的配置结构 | 37 |
| 图2–4–4 | 2022—2023年各综合收益率区间对应机构数量情况 | 37 |
| 图2–4–5 | 2022—2023年各财务收益率区间对应机构数量情况 | 37 |
| 图2–4–6 | 2022—2023年各综合收益率区间对应机构投资规模合计 | 38 |
| 图2–4–7 | 2022—2023年各财务收益率区间对应机构投资规模合计 | 38 |
| 图2–4–8 | 2022—2023年保险资产管理公司投资银行存款和存单占比情况 | 39 |
| 图2–4–9 | 2022—2023年保险资产管理公司投资银行存款规模及增速情况 | 39 |
| 图2–4–10 | 2022—2023年保险资产管理公司投资各类债券规模占比情况 | 39 |
| 图2–4–11 | 2022—2023年保险资产管理公司投资各类债券规模及增速情况 | 40 |
| 图2–4–12 | 2023年保险资产管理公司投资债券细分品种构成情况 | 40 |
| 图2–4–13 | 2022—2023年不同规模保险资产管理公司持有债券大类占比情况 | 41 |
| 图2–4–14 | 2022—2023年不同规模保险资产管理公司持有债券外部评级分布情况 | 41 |
| 图2–4–15 | 2022—2023年保险资产管理公司投资保险资产管理产品占比情况 | 42 |
| 图2–4–16 | 2022—2023年保险资产管理公司投资各类保险资产管理产品规模及增速情况 | 42 |
| 图2–4–17 | 2022—2023年保险资产管理公司投资各类金融产品占比情况 | 43 |
| 图2–4–18 | 2022—2023年保险资产管理公司投资各类金融产品规模及增速情况 | 43 |
| 图2–4–19 | 2022—2023年保险资产管理公司投资各类股票占比情况 | 44 |
| 图2–4–20 | 2022—2023年保险资产管理公司投资各类股票规模及增速情况 | 44 |
| 图2–4–21 | 2022—2023年保险资产管理公司投资各类公募基金规模及增速情况 | 45 |
| 图2–4–22 | 2022—2023年不同规模保险资产管理公司持有各类公募基金占比情况 | 45 |
| 图2–5–1 | 2016—2023年保险资产管理公司收入及增速情况 | 46 |
| 图2–5–2 | 2016—2023年行业TOP5机构收入集中度情况 | 47 |
| 图2–5–3 | 2022—2023年超大型机构收入及增速情况 | 48 |
| 图2–5–4 | 2022—2023年大型机构收入及增速情况（不含中邮资管） | 48 |
| 图2–5–5 | 2022—2023年中小型机构收入及增速情况 | 49 |
| 图2–5–6 | 2016—2023年行业单位规模收入情况 | 49 |
| 图2–5–7 | 2023年保险资产管理公司单位规模收入情况 | 50 |
| 图2–5–8 | 2019—2023年行业主要业务收入及增速情况 | 50 |

| 图 2-5-9 | 2019—2023 年保险资产管理公司各类业务规模及收入占比情况 | 51 |
| --- | --- | --- |
| 图 2-5-10 | 2023 年四梯队业务规模及收入构成 | 51 |
| 图 2-5-11 | 2019—2023 年保险资产管理公司各类业务单位规模收入及增速情况 | 52 |
| 图 2-6-1 | 2019—2023 年保险资产管理产品存续余额及增速情况 | 53 |
| 图 2-6-2 | 2019—2023 年全行业保险资产管理产品管理费收入及增速情况 | 53 |
| 图 2-6-3 | 近三年组合类保险资产管理产品数量与存续余额情况 | 54 |
| 图 2-6-4 | 近三年组合类保险资产管理产品管理费收入及单位规模收入情况 | 54 |
| 图 2-6-5 | 2021—2023 年超大型、大型机构组合类保险资产管理产品存续余额及增速情况 | 55 |
| 图 2-6-6 | 2021—2023 年中型、小型机构组合类保险资产管理产品存续余额及增速情况 | 55 |
| 图 2-6-7 | 2019—2023 年组合类保险资产管理产品各类资金规模及占比情况 | 56 |
| 图 2-6-8 | 2021—2023 年不同规模机构组合类保险资产管理产品资金来源构成情况 | 56 |
| 图 2-6-9 | 2021—2023 年组合类保险资产管理产品各细分产品资金来源构成情况 | 57 |
| 图 2-6-10 | 2021—2023 年组合类保险资产管理产品各细分产品存续余额及增速情况 | 57 |
| 图 2-6-11 | 2021—2023 年组合类保险资产管理产品各细分产品管理费收入情况 | 58 |
| 图 2-6-12 | 2021—2023 年组合类保险资产管理产品投资资产分布情况 | 58 |
| 图 2-6-13 | 2021—2023 年固定收益类（非货币市场类）组合类保险资产管理产品资金来源构成及占比情况 | 59 |
| 图 2-6-14 | 2021—2023 年固定收益类（非货币市场类）组合类保险资产管理产品单位规模收入情况 | 59 |
| 图 2-6-15 | 2021—2023 年固定收益类（货币市场类）组合类保险资产管理产品资金来源构成及占比情况 | 59 |
| 图 2-6-16 | 2021—2023 年固定收益类（非货币市场类）组合类保险资产管理产品单位规模收入情况 | 60 |
| 图 2-6-17 | 2021—2023 年权益类组合类保险资产管理产品资金来源构成及占比情况 | 60 |
| 图 2-6-18 | 2021—2023 年权益类组合类保险资产管理产品单位规模收入情况 | 61 |
| 图 2-6-19 | 2021—2023 年混合类组合类保险资产管理产品资金来源构成及占比情况 | 61 |
| 图 2-6-20 | 2021—2023 年混合类组合类保险资产管理产品单位规模收入情况 | 61 |
| 图 2-6-21 | 2021—2023 年债权投资计划存续情况 | 62 |
| 图 2-6-22 | 2021—2023 年债权投资计划管理费收入及单位规模收入情况 | 62 |

| 图 2 – 6 – 23 | 2021—2023 年债权投资计划当年登记发行缴款情况 | 63 |
| --- | --- | --- |
| 图 2 – 6 – 24 | 2021—2023 年不同规模机构债权投资计划当年登记发行缴款规模占比情况 | 63 |
| 图 2 – 6 – 25 | 2021—2023 年超大型、大型机构债权投资计划产品存续余额情况 | 63 |
| 图 2 – 6 – 26 | 2021—2023 年中型、小型机构债权投资计划产品存续余额情况 | 64 |
| 图 2 – 6 – 27 | 2021—2023 年债权投资计划资金来源整体情况 | 64 |
| 图 2 – 6 – 28 | 2021—2023 年不同规模机构债权投资计划资金来源情况 | 65 |
| 图 2 – 6 – 29 | 2021—2023 年不同规模机构债权投资计划管理费收入情况 | 65 |
| 图 2 – 6 – 30 | 2023 年各行业投向债权投资计划管理费收入及占比情况 | 65 |
| 图 2 – 6 – 31 | 2021—2023 年各行业投向债权投资计划当年登记发行缴款规模占比情况 | 66 |
| 图 2 – 6 – 32 | 2021—2023 年不同规模机构各行业投向债权投资计划当年登记发行缴款规模占比 | 66 |
| 图 2 – 6 – 33 | 2021—2023 年债权投资计划投向各行业的存续余额占比情况 | 67 |
| 图 2 – 6 – 34 | 2021—2023 年债权投资计划各项目算术平均期限机构占比情况 | 67 |
| 图 2 – 6 – 35 | 2021—2023 年债权投资计划各项目算术平均收益率区间机构占比情况 | 67 |
| 图 2 – 6 – 36 | 2021—2023 年股权投资计划存续情况 | 68 |
| 图 2 – 6 – 37 | 2021—2023 年股权投资计划管理费收入及单位规模收入情况 | 68 |
| 图 2 – 6 – 38 | 2021—2023 年股权投资计划发行缴款情况 | 69 |
| 图 2 – 6 – 39 | 2021—2023 年不同规模机构股权投资计划发行缴款规模占比情况 | 69 |
| 图 2 – 6 – 40 | 2021—2023 年股权投资计划存续情况 | 70 |
| 图 2 – 6 – 41 | 2021—2023 年股权投资计划资金来源情况 | 70 |
| 图 2 – 6 – 42 | 2021—2023 年不同规模机构股权投资计划资金来源情况 | 70 |
| 图 2 – 7 – 1 | 2018—2023 年行业人才数量及增速 | 72 |
| 图 2 – 7 – 2 | 2018—2023 年不同规模保险资产管理公司人才数量分布情况 | 72 |
| 图 2 – 7 – 3 | 2019—2023 年不同规模保险资产管理公司平均人员数量情况 | 72 |
| 图 2 – 7 – 4 | 2023 年行业各条线人才分布 | 73 |
| 图 2 – 7 – 5 | 2018—2023 年全行业各条线人才分布情况 | 73 |
| 图 2 – 7 – 6 | 2019—2023 年行业各条线人员增长情况 | 73 |
| 图 2 – 7 – 7 | 2023 年不同规模保险资产管理公司各主要条线人员占比 | 74 |
| 图 2 – 7 – 8 | 2023 年不同规模保险资产管理公司各条线人员配置平均数量 | 74 |
| 图 2 – 7 – 9 | 2022—2024 年行业各条线机构增员计划对比 | 75 |
| 图 2 – 7 – 10 | 2018—2023 年保险资产管理公司人均管理规模及增速情况 | 76 |
| 图 2 – 7 – 11 | 2018—2023 年保险资产管理公司人均创收及增速情况 | 76 |
| 图 2 – 7 – 12 | 2019—2023 年行业四梯队人均管理规模情况 | 76 |
| 图 2 – 7 – 13 | 2021—2023 年超大型机构人均管理规模及增速情况 | 77 |

| 图2-7-14 | 2021—2023年大型机构人均管理规模及增速情况 | 77 |
| --- | --- | --- |
| 图2-7-15 | 2021—2023年中型、小型机构人均管理规模及增速情况 | 78 |
| 图2-7-16 | 2019—2023年不同规模保险资产管理公司人均创收及增速情况 | 78 |
| 图3-1-1 | 2023年不同类型保险公司投资规模占比 | 82 |
| 图3-1-2 | 2023年不同规模人身险公司投资规模占比 | 82 |
| 图3-1-3 | 2023年不同规模财产险公司投资规模占比 | 82 |
| 图3-1-4 | 2021—2023年保险资金大类资产配置结构 | 83 |
| 图3-1-5 | 2021—2023年保险资金主要资产配置规模及增长情况 | 84 |
| 图3-1-6 | 2021—2023年现金及流动性资产配置比例 | 84 |
| 图3-1-7 | 2021—2023年现金及流动性资产子类资产配置规模及增速 | 85 |
| 图3-1-8 | 2021—2023年银行存款资产配置比例 | 85 |
| 图3-1-9 | 2021—2023年银行存款子类资产配置规模及增速 | 85 |
| 图3-1-10 | 2021—2023年债券资产配置比例 | 86 |
| 图3-1-11 | 2021—2023年债券子类资产配置规模及增速 | 86 |
| 图3-1-12 | 2021—2023年股票资产配置比例 | 86 |
| 图3-1-13 | 2021—2023年股票子类资产配置规模及增速 | 87 |
| 图3-1-14 | 2021—2023年公募基金（不含货基）资产配置比例 | 87 |
| 图3-1-15 | 2021—2023年公募基金（不含货基）子类资产配置规模及增速 | 87 |
| 图3-1-16 | 2022—2023年组合类产品资产配置比例 | 88 |
| 图3-1-17 | 2022—2023年组合类产品子类资产配置规模及增速 | 88 |
| 图3-1-18 | 2021—2023年金融产品（不含单一资管计划）资产配置比例 | 88 |
| 图3-1-19 | 2021—2023年金融产品（不含单一资管计划）子类资产配置规模及增速 | 89 |
| 图3-1-20 | 2022—2023年境外投资资产配置比例 | 89 |
| 图3-1-21 | 2022—2023年境外投资资产配置规模及增速 | 89 |
| 图3-1-22 | 2014—2023年境内单一资管计划管理人管理保险资金规模及增速 | 90 |
| 图3-1-23 | 2020—2023年保险公司投资单一资管计划规模占比情况 | 90 |
| 图3-1-24 | 2021—2023年不同类型保险公司资产配置结构 | 91 |
| 图3-1-25 | 2021—2023年不同规模人身险公司资产配置结构 | 93 |
| 图3-1-26 | 2021—2023年不同规模财产险公司资产配置结构 | 94 |
| 图3-2-1 | 2022—2023年保险公司综合收益率分布区间 | 95 |
| 图3-2-2 | 2022—2023年保险公司财务收益率分布区间 | 95 |
| 图3-2-3 | 2022—2023年不同综合收益率区间对应的各保险公司投资规模 | 96 |
| 图3-2-4 | 2022—2023年不同财务收益率区间对应的各保险公司投资规模 | 96 |
| 图3-2-5 | 2023年不同综合投资收益率区间对应的保险公司配置结构 | 96 |
| 图3-2-6 | 2022—2023年保险公司不同资产综合投资收益率区间分布（机构数量） | 97 |

| 图 3-2-7 | 2023 年不同规模人身险公司综合投资收益率区间分布 | 98 |
| --- | --- | --- |
| 图 3-2-8 | 2023 年不同规模人身险公司财务投资收益率区间分布 | 98 |
| 图 3-2-9 | 2023 年不同规模财产险公司综合投资收益率区间分布 | 98 |
| 图 3-2-10 | 2023 年不同规模财产险公司财务投资收益率区间分布 | 99 |
| 图 3-3-1 | 2022—2023 年保险公司股权投资结构 | 100 |
| 图 3-3-2 | 2020—2023 年保险公司股权投资各类资产规模及增速 | 100 |
| 图 3-3-3 | 2022—2023 年保险公司各类股权投资资产配置比例－按机构类型划分 | 101 |
| 图 3-3-4 | 2022—2023 年不同规模人身险公司股权投资配置结构 | 101 |
| 图 3-3-5 | 2022—2023 年不同规模财产险公司股权投资配置结构 | 101 |
| 图 3-3-6 | 2020—2023 年保险公司直接股权投资规模及增速 | 102 |
| 图 3-3-7 | 2022—2023 年各类型保险公司直接股权投资占比情况 | 102 |
| 图 3-3-8 | 2022—2023 年人身险公司直接股权投资规模及增速 | 103 |
| 图 3-3-9 | 2022—2023 年财产险公司直接股权投资规模及增速 | 103 |
| 图 3-3-10 | 2020—2023 年保险公司间接股权投资规模及增速 | 104 |
| 图 3-3-11 | 2022—2023 年各类型保险公司间接股权投资规模及增速 | 104 |
| 图 3-3-12 | 2022—2023 年不同规模人身险公司私募股权基金投资规模及增速 | 104 |
| 图 3-3-13 | 2022—2023 年不同规模人身险公司股权投资计划投资规模及增速 | 105 |
| 图 3-3-14 | 2022—2023 年不同规模财产险公司私募股权基金投资规模及增速 | 105 |
| 图 3-3-15 | 2022—2023 年不同规模财产险公司股权投资计划规模及增速 | 106 |
| 图 3-4-1 | 2023 年保险公司投资人才分布情况（194 家） | 106 |
| 图 3-4-2 | 2022—2023 年不同类型保险公司投资人才分布结构（186 家） | 107 |
| 图 3-4-3 | 2022—2023 年不同类型保险公司人均投资资产规模情况（186 家） | 107 |
| 图 4-1-1 | 债权投资计划登记情况 | 112 |
| 图 4-1-2 | 股权投资计划登记情况 | 112 |
| 图 4-1-3 | 保险私募基金登记情况 | 112 |
| 图 4-1-4 | 截至 2023 年末保险资产管理产品登记（注册）数量及规模情况 | 113 |
| 图 4-1-5 | 2023 年债权投资计划登记情况 | 113 |
| 图 4-1-6 | 2023 年债权投资计划月度发行缴款情况 | 114 |
| 图 4-1-7 | 2023 年股权投资计划登记情况 | 114 |
| 图 4-1-8 | 2023 年股权投资计划月度发行缴款情况 | 114 |
| 图 4-1-9 | 2022 年、2023 年债权投资计划月度登记规模 | 116 |
| 图 4-1-10 | 债权投资计划平均投资收益率 | 116 |
| 图 4-1-11 | 债权投资计划平均投资期限 | 117 |
| 图 4-1-12 | 2023 年 1—12 月债权投资计划分投向登记规模 | 117 |
| 图 4-1-13 | 各类增信方式数量占比 | 118 |
| 图 4-1-14 | 融资主体信用评级数量占比 | 118 |
| 图 4-1-15 | 2023 年债权投资计划登记规模前五位投资区域 | 118 |

| 图 4-1-16 | 2023年受托人情况——按债权投资计划登记数量和规模 | 119 |
| --- | --- | --- |
| 图 4-2-1 | 2023年保险资产管理公司具备的投资能力（34家） | 121 |
| 图 4-2-2 | 2023年保险资产管理公司具备的投资能力数量分布（34家） | 121 |
| 图 4-2-3 | 2023年保险集团（控股）公司具备的投资能力数量分布（10家） | 122 |
| 图 4-2-4 | 2023年保险集团（控股）公司具备的不同投资能力数量分布（10家） | 122 |
| 图 4-2-5 | 2023年财产险公司具备的投资能力数量分布（27家） | 122 |
| 图 4-2-6 | 2023年财产险公司具备的不同投资能力数量分布（27家） | 123 |
| 图 4-2-7 | 2023年人身险公司具备的投资能力数量分布（76家） | 123 |
| 图 4-2-8 | 2023年人身险公司具备的不同投资能力数量分布（76家） | 123 |
| 图 4-6-1 | IAMAC推介构成图 | 136 |
| 图 4-6-2 | 2023年IAMAC推介项目图 | 137 |
| 图 5-7-1 | 保险资产管理公司参与金融衍生品业务的主要目的（公司数量占比） | 172 |
| 图 5-7-2 | 未来一年债券现货价格下行时保险资产管理公司应对策略（公司数量占比） | 172 |
| 图 5-7-3 | 未来一年权益现货价格下行时保险资产管理公司应对策略（公司数量占比） | 173 |
| 图 5-7-4 | 保险资产管理公司各类账户参与国债期货业务情况（公司数量） | 173 |
| 图 5-7-5 | 保险资产管理公司各类账户参与股指期货业务情况（公司数量） | 173 |
| 图 5-10-1 | 2024年度保险资产管理行业投资信心指数调查结果 | 182 |
| 图 5-10-2 | 各季度保险资产管理行业投资信心指数调查结果（数据截至2023年底） | 182 |

| 表 1-2-1 | 2023年原保险保费收入情况 | 7 |
| --- | --- | --- |
| 表 1-3-1 | 中国资产管理行业框架 | 12 |
| 表 2-1-1 | 34家保险资产管理公司列表 | 21 |
| 表 2-1-2 | 16家保险私募基金管理人列表 | 22 |
| 表 2-1-3 | 12家保险资产管理（香港）子公司列表 | 22 |
| 表 2-1-4 | 参与调研的保险资产管理公司分类维度表 | 23 |
| 表 2-1-5 | 2015—2023年各类型机构数量 | 23 |
| 表 2-4-1 | 2023年保险资产管理公司持有公募基金规模分布情况 | 45 |
| 表 2-5-1 | 2019—2023年各收入区间机构数量分布 | 47 |
| 表 2-5-2 | 2016—2023年行业各机构收入平均值与中位值 | 47 |
| 表 2-5-3 | 2021—2023年行业机构四梯队收入平均值与中位值 | 48 |
| 表 2-7-1 | 2019—2023年不同规模保险资产管理公司人均创收平均值及中位值 | 78 |
| 表 3-0 | 参与调研的保险公司分类维度表 | 81 |

| 表 5-7-1 | 保险资产管理公司参与金融衍生品业务情况 | 171 |
| 表 5-7-2 | 保险资产管理公司参与国债期货业务情况 | 171 |
| 表 5-7-3 | 保险资产管理公司参与股指期货业务情况 | 171 |
| 表 5-7-4 | 2023年保险资产管理公司从业人员汇总表 | 174 |

# 第一章
# 2023 年保险资产管理行业发展概述

# 一、2023年国内外宏观形势概述

## （一）全球经济金融形势

全球经济复苏冷热不均。从主要经济体看，美国经济增长高于预期，2023年国内生产总值（GDP）实际增速为2.5%，较2022年增速提高0.6个百分点，其中下半年增速显著高于上半年；欧元区经济表现低迷，2023年第三、第四季度GDP转为负增长；日本经济走势企稳，2023年GDP增长1.9%，较2022年提高0.9个百分点；新兴经济体方面，印度、巴西2023年经济增长相对稳健，南非、墨西哥经济增长趋缓。

一是美欧通胀压力较快回落，年末有所反复。2023年12月，美国消费者物价指数（CPI）同比上涨3.4%，较年初回落3个百分点，但较11月小幅走高，核心CPI延续回落态势。2023年12月，欧元区调和消费者物价指数（HICP）同比上涨2.9%，较11月有所回弹，结束此前8个月连续回落态势。2023年12月，英国CPI同比上涨4%，明显低于年初水平。

二是美国劳动力市场依然强劲。2023年12月，美国新增非农就业为21.6万人，连续2个月回升；失业率为3.7%，与11月持平，较10月下降0.1个百分点；劳动参与率为62.5%，较11月下降0.3个百分点；非农就业时薪同比上涨4.1%，较11月的4%略有反弹。12月，职位空缺数从11月的892.5万反弹至902.6万。

三是国际金融市场波动较大。全球股市总体上涨，2023年美国标普500指数（SPX）和欧元区斯托克50（STOXX 50E）指数分别上涨24.2%、19.2%，新兴市场股票指数（MSCI）上涨7%。全球债券收益率震荡下行，2023年末彭博巴克莱新兴市场指数和发达国家主权债券指数较2022年末分别增长11%和4.2%。大宗商品价格波动下降，2023年末标普高盛商品指数（S&P GSCI）较2022年末下降12.2%，略高于疫情前水平。

综上所述，2023年全球经济增长呈现韧性，但动能趋于弱化。考虑到服务项目通胀仍具黏性，通胀回落仍是一个相对缓慢的过程，劳动力市场保持相对强劲。但是，前期刺激政策的累积效应随着政策效应不断消退，而主要经济体加息的滞后影响逐渐显现，全球经济未来增长动能可能进一步弱化，贸易延续低迷、发达经济体宏观政策不确定性、地缘政治风险等对经济增长的影响仍需关注。

## （二）国内经济金融形势

2023年，面对复杂严峻的国际环境和艰巨繁重的国内改革发展稳定任务，各地区各部门坚决贯彻落实党中央、国务院决策部署，加大宏观调控力度，国民经济回升向好，供给需求稳步提高，转型升级积极推进，就业物价总体稳定，民生保障有力有效，高质量发展扎实推进，全年经济呈现"N"形走势。全年国内生产总值1 260 582亿元，按不变价格计算，比上年增长5.2%。分季度看，2023年一季度国内生产总值同比增长4.5%，二季度增长6.3%，三季度增长4.9%，四季度增长5.2%。

一是居民收入持续增加，市场销售恢复较快。2023年，全国居民人均可支配收入39 218元，同比名义增长6.3%，扣除价格因素实际增长6.1%。2023年，最终消费支出对经济增长的贡献率达到82.5%。全年社会消费品零售总额同比增长7.2%，基本生活类消费稳定增长，限额以上单位服装鞋帽针纺织品类、粮油食品类商品零售额分别增长12.9%和5.2%；升级类商品销售增长较快，限额以上单位金银珠宝类，体育、娱乐用品类，通信器材类商品零售额分别增长13.3%、11.2%、7.0%。

二是投资规模继续扩大，新质生产力领域投资增势突出。2023年全国固定资产投资（不含农户）503 036亿元，同比增长3.0%。分领域看，制造业投资增长6.5%，高于全部投资3.5个百分点；基础设施投资增长5.9%；房地产开发投资下降9.6%。高技术制造业中，航空、航天器及设备制造业，计算机及办公设备制造业，电子及通信设备制造业投资分别增长18.4%、14.5%、11.1%。从吸引外资看，高技术制造业实际使用外资增长6.5%，其中电子及通信设备制造业、医疗仪器设备及仪器仪表制造业分别增长12.2%、32.1%。建筑业和科学成果转化服务领域实际使用外资分别增长43.7%、8.9%。

三是货物进出口总体平稳，贸易结构持续优化。2023年，货物进出口总额417 568亿元，同比增长0.2%。其中，出口增长0.6%，进口下降0.3%，贸易顺差57 884亿元。民营企业进出口增长6.3%，占进出口总额的比重为53.5%，比上年提高3.1个百分点。对共建"一带一路"国家进出口增长2.8%，占进出口总额的比重为46.6%，比上年提高1.2个百分点。机电产品出口增长2.9%，占出口总额比重为58.6%。

四是物价水平保持可控。2023年，居民消费价格指数（CPI）同比上涨0.2%，总体呈前高后低、逐步放缓态势。从供给看，国内产能充足且恢复较快，四季度工业产能利用率为75.9%，较一季度回升1.6个百分点。从需求看，消费复苏动能偏弱。不包括食品和能源的核心CPI同比上涨0.7%，涨幅比上年低0.2个百分点。此外，受国际大宗商品价格震荡回落和上年高基数等因素影响，2023年工业生产者出厂价格指数（PPI）同比持续下降，全年呈"V"形走势下降3.0%，比上年低7.3个百分点。

五是就业形势稳中向好。2023年，全国城镇调查失业率平均值为5.2%，比上年下降0.4个百分点。重点群体就业持续改善，2023年农民工总量达到2.98亿人，比上年增加191万人，外来农业户籍人口城镇调查失业率全年均值比上年下降0.7个百分点。

六是财政收入恢复性增长，财政支出保持稳定。2023年，全国一般公共预算收入216 784亿元，同比增长6.4%。其中，中央一般公共预算收入99 566亿元，同比增长4.9%；地方一般公共预算本级收入117 218亿元，同比增长7.8%，全国31个省份财政收入全部实现正增长。从税收收入看，2023年，全国税收收入181 129亿元，同比增长8.7%。其中，国内增值税69 332亿元，同比增长42.3%，主要原因是上年留抵退税较多、基数较低。从非税收入看，2023年，全国非税收入35 655亿元，同比下降3.7%。从支出结构看，社会保障和就业支出、科学技术支出和教育支出增长较快，同比分别增长8.9%、7.9%和4.5%。

七是国际收支维持基本平衡。经常账户和非储备性质金融账户呈现自主平衡格局，2023年末外汇储备余额稳定在3.2万亿美元以上。2023年，我国经常账户顺差2 530亿美元，顺差规模继续运行在历史高位，发挥稳定国际收支的基本盘作用；与国内生产总值（GDP）之比为1.4%，保持在合理均衡区间。其中，货物贸易保持韧性，贸易伙伴多元化稳步推进，出口产品竞争优势持续巩固。服务贸易稳步提升，居民跨境旅游留学逐步恢复推升旅行支出，但仍低于疫情前水平。此外，资本项下跨境投资活动有序开展。其中，外商股权性质直接投资保持净流入，2023年四季度明显回升，我国对外股权性质直接投资稳定增长。证券投资逐步恢复净流入，四季度境外投资者净增持境内债券超过620亿美元。

八是债券收益率整体震荡下行。2023年末，1年期、3年期、5年期、7年期、10年期国债收益率分别为2.08%、2.29%、2.40%、2.53%、2.56%，分别较2022年末下行2个、11个、24个、29个、28个基点。2023年末，中债国债总指数收盘价为224.5，较2022年末上涨10.8；中债新综合全价指数收盘价为124.6，较2022年末上涨2.5。2023年12月，银行间同业拆借月加权平均利率为1.78%，同比上行52个基点；银行间质押式回购月加权平均利率为1.90%，同比上行50个基点。

九是股票市场主要指数回落。2023年末，上证指数收于2 974.9点，较2022年末下跌114.3点，跌幅为3.7%；深证成指收于9 524.7点，较2022年末下跌1 491.3点，跌幅为13.5%。两市场全年成交额212.2万亿元，同比减少5.5%。

总的来看，2023 年我国顶住外部压力、克服内部困难，国民经济回升向好，高质量发展扎实推进，主要预期目标圆满实现，全面建设社会主义现代化国家迈出坚实步伐。同时也要看到，当前外部环境复杂性、严峻性、不确定性上升，经济发展仍面临一些困难和挑战。未来需要坚持以习近平新时代中国特色社会主义思想为指导，全面贯彻落实党的二十大和二十届二中全会精神，按照中央经济工作会议部署，以"完整、准确、全面贯彻新发展理念，构建新发展格局，推动高质量发展"为首要任务，坚持稳中求进、以进促稳、先立后破，加大宏观调控力度，统筹扩大内需和深化供给侧结构性改革，统筹高质量发展和高水平安全，切实增强经济活力、防范化解风险、提高社会预期，巩固和增强经济回升向好态势，持续推动经济实现质的有效提升和量的合理增长。

## 二、2023 年中国保险业发展情况概述[①]

### （一）2023 年保险业整体情况

2023 年随着疫情影响逐步消退，保险行业迎来高质量发展新机遇。保费增长修复，总资产延续增长，行业继续保持稳健运行的良好态势，以高质量水平服务国家和人民需求，助力中国式现代化发展行稳致远。

2023 年末，保险公司总资产 30.0 万亿元，较年初增加 2.8 万亿元，较年初增长 10.4%。其中，财产险公司总资产 2.8 万亿元，较年初增长 3.3%；人身险公司总资产 25.9 万亿元，较年初增长 10.9%；再保险公司总资产 7 471 亿元，较年初增长 11.2%；保险资产管理公司总资产 1 052 亿元，较年初增长 1.5%。

2023 年末，保险公司平均综合偿付能力充足率为 197.1%，平均核心偿付能力充足率为 128.2%。财产险公司、人身险公司、再保险公司的平均综合偿付能力充足率分别为 238.2%、186.7% 和 285.3%。

2023 年全年，保险公司原保险保费收入 51 247 亿元，同比增长 9.1%。具体来看，财产险业务原保险保费收入 13 607 亿元，同比增长 7.0%；人身险业务原保险保费收入 37 640 亿元，同比增长 9.9%（见表 1-2-1）。

---

① 资料来源：国家金融监督管理总局官网。

表 1-2-1　　　　　　　　　　　2023 年原保险保费收入情况

| | 原保费收入（亿元） | 占比（%） | 原保险收入同比增长（%） |
| --- | --- | --- | --- |
| 原保险保费收入 | 51 247 | | 9.1 |
| 1. 财产险 | 13 607 | 26.55 | 7.0 |
| 2. 人身险 | 37 640 | 73.45 | 9.9 |
| （1）寿险 | 27 646 | 53.95 | 12.8 |
| （2）意健险 | 9 994 | 19.50 | 2.8 |

资料来源：国家金融监督管理总局官网

2023 年行业保费稳健增长，服务实体经济的步伐进一步加快，较好发挥了经济减震器和社会稳定器功能。2023 年我国保险业承担全社会赔付支出达 18 883 亿元，同比上升 21.9%。一是针对 2023 年 7 月至 8 月华北、黄淮等地暴雨引发自然灾害，保险业赔付金额超过 100 亿元；针对苏拉、海葵等台风灾害积极提供防灾减灾服务及快速赔付超 5 亿元，保障了受灾群众基本生活及灾后恢复重建。二是提升产业链供应链安全保障水平，集成电路共保提供保险责任金额超过 1.3 万亿元；中国出口信用保险公司全年累计承保电子信息、家电、整车工程机械、生物医药、新能源、纺织服装和现代农业等 7 条产业链出口 3 607 亿美元、国内贸易 2 951 亿元。三是发展科技保险，服务国家创新驱动发展战略，积极发展首台（套）重大技术装备综合保险、重点新材料首批次应用综合保险、首版次软件综合保险、知识产权保险以及专精特新中小企业综合保险等。四是助力农业强国建设，2023 年我国农业保险保费收入达 1 430 亿元，累计提供农业风险保障金额达 4.98 万亿元。五是持续为共建"一带一路"提供保险保障。截至 2023 年 9 月，6 家中资保险机构在 8 个共建"一带一路"国家设立了 15 家境外分支机构。过去十年，保险行业在"一带一路"基础设施领域累计承保金额已超 2 100 亿美元[①]。

2023 年，监管深化改革，持续引导行业高质量发展。国家金融监督管理总局（以下简称金融监管总局）成立，在原银保监会职责的基础上，将金融消费者保护职责、投资者保护职责等一并纳入金融监管总局统一管理，以落实服务实体经济、防控金融风险、深化金融改革为主要目标，引领行业继续回归保障本源、遏制非理性竞争抬头趋势，提升行业发展质效并坚持高质量发展主旋律。人身险方面，"报行合一"开始推行，助力行业回归理性竞争、降低负债成本。2023 年 8 月 24 日，监管部门发布《关于规范银行代理渠道保险产品的通知》，在银保渠道率先开始执行"报行合一"，要求

---

[①] 资料来源：国家金融与发展实验室，《NIFD 季报》；国家金融监督管理总局官网。

"各公司应据实列支向银行支付的佣金费用,佣金等实际费用应与备案材料保持一致"。根据监管初步统计,银保渠道实行"报行合一"后佣金费率较之前下降约30%[①]。财险方面,2023年9月,金融监管总局下发《关于加强车险费用管理的通知》,综改后针对行业费用乱象抬头继续加强政策引导和监督。2023年11月,8家头部险企联合签署《车险合规经营自律公约》,主动规范车险市场秩序。同时,中国保险行业协会下发《关于扎实做好车险行业自律工作的通知》,再次强调加强行业自律,推动费用监管落地见效。

2023年,监管推动绿色保险高质量发展,行业协会发布首个ESG信息披露框架指引。2023年12月5日,金融监管总局印发《关于推动绿色保险高质量发展的指导意见(征求意见稿)》,优化绿色保险偿付能力计算,推动我国绿色保险高质量发展,履行保险业助力环境治理的使命与担当。2023年12月13日,中国保险行业协会发布《保险机构环境、社会和治理信息披露指南》,是国内首个聚焦保险行业环境、社会与治理信息披露即ESG信息披露框架和内容的行业自律性文件,助力行业提升ESG治理水平,贯彻国务院关于推动绿色发展的重要决策部署。

2023年,监管倡导普惠金融高质量发展,满足人民群众和实体经济的金融需求。2023年4月14日,原银保监会发布《关于银行业保险业做好2023年全面推进乡村振兴重点工作的通知》,要求保险业强化乡村金融服务能力建设,推进农业保险扩面增品,聚焦农业强国建设重点领域。2023年10月11日,国务院发布《关于推进普惠金融高质量发展的实施意见》,全面推进保险服务基本实现乡镇全覆盖,鼓励保险公司开发商业养老产品服务多元化养老需求。

### (二)2023年财产险公司保费情况

2023年,财产险公司累计实现原保费收入15 868亿元,同比增长6.73%,增速较2022年同期下降1.98个百分点。其中,机动车辆保险原保险保费收入8 673亿元,占财产险公司原保险保费收入的54.66%;责任险原保险保费收入1 268亿元,占比7.99%;农业险原保险保费收入1 430亿元,占比9.01%;健康险原保险保费收入1 752亿元,占比11.04%;意外险原保险保费收入509亿元,占比3.21%(见图1-2-1)。2023年,财产险公司保险金额同比下降2.87%,赔付支出同比增长17.80%。

---

① 资料来源:国家金融监督管理总局官网,三季度银行业保险业数据信息新闻发布会。

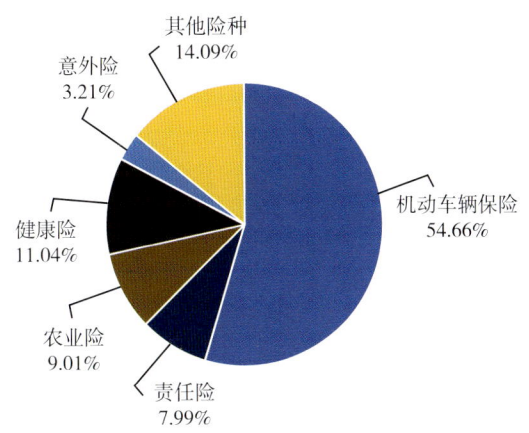

图 1-2-1 2023 年财产险公司保费收入结构

资料来源：国家金融监督管理总局官网

车险保费稳健增长、非车险继续快速发展。车险方面，2023 年疫后出行恢复，行业竞争有所加剧但仍坚持高质量发展主旋律。2023 年车险原保险保费收入 8 673 亿元，同比增长 5.64%，增速与上年基本持平。非车险方面，业务继续保持快速增长，2023 年非车险原保险保费收入 7 195 亿元，同比增长 8.08%，主要得益于农业保险（+17.2%）、健康险（+10.90%）、责任保险（+10.5%）等业务推动。整体来看，车险与非车险的业务结构日趋均衡。

### （三）2023 年人身险公司保费情况

2023 年，人身险公司累计实现原保险保费收入 35 379 亿元，同比增长 10.25%，增速较 2022 年提高 7.47 个百分点。其中，寿险原保险保费收入 27 646 亿元，占人身险公司保费收入的 78.14%；意外险原保险保费收入 450 亿元，占比 1.27%；健康险原保险保费收入 7 283 亿元，占比 20.59%（见图 1-2-2）。2023 年人身险公司保险金额同比增长 6.67%，赔付支出增加 27.81%。

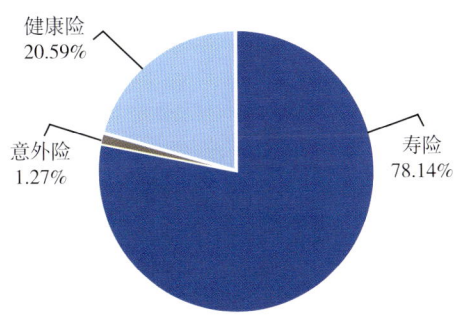

图 1-2-2 2023 年人身险公司保费收入结构

资料来源：国家金融监督管理总局官网

预定利率调整与"报行合一"推动人身险业务稳步发展，供给侧结构性改革持续深化。自 2023 年 6 月开始，监管部门引导人身险公司下调产品预定利率，防范低利率环境下的利差损风险。人身险公司的新开发产品预定利率上限有所下调，其中普通型人身险预定利率上限从 3.5% 下调至 3%，分红型产品和万能险产品的保证利率上限分别下调至 2.5% 和 2%，这一调整有助于行业加强负债质量管理、缓解利差损风险。银保渠道"报行合一"政策于 2023 年 8 月开始推行，进一步助力行业降低负债成本。

监管部门持续推动保险行业参与养老第三支柱建设，行业积极响应。2023 年金融监管总局先后出台《关于开展人寿保险与长期护理保险责任转换业务试点的通知》《关于个人税收递延型商业养老保险试点与个人养老金衔接有关事项的通知》《关于促进专属商业养老保险发展有关事项的通知》《关于印发养老保险公司监督管理暂行办法的通知》等多项政策，明确要求养老险公司应当走专业化发展道路，积极参与多层次、多支柱养老保险体系建设，创新养老金融产品和服务，满足人民群众多样化养老需求，进一步落实个人养老金相关制度要求、有序推进税延养老保险试点与个人养老金衔接。自个人养老金账户推出以来，保险行业积极响应，国家社会保险公共服务平台数据显示，截至 2024 年 4 月，可供选择的个人养老金产品共 746 只，其中保险类产品达 71 只。

### （四）2023 年保险资金运用政策环境

2023 年，金融监管总局立足负债端产品结构改革、保险业积极服务实体经济、普惠金融高质量发展等领域，发布了一系列政策文件，对行业发展提出了更高要求。

聚焦保险资金运用，监管部门进一步完善保险资金考核机制，并鼓励险资积极入市，与资本市场共成长。2023 年 10 月 25 日，财政部发布《关于引导保险资金长期稳健投资加强国有商业保险公司长周期考核的通知》（财金〔2023〕89 号）。一是注重长周期考核，延续此前公司治理中对激励机制考核优化的整体思路，对国有商业保险公司实施长周期考核，引导保险行业全面践行长期投资、价值投资理念，更好发挥资本市场优化资源配置、服务实体经济的功能。二是鼓励保险资金积极参与资本市场，保险资金作为中长期资金可以在资本市场长期建设中发挥稳定器作用，与资本市场互相促进协同发展。

为促进保险业回归本源和稳健运行，更好服务实体经济和人民群众，在保持综合偿付能力充足率 100% 和核心偿付能力充足率 50% 监管标准不变的基础上，根据保险业发展实际，优化了保险公司偿付能力监管标准。2023年9月10日，金融监管总局发布《关于优化保险公司偿付能力监管标准的通知》（金规〔2023〕5号），主要内容包括差异化调节最低资本要求、优化偿付能力充足率计算因子等，引导保险公司回归保障本源、支持资本市场平稳健康发展、支持科技创新，有利于中小保险公司提升偿付能力充足率水平，更好地参与市场竞争、促进行业均衡发展。

### （五）2023年保险业偿付能力状况[①]

一是行业偿付能力充足率保持在合理区间。2023年末，保险业平均综合偿付能力充足率为197.1%，同比上升1.1个百分点；平均核心偿付能力充足率为128.2%，同比下降0.2个百分点。财险公司、人身险公司、再保险公司的平均综合偿付能力充足率分别为238.2%、186.7%和285.3%，较2022年末综合偿付能力充足率分别同比上升0.5个百分点、上升0.9个百分点、下降14.8个百分点；平均核心偿付能力充足率分别为206.2%、110.5%和245.6%。

二是风险综合评级结果改善。2023年末，保险业风险综合评级结果为：风险小的A类公司54家，风险较小的B类公司108家，风险较大的C类公司12家，风险严重的D类公司13家。2023年行业尽管面临资本市场波动下投资端的较大压力，在监管推行多项举措有序引导行业降低负债成本并优化偿付能力标准的政策环境下，保险公司风险综合评级结果有所改善，与上年同期相比，A类公司数量增加5家，B类公司增加3家，C类公司减少4家，D类公司增加2家。

三是偿付能力框架优化、偿付能力风险有所缓解。2023年，保险公司普遍增强了风险管理意识，构建了较为合理的风险管理工作机制，建立了符合自身情况的风险偏好体系。2023年9月10日，金融监管总局发布《关于优化保险公司偿付能力监管标准的通知》，优化偿付能力充足率计算因子，缓解多数险企偿付能力压力，有利于中小保险公司提升偿付能力充足率水平，更好地参与市场竞争及行业均衡发展。另外，行业主体继续通过市场化方式补充资本，2023年，保险业通过市场化方式补充资本规模较2022年成倍之多，在"偿二代"二期影响下，预计未来融资需求仍会扩张。

---

① 资料来源：国家金融监督管理总局官网。

## 三、2023 年中国资产管理行业发展概述

### （一）发展历程

资产管理行业连接资金供给端和资金需求侧，通过产品的创设和服务的提供、将不同风险与收益特征的资产与多样化的资金相匹配，以满足居民和企业的投融资需求。基于资产管理业务应为"受投资者委托、对受托财产进行投资和管理"的表外业务的定义，资产管理行业的范畴主要包括：银行理财产品，资产管理信托，保险资产管理公司专户及产品业务，以及证券、基金、期货等公司及其子公司发行的资产管理产品等（见表1-3-1）。

表1-3-1　　　　　　　　　　中国资产管理行业框架

| 机构类型 | 资产管理业务范畴 |
| --- | --- |
| 银行及理财公司 | 银行理财产品 |
| 信托公司 | 资产管理信托 |
| 保险资产管理公司 | 专户业务、组合类保险资产管理产品、债权投资计划、股权投资计划等 |
| 证券公司及其子公司 | 集合/单一资产管理计划、私募股权及创投类基金 |
| 基金管理公司及子公司 | 公募基金和各类非公募资产管理计划、养老金、企业资产支持证券 |
| 私募机构 | 私募证券/私募股权/创业投资/私募资产配置基金等 |
| 期货公司及其子公司 | 期货资产管理计划 |

资料来源：中国证券投资基金业协会，中国保险资产管理业协会

我国金融机构开展资产管理业务始于 20 世纪 90 年代末，起步较晚但发展迅速，在过去近三十年内，我国资产管理行业历经了公募基金主导（1998—2007年）、银信合作主导（2008—2012年）、多元化跨步前进（2013—2016年）、规范稳健发展阶段（2017—2021年），自 2022 年以来迈入高质量发展的新阶段。

回顾我国资产管理行业发展历程：2007 年之前，以公募基金为主导，投资标的以标准化的权益市场和债券市场为主，产品类型以股票型基金和偏股混合型基金为主。2008 年至 2012 年前后，基金行业一家独大的市场格局逐步调整，由于中国人民银行采取"差别准备金率"和"限贷令"对前期扩张过快的银行表内业务进行限制，银行借助信托通道，绕道表外"非标"产品进行信贷扩张，使银信合作迅速兴起，信托资

规模快速上涨。2012年下半年开始，监管部门逐步放开市场准入，各类资产管理子行业之间的竞争合作更加充分。2013年至2016年，我国境内资产管理行业发展迅速，不同类型、不同策略、不同标的、不同风险偏好特征的资产管理产品多样化发展，在此阶段银行理财凭借明显的渠道优势迅速提升业务规模。2018年4月，中国人民银行、中国银行保险监督管理委员会、中国证券监督管理委员会、国家外汇管理局联合印发《关于规范金融机构资产管理业务的指导意见》（银发〔2018〕106号，以下简称"资管新规"），标志着我国境内资产管理行业迎来统一监管规范发展时代，随后相配套的关于各资产管理子行业的一系列监管细则文件陆续出台。2021年末"资管新规"过渡期结束，"破刚兑、去通道、去非标"效果显现，行业生态新格局进一步重塑，各类资产管理机构迎来高质量发展的新阶段。

### （二）发展现状

截至2023年末，中国资产管理行业总规模超131万亿元，2015—2023年复合增速6.2%（见图1-3-1）。从不同产品来看：公募基金产品和私募投资基金增速较快，公募基金规模从2015年8.4万亿元提升至2023年27.6万亿元、复合增速16%，私募投资基金规模从2015年5.1万亿元提升至2023年20.3万亿元、复合增速19%；信托和券商资产管理的规模增速明显放缓、占比有所下滑，信托业务规模从2017年达到21.9万亿元的高点后逐渐下降，2023年逐渐企稳回升至17万亿元，券商资产管理规模从2016年17.3万亿元的高点回落至2023年的5.9万亿元；银行理财产品规模26.8万亿元、占比20%；基金公司普通专户规模4.8万亿元，基金了公司资产管理计划规模1.4万亿元，基金公司管理养老金规模4.9万亿元，期货资产管理规模0.3万亿元，企业资产支持证券规模1.4万亿元（见图1-3-2）。

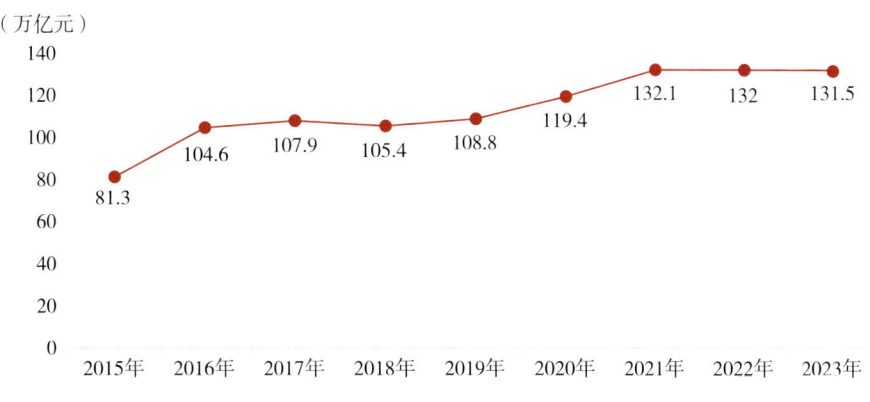

图1-3-1 2015—2023年中国资产管理行业规模

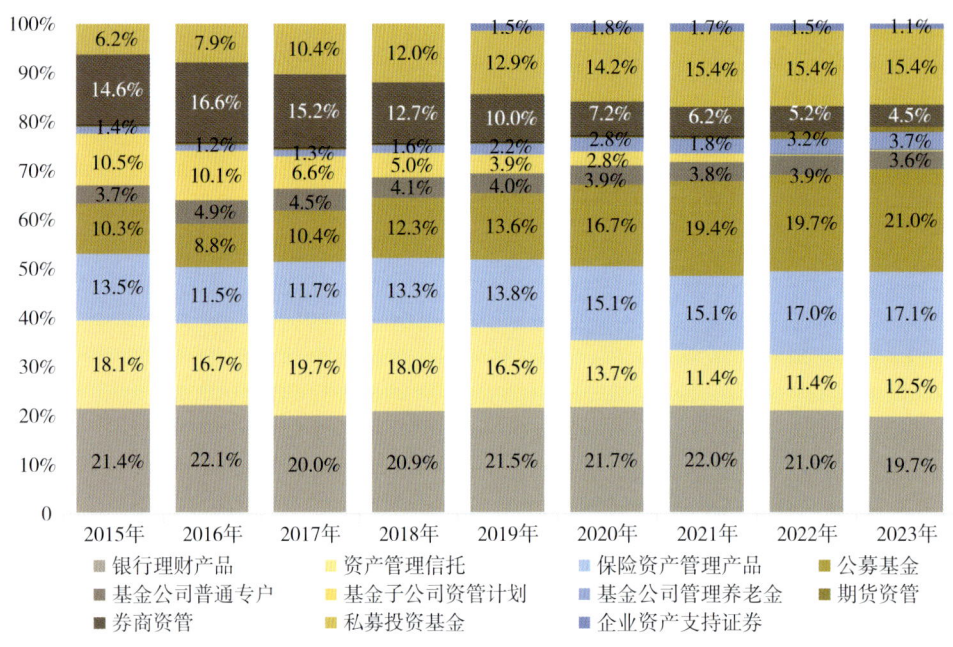

图 1-3-2　2015—2023 年中国各类资产管理产品规模占比

注：保险资产管理规模数据截至 2022 年末，信托规模 23Q4 未更新、暂且使用 23Q3 数据近似替代，其他数据截至 2023 年末。

资料来源：中国证券投资基金业协会、中国保险资产管理业协会、中国信托业协会、中国银行业理财网、金融监管总局、万得资讯

## 四、2023 年中国保险资产管理行业发展概述

中国保险资产管理业经过 20 年的改革探索，逐步形成并确立了管理长期资金、配置长期资产、创设长期产品的核心业务专长，在支持实体经济、国家战略、民生建设和保险主业发展等方面发挥了重要而独特的作用。2023 年，行业继续保持良好发展态势，充分发挥长线机构投资者作用，在服务经济社会发展上取得了积极成效，助力保险业发挥经济减震器和社会稳定器功能。

### （一）管理规模稳步增长

从保险资金运用来看，2023 年，我国实现原保险保费收入 51 247 亿元，同比增长 9.1%。① 截至 2023 年末，保险公司总资产 29.96 万亿元，较年初增长 10.4%；保险资

---
① 数据来源：国家金融监督管理总局官网。

金运用余额 28.16 万亿元，同比增长 11.05%，市场规模稳步增长。保险行业的稳步健康发展，为保险资产管理提供了重要资金来源和发展空间。

从保险资产管理来看，调研数据显示，截至 2023 年末，参与调研的 34 家保险资产管理公司的资产管理规模 30.11 万亿元，同比增长 5.59 万亿元，规模增速 22.82%。[①] 其中，从业务构成看，专户业务规模增长超 3 万亿元，组合类产品规模增长超 2 万亿元；从资金来源看，系统内保险资金增长超 2 万亿元，理财资金增长规模超 1 万亿元。

### （二）资产配置结构多元分散

2023 年，行业整体资产配置仍以债券、保险资产管理产品、银行存款为主，三者占比合计近八成。从保险资金运用来看，截至 2023 年末，人身险公司资金配置结构中银行存款、债券、股票、证券投资基金、长期股权投资占比分别为 8.56%、45.96%、7.21%、5.38%、9.15%，财产险公司配置结构占比分别为 18.09%、37.82%、6.26%、8.84%、6.47%。[②]

从保险资产管理来看，调研数据显示，截至 2023 年末，34 家机构资产配置中，债券规模以 11.88 万亿元居首，占比 45.36%；第二是保险资产管理产品，规模 3.80 万亿元，占比 14.53%；第三为银行存款，规模 4.00 万亿元，占比 15.29%；股票规模 1.59 万亿元，占比 6.09%；公募基金规模 1.25 万亿元，占比 4.80%；股权投资规模 4 145.35 亿元，占比 1.58%。

从主要资产类别的同比增速来看，增速前三的分别是债券、公募基金和银行存款，增速分别为 29.39%、24.64% 和 23.77%；金融产品和保险资产管理产品增速小幅增长，增速分别为 3.86% 和 2.34%；股票保持稳定增长，增速为 3.95%。

### （三）专业化投资能力持续提升

近年来，保险资产管理公司管理规模持续扩容，业外资金管理规模占比持续提高。随着利率中枢趋势性下移，债券等传统固收类资产的收益水平持续下行，保险资产管理机构需要进一步加大投研能力建设，加大对权益类资产、另类投资和海外投资机会的挖掘力度，在风险可控的前提下增厚投资收益。

从保险资产管理公司来看，涉及的投资管理能力包括五类六项：信用风险管理能力、股票投资管理能力、衍生品运用管理能力（含股指期货、国债期货两类能力）、债

---

[①] 数据来源：中国保险资产管理业协会，《2023—2024 年中国保险资产管理行业运行调研报告》。
[②] 数据来源：国家金融监督管理总局官网。

权投资计划产品管理能力、股权投资计划产品管理能力。截至 2024 年 1 月 31 日，34 家保险资产管理公司披露投资管理能力建设及自评估情况 160 项。其中，近 80% 的保险资产管理公司具备四类及以上的投资能力，传统投资和另类投资能力基本实现全覆盖。从保险公司来看，涉及的投资管理能力包括：信用风险管理能力、股票投资管理能力、股权投资管理能力、不动产投资管理能力、衍生品运用管理能力（含股指期货、国债期货两类能力）。76 家人身险公司中，具备 2 项及以上的投资能力的有 60 家；27 家财产险公司中，具有 2 项及以上投资管理能力的有 19 家。

2023 年 3 月 3 日，中国证监会指导证券交易所制定《保险资产管理公司开展资产证券化业务指引》，明确指出优质保险资产管理公司获准以管理人身份参与"交易所资产支持证券（ABS）"以及不动产投资信托基金（REITs）业务。10 月 13 日，国寿资产、泰康资管、太保资产、人保资产、平安资管作为业内首批 5 家保险资产管理公司拿到试点资格，保险资产管理行业正式实现 ABS、REITs 业务的全产业链参与。

### （四）风险管控持续加强

2023 年，行业发展面临的国内外经济形势不确定性增加，金融市场波动明显加剧，各类风险更加突出，利差损压力加大。2023 年，保险公司普遍增强了风险管理意识，强化了风险管理主体责任，在风险管理方面取得了进步，搭建了较为完整的风险管理架构，制定了较为全面的风险管理制度，构建了较为合理的风险管理工作机制，建立了符合自身情况的风险偏好体系。

保险资金是金融市场少有的长期资金和耐心资本，在长期大类资产配置、再投资风险管理、跨周期稳健投资等方面具有独特优势。相比较其他资产管理机构，保险资产管理更注重资产配置而非交易，更注重长期投资而非短期收益，更注重全面风险管理，具有更强的市场短期波动承受能力。2023 年，保险资金财务收益率 2.23%，综合收益率 3.22%，其中固收类资产贡献了超过 90% 的投资收益。

2023 年四季度末，保险业综合偿付能力充足率为 197.1%，核心偿付能力充足率为 128.2%，均高于 100% 和 50% 的达标标准。

### （五）服务实体经济质效提升

行业始终坚持服务实体经济的根本宗旨，管理的保险资金规模大、期限长、来源稳定、投资渠道多元，在服务实体经济方面更具有天然优势，在做好"金融五篇大文章"方面大有作为。当前，保险资金通过债券、股票、股权、保险资产管理产品等方式累计为实体经济提供中长期资金超过 24 万亿元。

保险资产管理公司通过创设债权投资计划、股权投资计划、保险私募基金、资产支持计划等产品，积极参与"一带一路"建设、京津冀协同发展、长三角一体化发展、粤港澳大湾区建设、长江经济带发展、供给侧结构性改革、"碳达峰碳中和"等国家重大战略，以多元化的产品模式对接各类实体经济项目，为实体经济提供长期稳定优质资金。截至 2023 年 12 月末，登记（注册）债权投资计划、股权投资计划和保险私募基金中，支持基础设施类建设 4.40 万亿元，支持新基建 1 612 亿元、战略性新兴产业 5 170 亿元、"双碳"目标及绿色产业超 1.32 万亿元，服务区域协调发展超 2.62 万亿元，支持乡村振兴 685 亿元，形成了一批有特色和影响力的产品条线和明星工程，树立了良好的行业口碑。

### （六）第三方业务稳步拓展

近年来，随着业务发展需要与差异化发展格局的逐步形成，保险资产管理公司也日益重视拓展第三方业务，在资产管理细分领域寻找并发挥自身优势，不断向外输出资产配置、组合管理、固定收益投资、另类产品投资、风险管控等优势能力，做好客户服务，其中财富管理与养老体系建设成为拓展第三方业务的主攻方向。

从第三方业务规模来看，继续维持保险资金为主、业外资金为辅的多元化结构。调研数据显示，截至 2023 年末，34 家保险资产管理公司管理业外资金规模合计 7.73 万亿元，占资产管理总规模的 25.67%。其中，管理银行资金 44 916.62 亿元（占比 14.92%），管理养老金 23 796.78 亿元（占比 7.90%），包括基本养老金 2 918.84 亿元（占比 0.97%）、企业年金 11 462.18 亿元（占比 3.81%）、职业年金 9 415.75 亿元（占比 3.13%），管理其他资金 8 635.44 亿元（占比 2.87%）

从第三方业务发展趋势来看，第三方保险资金呈稳定增长态势，业外资金增速仍明显快于系统内保险资金。其中，银行资金增速最快，达 77.37%；系统内保险资金增速为 13.96%；第三方保险资金增速为 11.92%。

### （七）高水平双向开放再上新台阶

中央金融工作会议强调，要着力推进金融高水平开放，稳步扩大金融领域制度型开放。近年来，保险资产管理业进一步扩大高水平双向开放，持续拓展金融开放的广度和深度，加快推进形成更大范围、更宽领域、更深层次的全面开放新格局。2018 年以来，金融领域先后推出 50 多项开放措施，逐步放开金融机构外资股比限制，大幅降低了外资准入门槛，鼓励具有专业特色的外资机构参与中国理财、养老等领域的市场建设。截至 2023 年 9 月末，境外保险机构在华共设立了 67 家外资保险机构和 73 家代表处，外资保险机构总资产达 2.33 万亿元。2019 年以来共有 5 家外资保险资产管理公司先后成立，保险资产管理行业迈出了与国际接轨的重要一步。

总体来看，我国保险资产管理行业坚持秉承长期投资、价值投资、稳健投资的理念，保险资产管理公司的专业化、市场化、产品化能力不断提升，资产管理规模稳步增长，资金来源持续多元，业务种类丰富多样，业绩稳定收益良好，在保险资金、银行资金、养老金等长期资金的管理中发挥着日益重要的作用，保险资产管理行业正加快高质量发展步伐。

# 第二章
# 2023 年保险资产管理行业运行情况

# 一、市场主体

## （一）机构类型及数量

截至 2023 年末，我国共有保险资产管理公司 34 家[①]，其中 2023 年新增 1 家——中邮保险资产管理有限公司（2023 年 10 月 27 日正式成立）（见表 2-1-1）。

表 2-1-1　　　　　　　　　　34 家保险资产管理公司列表

| 序号 | 机构名称 | 序号 | 机构名称 |
| --- | --- | --- | --- |
| 1 | 中国人保资产管理有限公司 | 18 | 华安财保资产管理有限责任公司 |
| 2 | 中国人寿资产管理有限公司 | 19 | 长城财富保险资产管理股份有限公司 |
| 3 | 华泰资产管理有限公司 | 20 | 英大保险资产管理有限公司 |
| 4 | 中再资产管理股份有限公司 | 21 | 华夏久盈资产管理有限责任公司 |
| 5 | 平安资产管理有限责任公司 | 22 | 建信保险资产管理有限公司 |
| 6 | 泰康资产管理有限责任公司 | 23 | 永诚保险资产管理有限公司 |
| 7 | 新华资产管理股份有限公司 | 24 | 百年保险资产管理有限公司 |
| 8 | 太平洋资产管理有限责任公司 | 25 | 工银安盛资产管理有限公司 |
| 9 | 太平资产管理有限公司 | 26 | 交银康联资产管理有限公司 |
| 10 | 大家资产管理有限责任公司 | 27 | 中信保诚资产管理有限责任公司 |
| 11 | 生命保险资产管理有限公司 | 28 | 招商信诺资产管理有限公司 |
| 12 | 光大永明资产管理股份有限公司 | 29 | 国华兴益保险资产管理有限公司 |
| 13 | 合众资产管理股份有限公司 | 30 | 国寿投资保险资产管理有限公司 |
| 14 | 民生通惠资产管理有限公司 | 31 | 安联保险资产管理有限公司 |
| 15 | 阳光资产管理股份有限公司 | 32 | 人保资本保险资产管理有限公司 |
| 16 | 中英益利资产管理股份有限公司 | 33 | 太平资本保险资产管理有限公司 |
| 17 | 中意资产管理有限责任公司 | 34 | 中邮保险资产管理有限公司 |

资料来源：根据公开资料整理，按机构成立时间排序

---

[①] 除 34 家保险资产管理公司外，长江养老保险股份有限公司（简称"长江养老"）于 2023 年变更业务范围，被视作保险资产管理公司进行管理。

截至 2023 年末，除保险资产管理公司外，保险资产管理市场还有其他资产管理机构 12 家，主要从事股权、债权、不动产等方面的专业化投资；保险私募基金管理人 16 家（见表 2 – 1 – 2）。

表 2 – 1 – 2　　16 家保险私募基金管理人列表

| 序号 | 机构名称 | 序号 | 机构名称 |
| --- | --- | --- | --- |
| 1 | 北京泰康投资管理有限公司 | 9 | 平安基础产业投资基金管理有限公司 |
| 2 | 国寿股权投资管理有限公司 | 10 | 人保资本股权投资有限公司 |
| 3 | 国寿金石资产管理有限公司 | 11 | 太保私募基金管理有限公司 |
| 4 | 华安汇富资本投资管理有限公司 | 12 | 太平保利股权投资基金管理有限公司 |
| 5 | 华泰宝利投资管理有限公司 | 13 | 太平创新投资管理有限公司 |
| 6 | 建信股权投资管理有限责任公司 | 14 | 泰康健康产业基金管理有限公司 |
| 7 | 久盈资本投资管理有限责任公司 | 15 | 阳光融汇资本投资管理有限公司 |
| 8 | 平安创赢资本管理有限公司 | 16 | 远见共创资本管理有限公司 |

资料来源：根据公开资料整理，按机构名称首字母排序

截至 2023 年末，我国保险机构共设立资产管理（香港）子公司 12 家（见表 2 – 1 – 3）。

表 2 – 1 – 3　　12 家保险资产管理（香港）子公司列表

| 序号 | 机构名称 | 序号 | 机构名称 |
| --- | --- | --- | --- |
| 1 | 太平资产管理（香港）有限公司 | 7 | 安邦资产管理（香港）有限公司 |
| 2 | 中国人寿资产管理（香港）有限公司 | 8 | 生命资产管理（香港）有限公司 |
| 3 | 中国平安资产管理（香港）有限公司 | 9 | 新华资产管理（香港）有限公司 |
| 4 | 泰康资产管理（香港）有限公司 | 10 | 中国人保香港资产管理有限公司 |
| 5 | 华泰资产管理（香港）有限公司 | 11 | 中再资产管理（香港）有限公司 |
| 6 | 中国太保资产管理（香港）有限公司 | 12 | 阳光资产管理（香港）有限公司 |

资料来源：根据公开资料整理，按机构成立时间排序

## （二）机构划分

参与 "2023—2024 年中国保险资产管理行业运行调研"（以下简称综合调研）的保险资产管理公司共计 34 家[①]，按规模和类型划分为四类（以下简称四梯队，见表 2 – 1 – 4）。

---

① 参与上年调研的 "32 家保险资产管理公司" = 表 2 – 1 – 1 中的 34 家公司 – 华夏久盈资管 – 中邮资管。参与本年度调研的 "34 家保险资产管理公司" = 表 2 – 1 – 1 中的 34 家公司 – 华夏久盈资管 + 长江养老。如无特别标注，本报告中 34 家保险资产管理公司统计口径下同。

表 2-1-4　　参与调研的保险资产管理公司分类维度表　　（单位：家）

| 维度 | 分类 | 标准 | 2021 年末机构数量 | 2022 年末机构数量 | 2023 年末机构数量 |
|---|---|---|---|---|---|
| 规模 | 超大型 | 管理资产规模在 9 000 亿元以上 | 7 | 8 | 9 |
| | 大型 | 管理资产规模在 4 000 亿~9 000 亿元之间 | 3 | 4 | 6 |
| | 中型 | 管理资产规模在 1 000 亿~4 000 亿元之间 | 14 | 15 | 17 |
| | 小型 | 管理资产规模在 1 000 亿元以下 | 8 | 5 | 2 |
| | 总计 | | 32 | 32 | 34 |

从四梯队机构分布情况看，根据 2023 年末各机构资产管理规模，可划分超大型机构 9 家、大型机构 6 家、中型机构 17 家、小型机构 2 家；从档位变化情况看，1 家机构由中型升档为大型，3 家机构由小型升档为中型（见表 2-1-5）。

表 2-1-5　　2015—2023 年各类型机构数量　　（单位：家）

| 分类 | 2015 年 | 2016 年 | 2017 年 | 2018 年 | 2019 年 | 2020 年 | 2021 年 | 2022 年 | 2023 年 |
|---|---|---|---|---|---|---|---|---|---|
| 超大型 | 3 | 5 | 6 | 6 | 5 | 6 | 7 | 8 | 9 |
| 大型 | 5 | 4 | 3 | 3 | 4 | 3 | 3 | 4 | 6 |
| 中型 | 7 | 9 | 9 | 9 | 11 | 13 | 14 | 15 | 17 |
| 小型 | 7 | 6 | 7 | 7 | 8 | 7 | 8 | 5 | 2 |
| 总计 | 22 | 24 | 25 | 25 | 28 | 29 | 32 | 32 | 34 |

## 二、管理规模

### （一）管理规模：行业视角

从全口径[①]来看，截至 2023 年末，34 家保险资产管理公司的资产管理规模为 30.11 万亿元，同比增长 5.59 万亿元，规模增速 22.82%，同比上升 7.71 个百分点（见图 2-2-1）。从业务规模看，专户业务管理规模 20.97 万亿元、同比增长 3.27 万亿元，组合类产品管理规模 6.38 万亿元、同比增长 2.04 万亿元；从资金来源看，系统内保险资金管理规模增长 2.49 万亿元，银行资金管理规模增长 1.96 万亿元，养老金管理规模增长 0.96 万亿元。

---

① 资产管理规模（全口径）是指包含内购本公司发行产品规模后的数据口径。

从窄口径[①]来看，截至 2023 年末，34 家保险资产管理公司的资产管理规模为 27.93 万亿元，同比增速 24.60%（见图 2-2-2）。

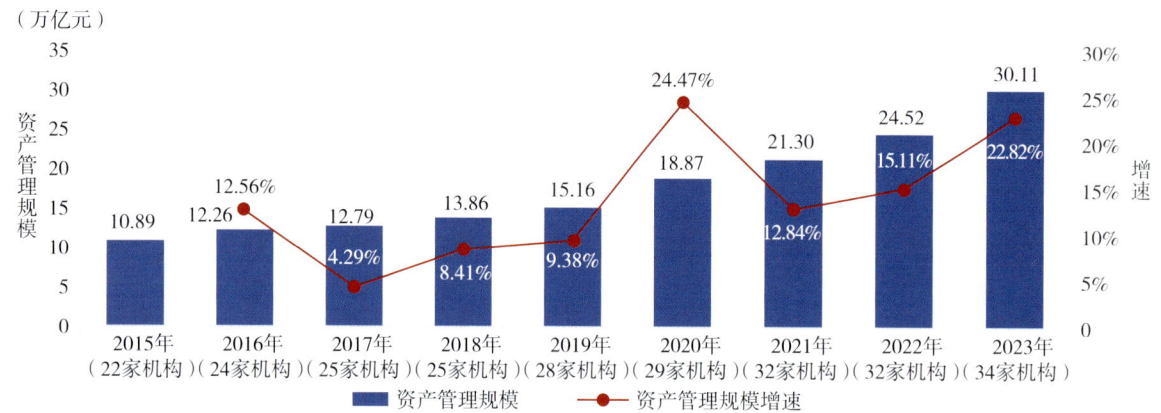

图 2-2-1　2015—2023 年保险资产管理公司资产管理规模（全口径）及增速情况

图 2-2-2　2020—2023 年保险资产管理公司资产管理规模（窄口径）及增速情况

从行业集中度和市场份额分布看，2015 年以来，行业资产管理规模排名前 5 的机构市场份额约占六成，但规模集中度在近几年呈下降趋势，2023 年首次降到 60% 以下（见图 2-2-3）。

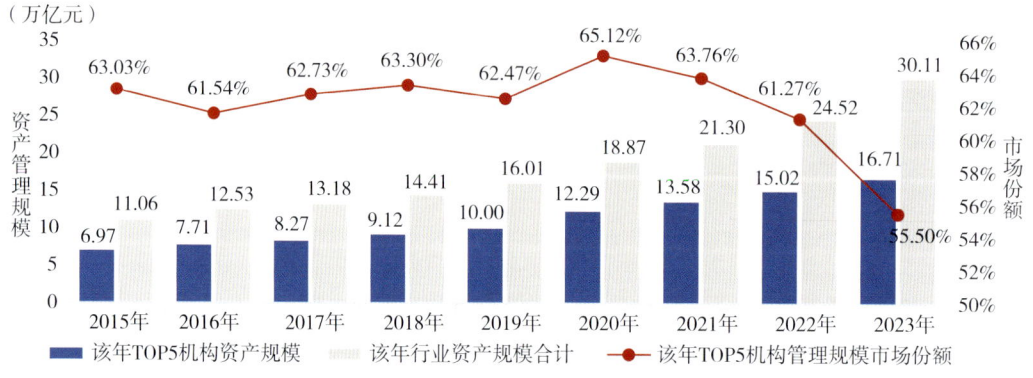

图 2-2-3　2015—2023 年行业资产管理规模 TOP5 集中度情况

---

① 资产管理规模（窄口径）是指不含内购本公司发行产品规模的数据口径。本报告在后续分析中除单位规模收入使用资产管理规模（窄口径）外，如无特别标注，其他涉及规模数据均为资产管理规模（全口径）。

## （二）管理规模：机构视角

从四梯队平均资产管理规模看，截至 2023 年末，超大型机构平均资产管理规模 2.41 万亿元，大型机构平均资产管理规模 0.65 万亿元，中型机构平均资产管理规模 2 624 亿元，小型机构平均资产管理规模 238 亿元。

从各机构管理规模增长情况看，2023 年行业各机构资产管理规模普遍增长，仅 5 家机构资产管理规模较上年有所下降。增速方面，中小机构涨势迅猛，但全行业有 10 家机构规模增速低于行业平均增速[①]（见图 2-2-4 至图 2-2-6）。

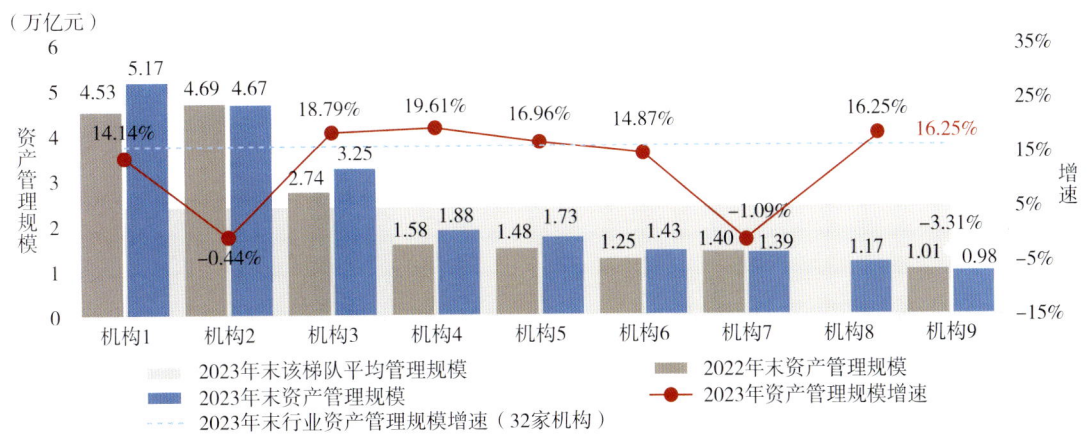

图 2-2-4　2023 年 9 家超大型机构资产管理规模及增速

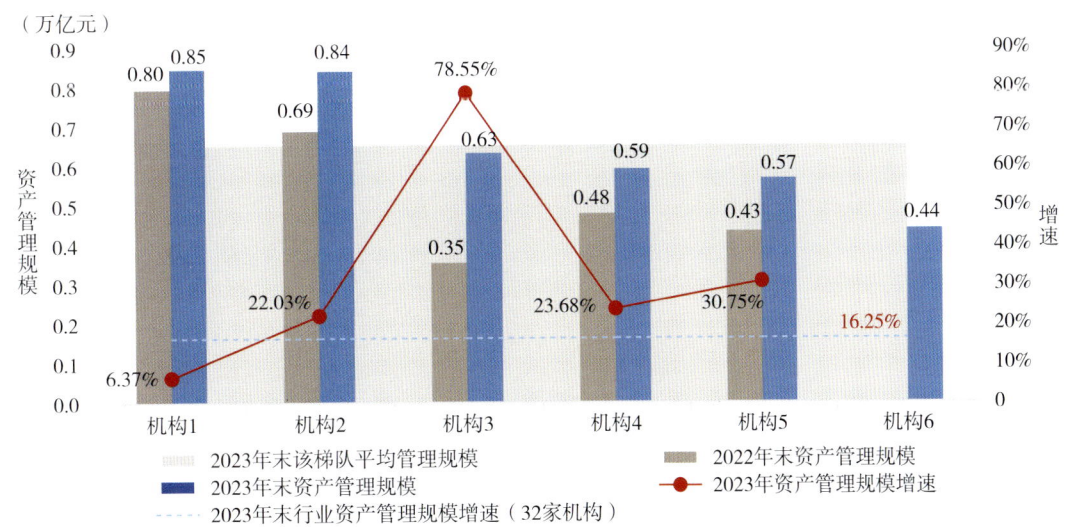

图 2-2-5　2023 年 6 家大型机构资产管理规模及增速

---

① 因长江养老和中邮保险资管无历史数据，行业平均值数据采用有同比数据的 32 家机构口径，如无特别标注，本报告中 32 家机构口径下同。

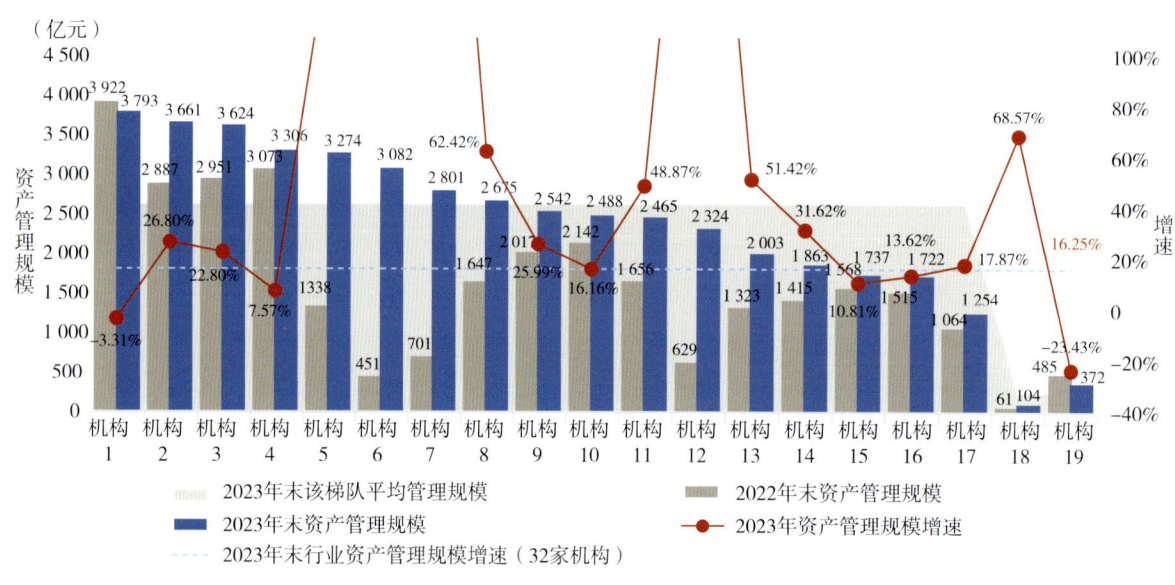

图 2-2-6 2023 年 17 家中型 +2 家小型机构资产管理规模及增速

注：有些机构增速过高，故未在图中显示增速数据。

### （三）管理规模：业务视角

从各类业务规模及占比情况看，2023 年，保险资产管理公司专户业务管理规模 20.97 万亿元，占比 69.67%，同比下降 2.63 个百分点；组合类产品管理规模 6.38 万亿元，占比 21.2%，同比上升 3.49 个百分点；债权投资计划管理规模 1.85 万亿元，占比 6.13%，同比下降 0.87 个百分点；股权投资计划管理规模 0.17 万亿元，占比 0.56%，同比下降 0.02 个百分点；资产支持计划管理规模 0.21 万亿元，占比 0.7%，同比上升 0.07 个百分点（见图 2-2-7 至图 2-2-9）。

从各类业务管理规模增速来看，2023 年保险资产管理公司各类业务规模增长齐头并进。其中，专户、组合类产品业务增速为近三年增长最快，组合类产品业务涨势尤为强劲；债权投资计划、资产支持计划增速逐年放缓（见图 2-2-10）。

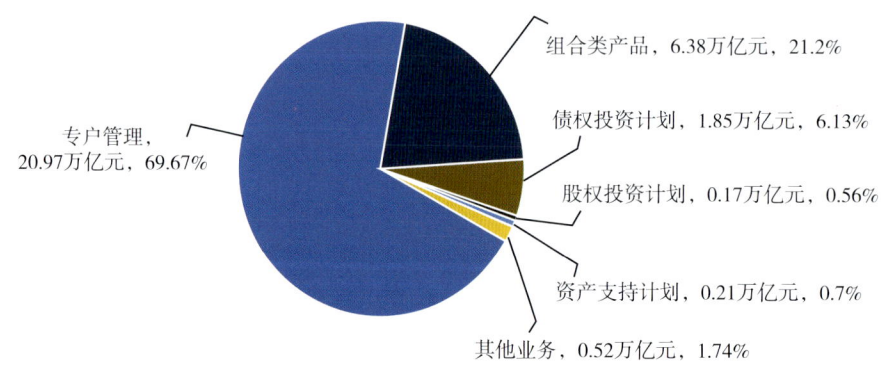

图 2-2-7 2023 年保险资产管理公司各类业务规模及构成情况

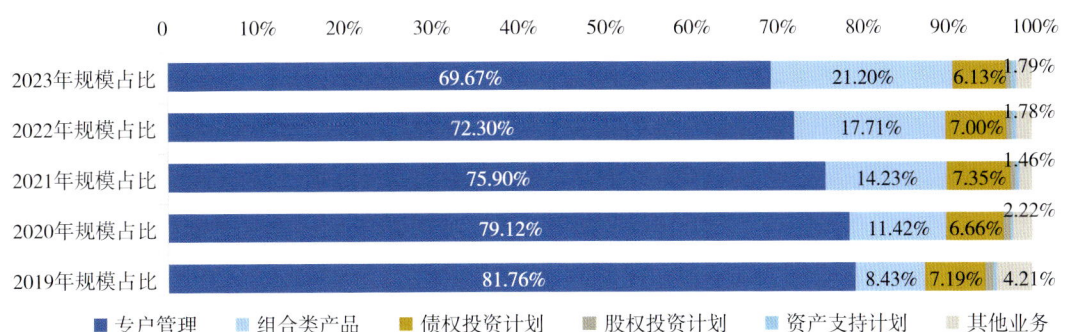

图 2－2－8　2019—2023 年保险资产管理公司各类业务管理规模占比情况

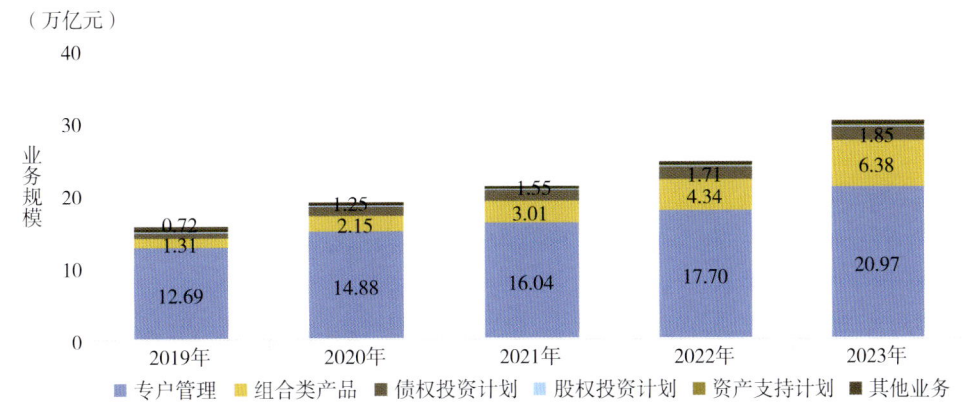

图 2－2－9　2019—2023 年保险资产管理公司各类业务管理规模情况

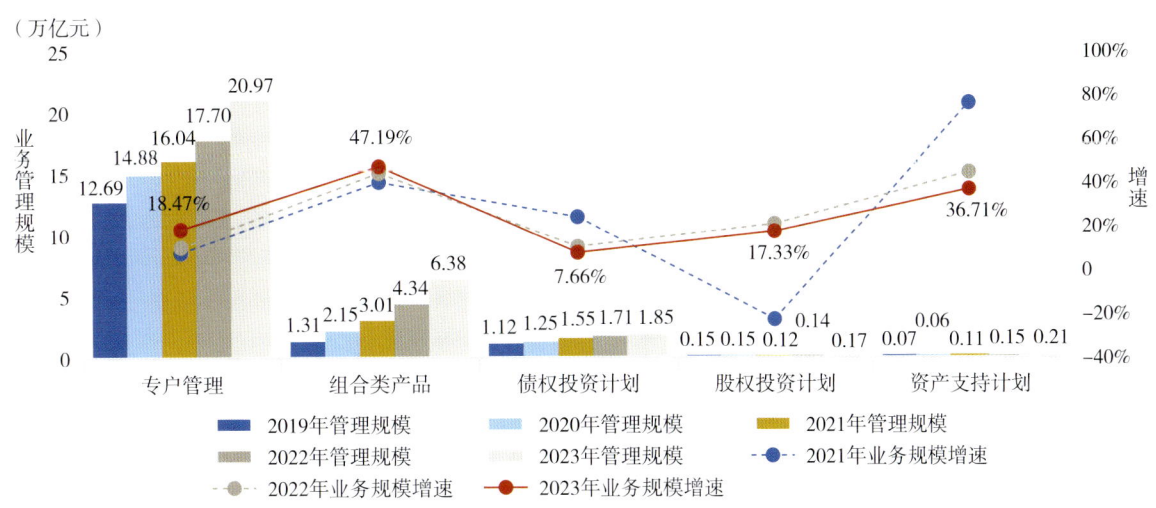

图 2－2－10　2019—2023 年保险资产管理公司各类业务规模及增速情况

从四梯队各类业务占比来看，2023 年，超大型机构仍以专户业务为主，占比 77.43%；大型、中型机构专户业务占比约五成；小型机构以保险资产管理产品业务为主，占比近八成（见图 2－2－11）。

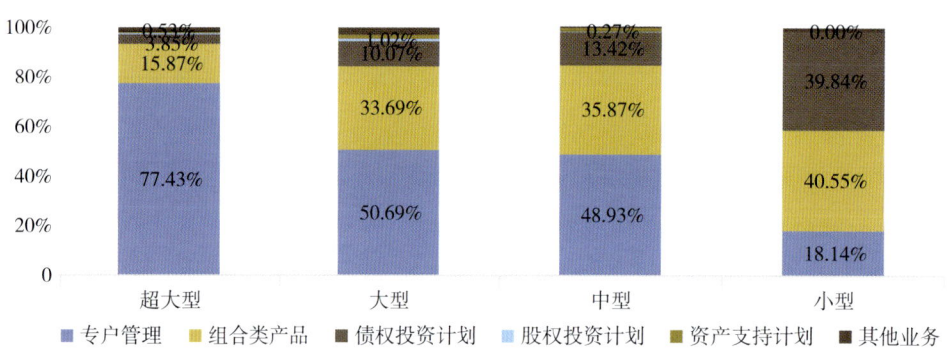

图 2-2-11　2023 年四梯队机构主要业务规模占比情况

## 三、资金来源

### （一）资金来源：行业视角

从行业资金来源看，仍保持保险资金为主、业外资金为辅的多元化结构。截至 2023 年末，34 家保险资产管理公司管理资金规模合计 30.11 万亿元，同比增长 22.82%。保险资金方面，管理系统内保险资金 20.36 万亿元，占比 67.63%，管理第三方保险资金 2.01 万亿元，占比 6.68%，二者合计 22.37 万亿元，占比 74.31%。业外资金方面，管理银行资金 4.49 万亿元、占比 14.92%，管理养老金 2.38 万亿元、占比 7.90%（其中包含基本养老金 0.29 万亿元、企业年金 1.15 万亿元、职业年金 0.94 万亿元），管理其他资金 0.86 万亿元、占比 2.87%（见图 2-3-1）。

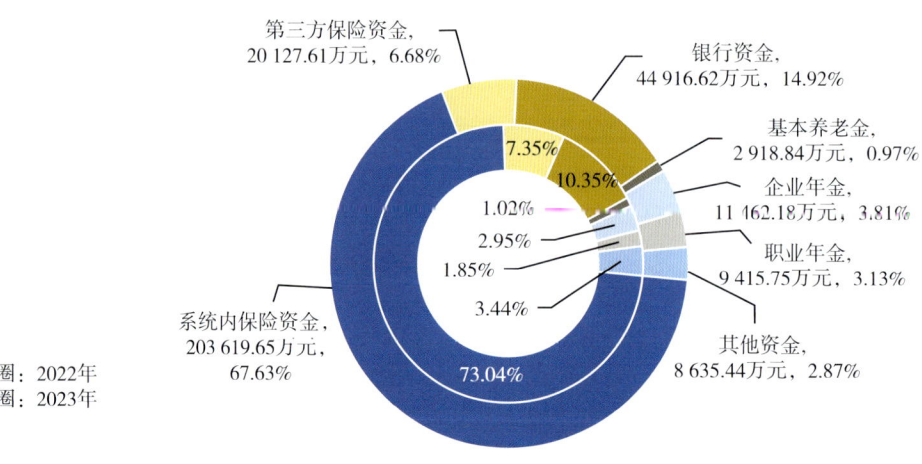

图 2-3-1　2022—2023 年末保险资产管理公司资金来源构成

从近三年各类资金来源占比看，保险资金占比有所下降，业外资金占比有所上升。其中，系统内保险资金占比同比下降 5.41 个百分点，第三方保险资金占比同比下降 0.67 个百分点；银行资金占比同比上升 4.57 个百分点，养老金占比同比上升 2.09 个百分点（见图 2-3-2）。

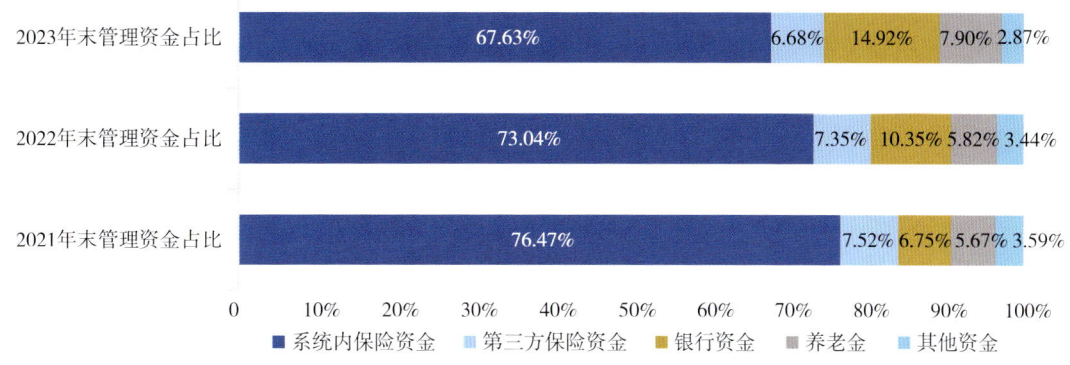

图 2-3-2　2021—2023 年保险资产管理公司各类资金来源占比情况

从近三年各类资金规模增速看，保险资金稳步增长，业外资金增速较快。其中，银行资金管理规模同比增长 77.37%，增速最快，系统内保险资金增速为 13.96%；第三方保险资金增速为 11.92%（见图 2-3-3）。

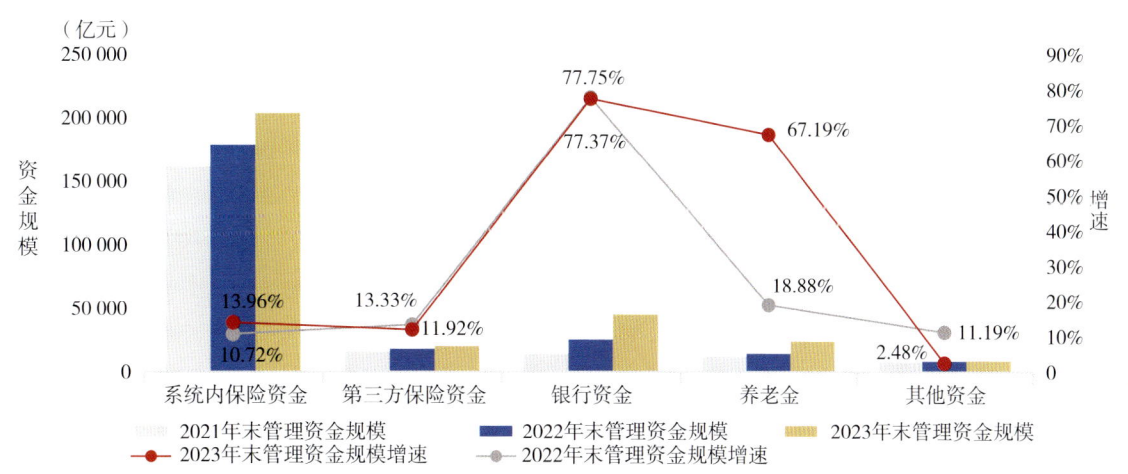

图 2-3-3　2021—2023 年保险资产管理公司管理各类资金规模及增长率情况

### （二）资金来源：机构视角

从各机构管理资金构成看，部分机构第三方资金[①]占比较大。34 家保险资管公司

---

[①] 第三方资金为除系统内保险资金外的资金，包括第三方保险资金、银行资金、养老金和其他资金，下同。

中,第三方资金规模占比超过20%的机构有23家。其中,13家机构管理第三方资金规模占比约50%,包括超大型机构2家、大型机构2家,中型机构8家、小型机构1家(见图2-3-4)。

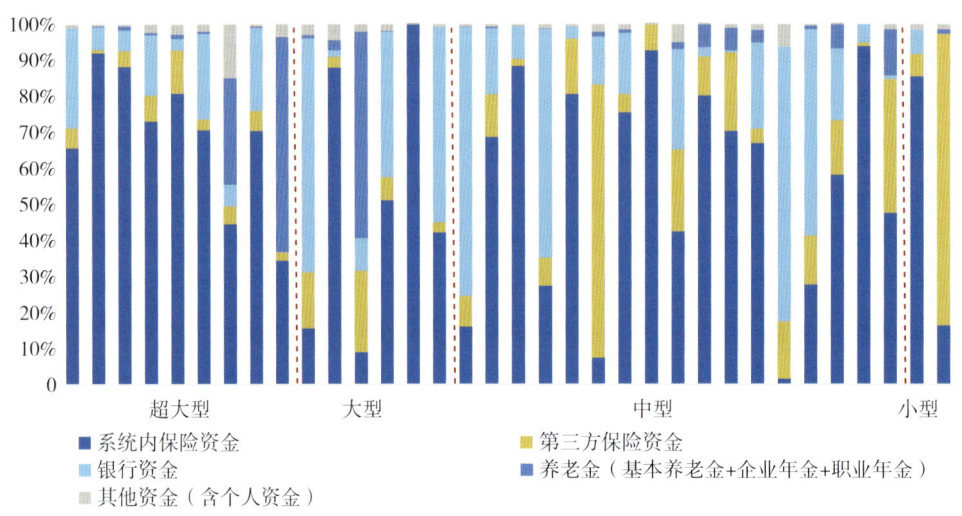

图2-3-4 2023年保险资产管理公司资金来源构成情况

### (三)资金来源:资金视角

从系统内保险资金看,2023年保险资产管理公司管理系统内保险资金规模合计20.36万亿元,增速13.96%。按四梯队看,超大型机构管理系统内保险资金平均规模1.79万亿元,其中2家机构增速高于行业均值(见图2-3-5);大型机构管理系统内保险资金平均规模3 007.79亿元,其中2家机构增速高于行业均值(见图2-3-6);中型机构管理系统内保险资金平均规模1 446.50亿元,其中11家机构增速高于行业均

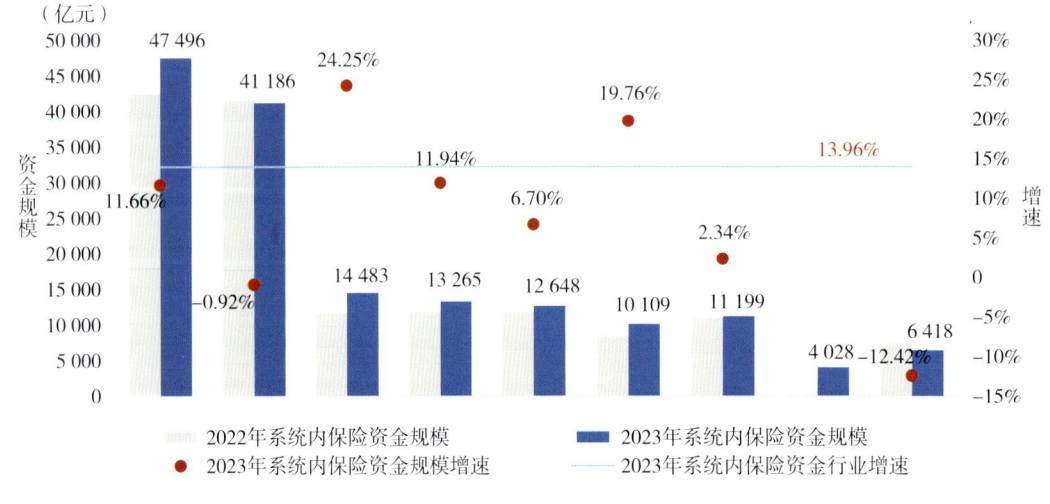

图2-3-5 2022—2023年超大型机构管理系统内保险资金规模及增速情况

值（见图2-3-7）；2家小型机构管理系统内保险资金平均规模74.85亿元，其中1家机构增速高于行业均值（见图2-3-8）。

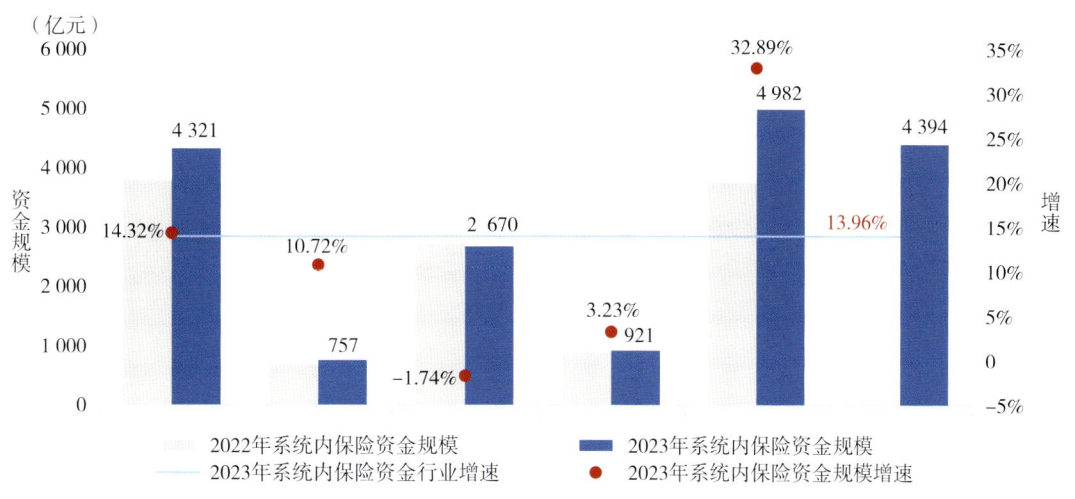

图2-3-6　2022—2023年大型机构管理系统内保险资金规模及增速情况

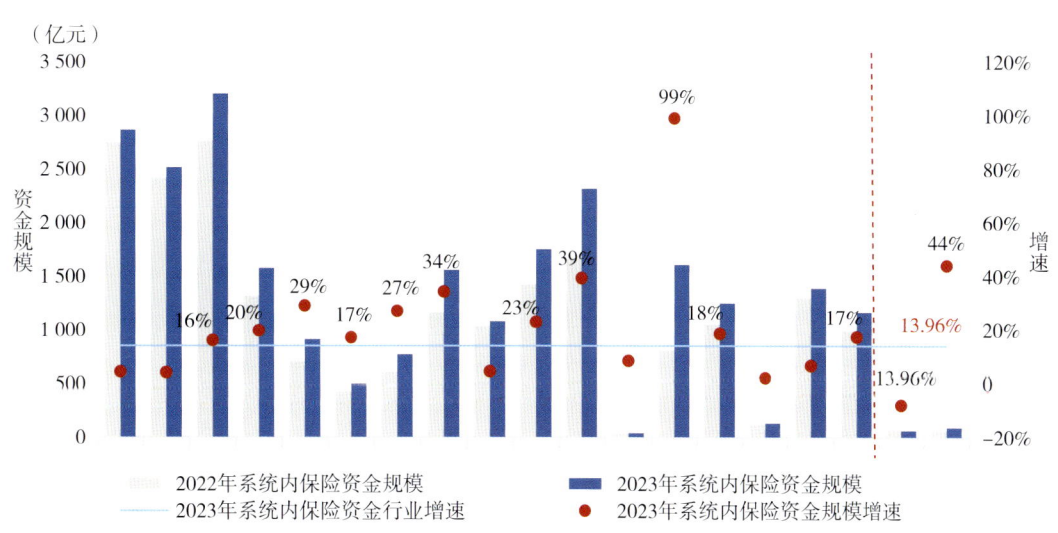

图2-3-7　2022—2023年中小型机构管理系统内保险资金规模及增速情况

从第三方保险资金看，2023年保险资产管理公司管理第三方保险资金规模合计2.01万亿元[①]，增速11.92%。按四梯队看，超大型机构管理第三方保险资金平均规模1 041.02亿元，其中3家机构增速高于行业均值，5家机构管理第三方保险资金规模超千亿元（见图2-3-8）；5家大型机构管理第三方保险资金平均规模745.32亿元，其中1家机构增速高于行业均值（见图2-3-9）；中型机构管理第三方保险资金平均规模395.59亿元，其中8家机构增速高于行业均值（见图2-3-10）；小型机构管理第

---

① 2023年有1家被调研机构尚未管理第三方保险资金，此处有效数据为33家机构。

三方保险资金平均规模153.43亿元，增速均低于行业均值（见图2-3-10）。

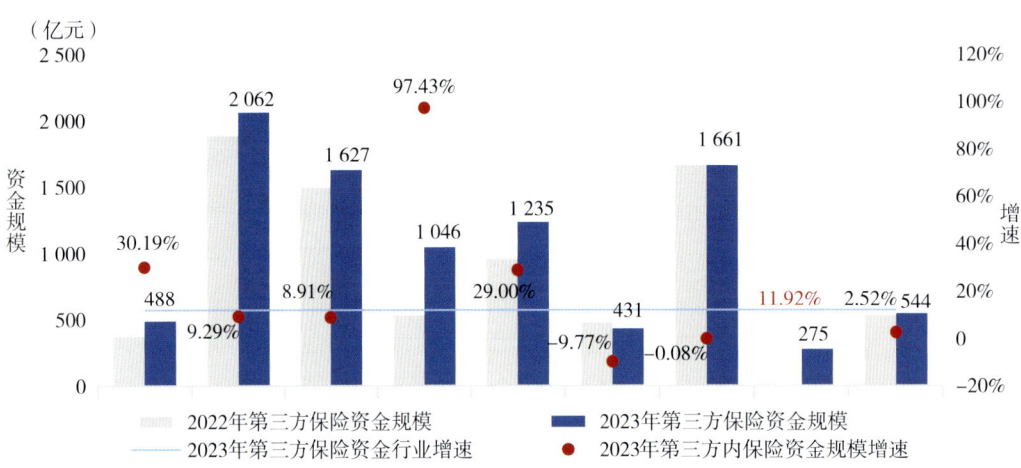

图2-3-8　2022—2023年超大型机构管理第三方保险资金规模及增速情况

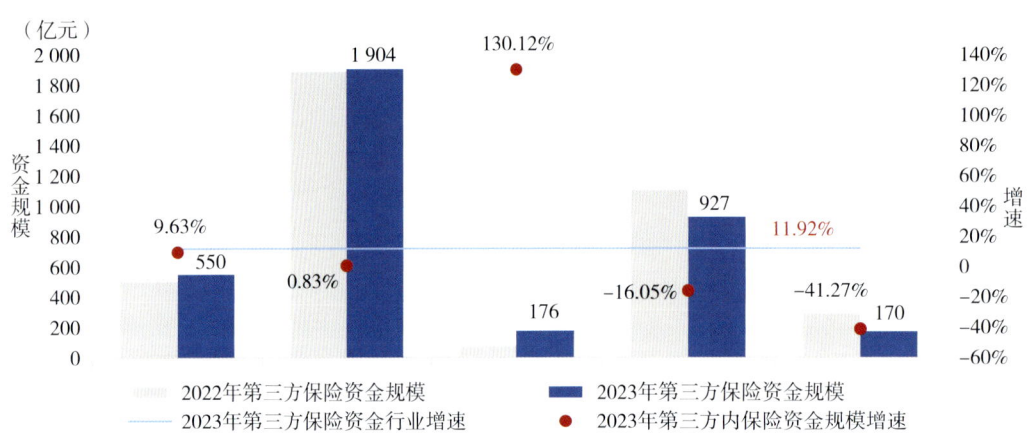

图2-3-9　2022—2023年大型机构管理第三方保险资金规模及增速情况

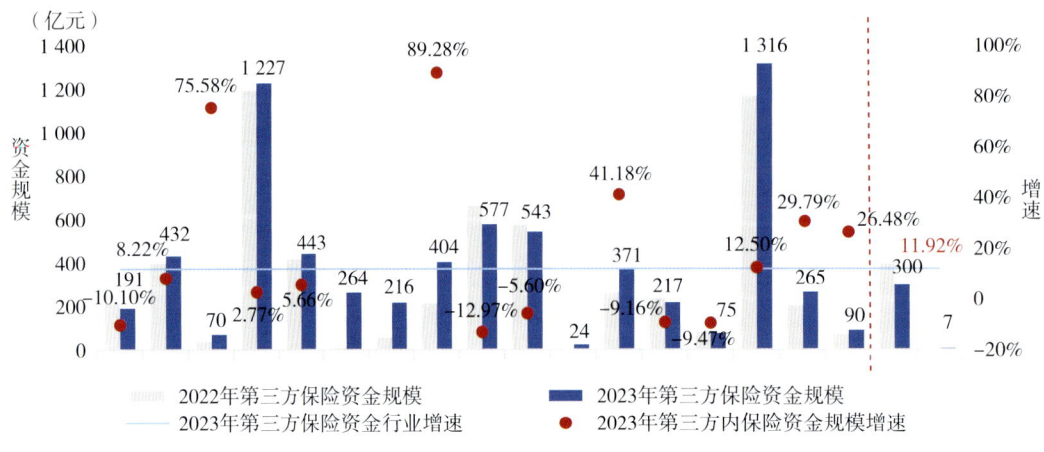

图2-3-10　2022—2023年中小型机构管理第三方保险资金规模及增速情况

注：部分机构增速过高（过低），故未在图中显示增速数据。

从银行资金看，2023年保险资产管理公司管理银行资金规模合计4.49万亿元[①]，增速77.37%。按四梯队看，超大型机构管理银行资金平均规模2 422.44亿元，增速均低于行业均值，其中7家机构管理银行资金规模超千亿元（见图2-3-11）；大型机构管理银行资金平均规模1 924.07亿元，其中3家机构增速高于行业均值（见图2-3-11）；中小型机构管理银行资金平均规模681.06亿元，其中11家机构增速高于行业均值（见图2-3-12）。

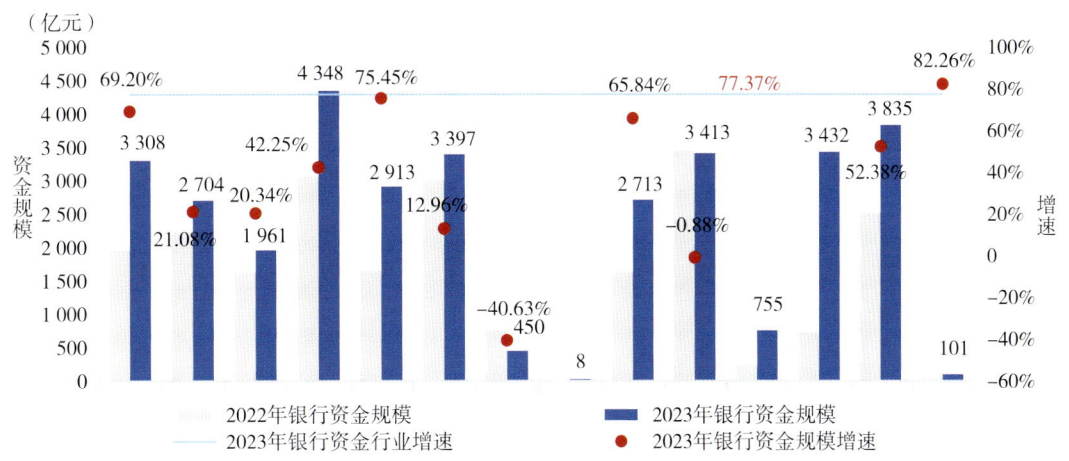

图2-3-11　2022—2023年超大型、大型机构管理银行资金规模及增速情况

注：有些机构增速过高，故未在图中显示增速数据。

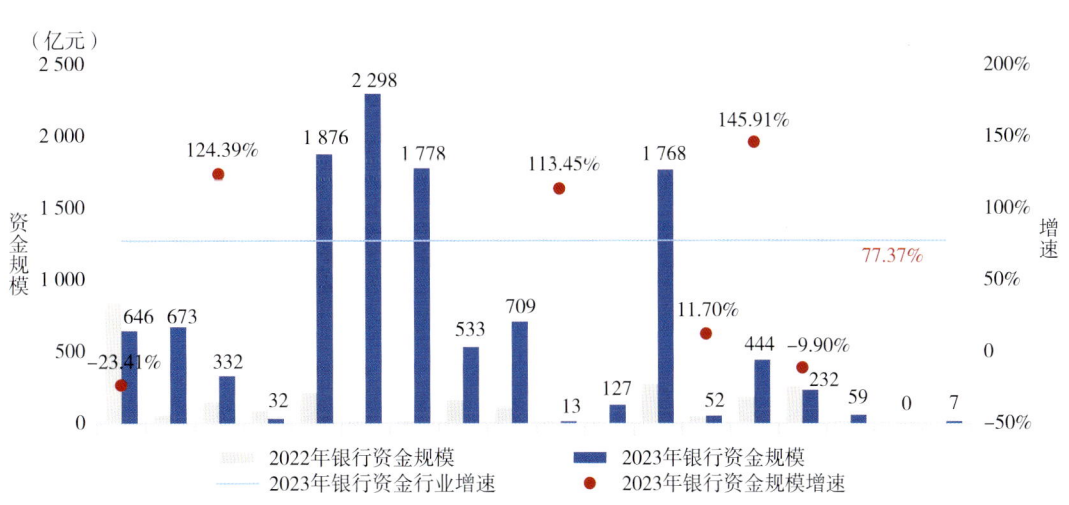

图2-3-12　2022—2023年中小型机构管理银行资金规模及增速情况

注：有些机构增速过高，故未在图中显示增速数据。

从养老金看，2023年共有26家保险资产管理公司通过专户、保险资产管理产品业

---

① 2023年有3家被调研机构尚未管理银行资金，此处有效数据为31家机构。

务管理养老金，规模合计 2.38 万亿元[①]，增速 67.19%。其中，获得基本养老金投资管理人资格的 3 家机构，合计管理养老金 2.14 万亿元，占比 89.85%，平均养老金管理规模 7 127.67 亿元（见图 2-3-13）；其他 23 家机构管理养老金平均规模 104.97 亿元，其中 4 家为首次管理养老金（见图 2-3-14）。

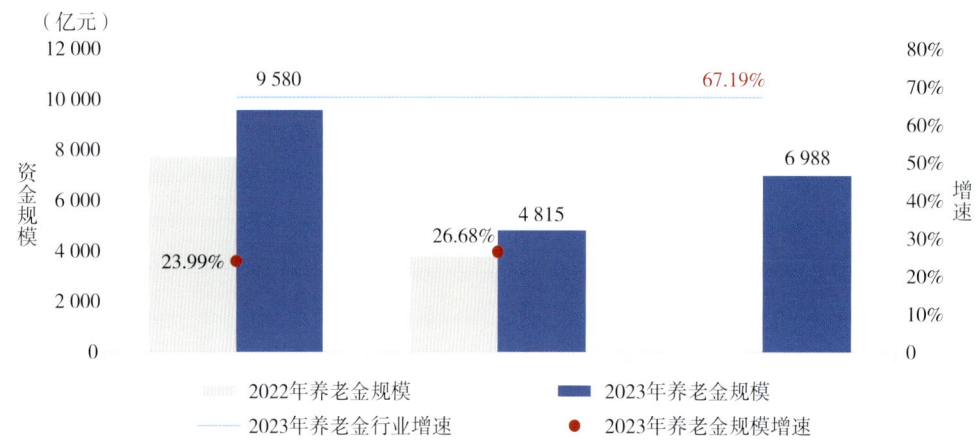

图 2-3-13　2022—2023 年 3 家有投管人资格的保险资产管理公司养老金管理情况

注：有些机构增速过高，故未在图中显示增速数据。

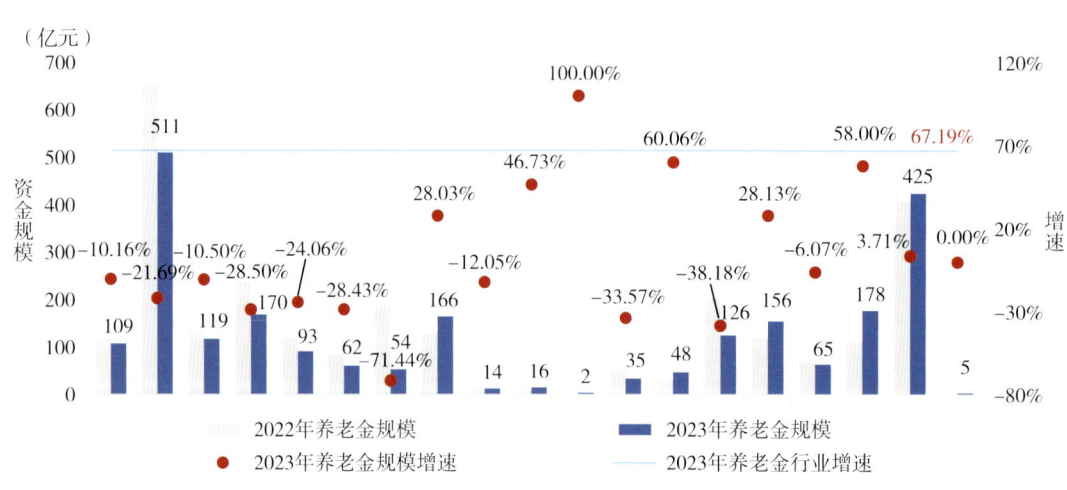

图 2-3-14　2022—2023 年 19 家无投管人资格的保险资产管理公司养老金管理情况

### （四）资金来源：业务视角

从业务视角看，专户业务资金来源以系统内保险资金为主，占比约 90%；组合类产品中业外资金（银行资金、养老金和其他资金）占比超过 70%，其中银行资金占比

---

① （1）养老金规模为基本养老金、企业年金和职业年金合计；（2）有效数据为 26 家机构；（3）其中 4 家机构 2023 年首次获得养老金投资，故无增长率数据。

最为突出，同比上升11.75个百分点；债权投资计划、股权投资计划和资产支持计划的保险资金（系统内保险资金和第三方保险资金）占比突出，其中债权投资计划中第三方保险资金占比已经接近系统内保险资金，股权投资计划中系统内保险资金占比同比上升3.74个百分点，第三方保险资金占比同比下降5.22个百分点，资产支持计划中银行资金和其他资金增长较为明显（见图2-3-15）。

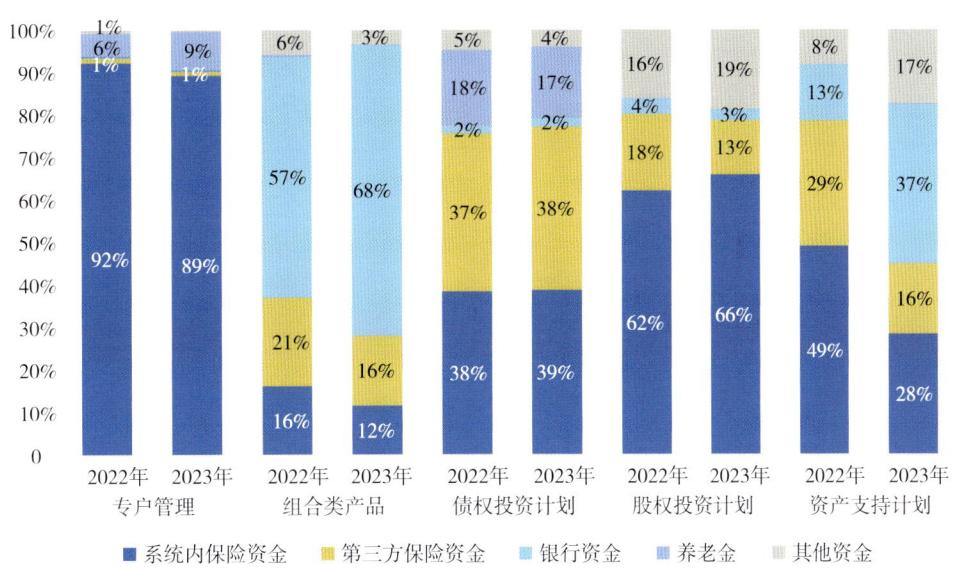

图2-3-15 2022—2023年保险资产管理公司各业务资金来源构成

## 四、资产配置

### （一）行业整体资产配置情况

一是行业整体资产配置以债券、保险资产管理产品、银行存款为主，三者占比合计近八成。2023年，保险资产管理公司投资资产总规模26.16万亿元，同比增长16.82%。

从资产配置结构看，截至2023年末，保险资产管理公司配置债券规模11.86万亿元，占比45.36%；配置保险资产管理产品规模3.80万亿元，占比14.53%；配置银行存款规模4万亿元，占比15.29%；配置股票规模1.59万亿元，占比6.09%；配置公募基金规模1.25万亿元，占比4.80%；配置金融产品规模1.18万亿元，占比4.31%；配置股权规模4145.35亿元，占比1.58%（见图2-4-1）。

从主要资产增速看，增速排名前三的资产分别是债券、公募基金和银行存款，同比分别增长29.39%、24.64%和23.77%；保险资产管理产品小幅增长，增速为2.34%；

股票和金融产品保持稳定增长，增速分别为 3.95% 和 3.86%；股权投资下降明显，增速为 -25.43%（见图 2-4-2）。

从各类资金的配置结构看，系统内保险资金方面，配置债券比例最高，规模 10.04 万亿元，占比 53.43%；配置保险资产管理产品规模 2.28 万亿元，占比 12.15%。第三方保险资金方面，银行存款配置比例最高，规模 8 207.61 亿元，占比 36.20%；配置债券规模 5 914.37 亿元，占比 26.09%。业外资金方面，对银行存款配置最高，规模为 1.42 万亿元，占比 27.75%（见图 2-4-3）。

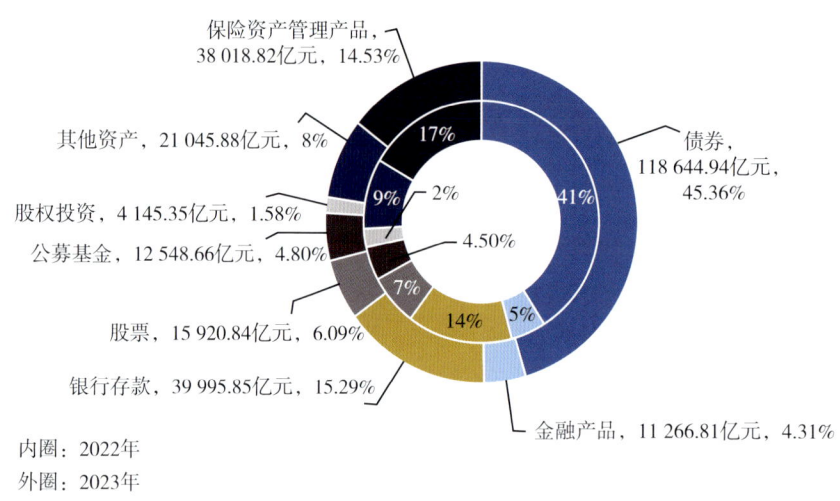

图 2-4-1　2022—2023 年保险资产管理公司资产配置结构

图 2-4-2　2022—2023 年保险资产管理公司主要投资资产规模及增速情况

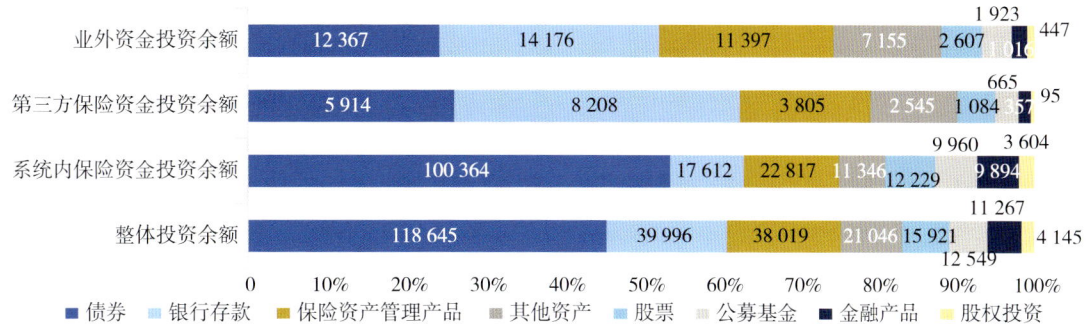

图 2-4-3 2023 年保险资产管理公司各类资金的配置结构（单位：亿元）

### （二）投资收益率情况

从投资收益率对应的机构数量①来看，2023 年综合收益率各区间机构分布较为分散。其中，4 家机构 2023 年综合收益率区间为（1%，2.25%］，6 家机构为（2.25%，3.25%］，7 家机构为（3.25%，4%］，4 家机构为（4%，4.5%］（见图 2-4-4）；财务收益率各区间机构分布相对集中，10 家机构财务收益率区间为（3.75%，4.5%］，另有 9 家为（2%，3%］（见图 2-4-5）。

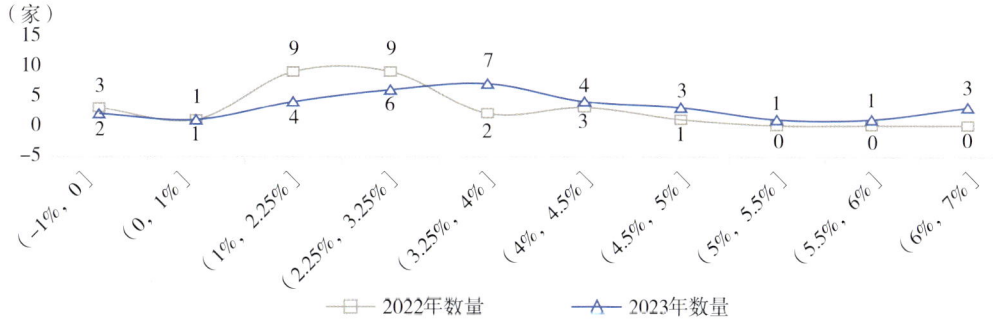

图 2-4-4 2022—2023 年各综合收益率区间对应机构数量情况

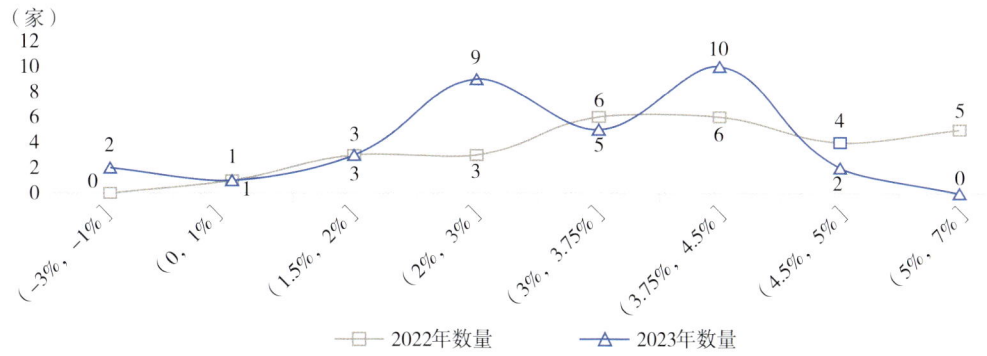

图 2-4-5 2022—2023 年各财务收益率区间对应机构数量情况

---

① 综合收益率及财务收益率有效数据为 32 家机构。

从投资收益率对应的投资规模来看，2023年综合投资收益率在（3.25%，4%］的机构，合计投资资产规模最大，占比34%（见图2－4－6）；财务投资收益率在（2%，3.75%］的机构，合计投资资产规模最大，占比68%（见图2－4－7）。

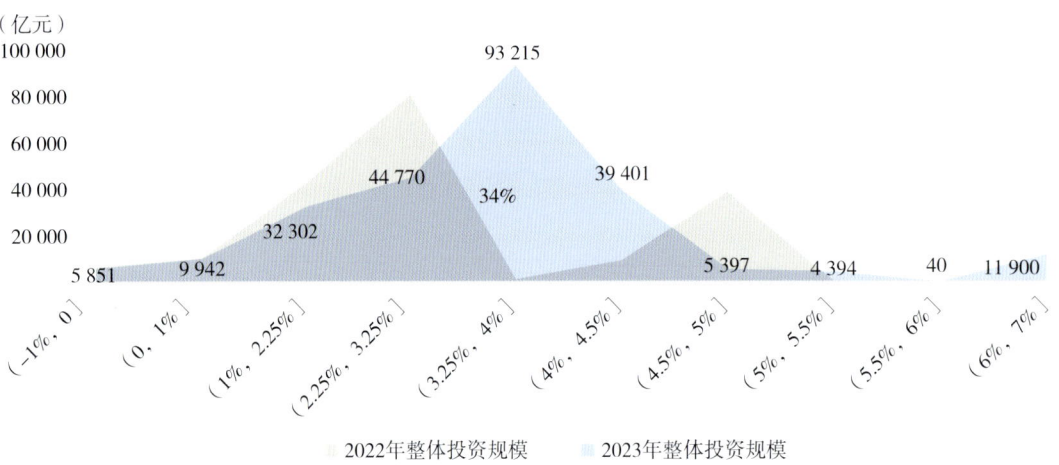

图2－4－6　2022—2023年各综合收益率区间对应机构投资规模合计

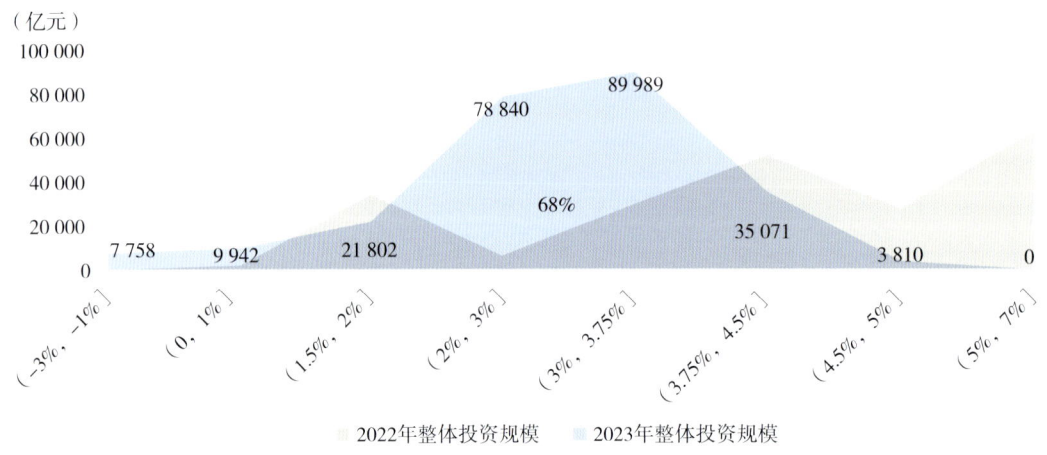

图2－4－7　2022—2023年各财务收益率区间对应机构投资规模合计

### （三）主要资产类别情况

1. 银行存款和存单。2023年，行业配置银行存款和存单规模共计4.38万亿元，增速21.44%。

从分布及占比来看，定期存款2.37万亿元，占比54.11%，同比上升6.06个百分点；协议存款1.06万亿元，占比24.10%，同比下降9.74个百分点；同业存单3 368.30亿元，占比7.69%；大额存单440.84亿元，占比1.01%（见图2－4－8）。

从规模及增速来看，定期存款和活期存款规模增长较为突出，分别增长36.76%和

119.80%；协议存款规模减小，同比下降13.53%（见图2-4-9）。

2. 债券。2023年，行业配置债券规模共计11.86万亿元，增速29.39%。

从分布及占比来看，国债及（准）政府债券7.35万亿元，占比61.96%；非金融企业（公司）债券2.34万亿元，占比19.72%；金融企业（公司）债券2.17万亿元，占比18.32%（见图2-4-10）。

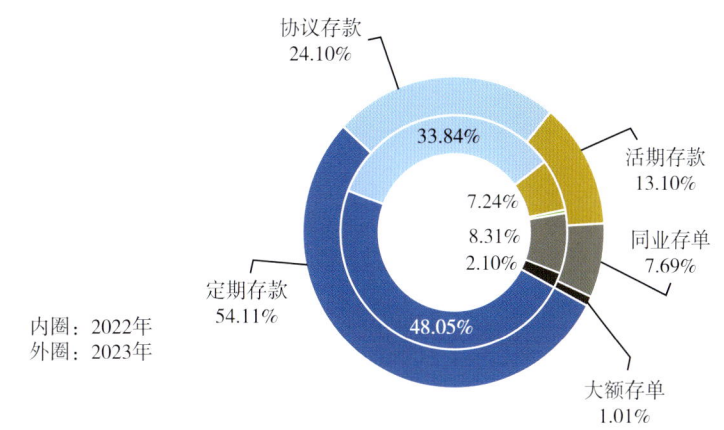

图2-4-8　2022—2023年保险资产管理公司投资银行存款和存单占比情况

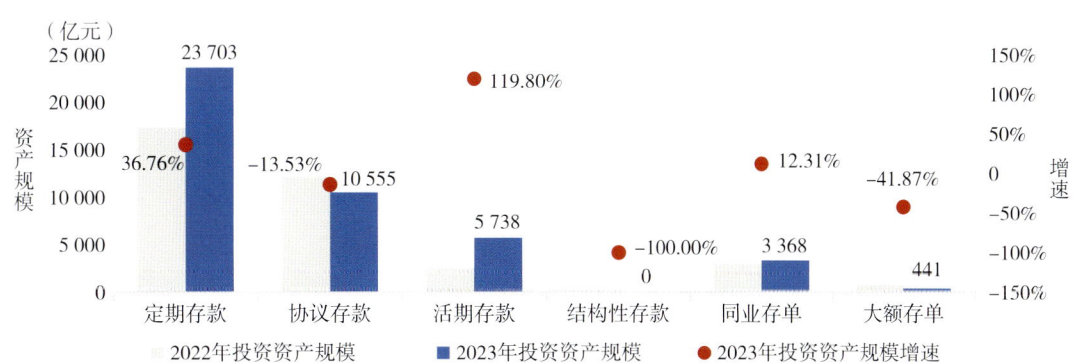

图2-4-9　2022—2023年保险资产管理公司投资银行存款规模及增速情况

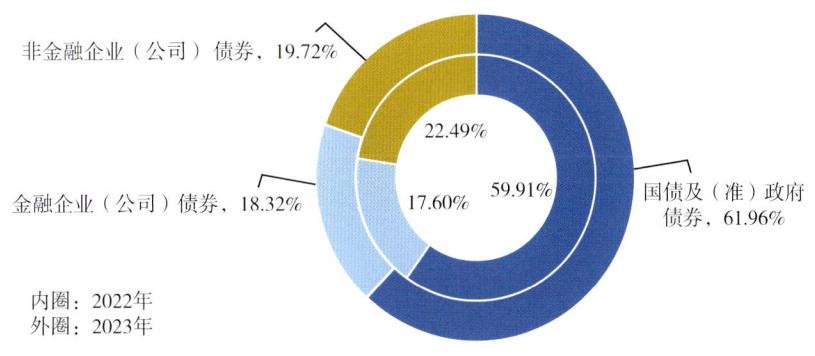

图2-4-10　2022—2023年保险资产管理公司投资各类债券规模占比情况

从规模及增速来看，国债及（准）政府债券规模增长最为突出，同比增长33.83%；金融企业（公司）债券规模同比增长34.63%；非金融企业（公司）债券规模同比增长13.45%（见图2-4-11）。

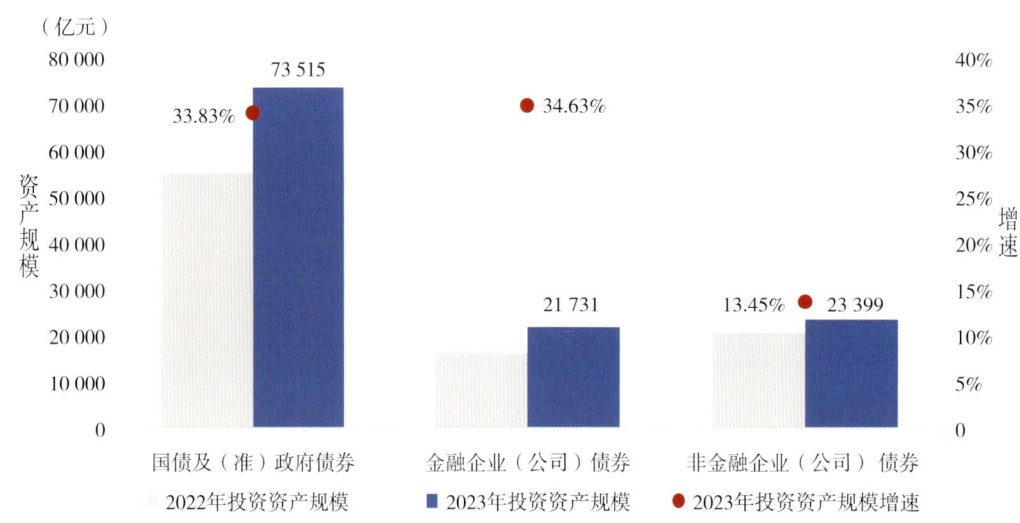

图2-4-11 2022—2023年保险资产管理公司投资各类债券规模及增速情况

从债券细分品种配置来看，省级政府债券、地方债4.02万亿元，占比33.86%；国债2.07万亿元，占比17.43%；企业债券、公司债券（非金融机构发行）1.47万亿元，占比12.37%；商业银行二级资本债券和无固定期限资本债券1.36万亿元，占比11.43%；准政府债券1.27万亿元，占比10.72%；中期票据7 681.18亿元，占比6.47%（见图2-4-12）。

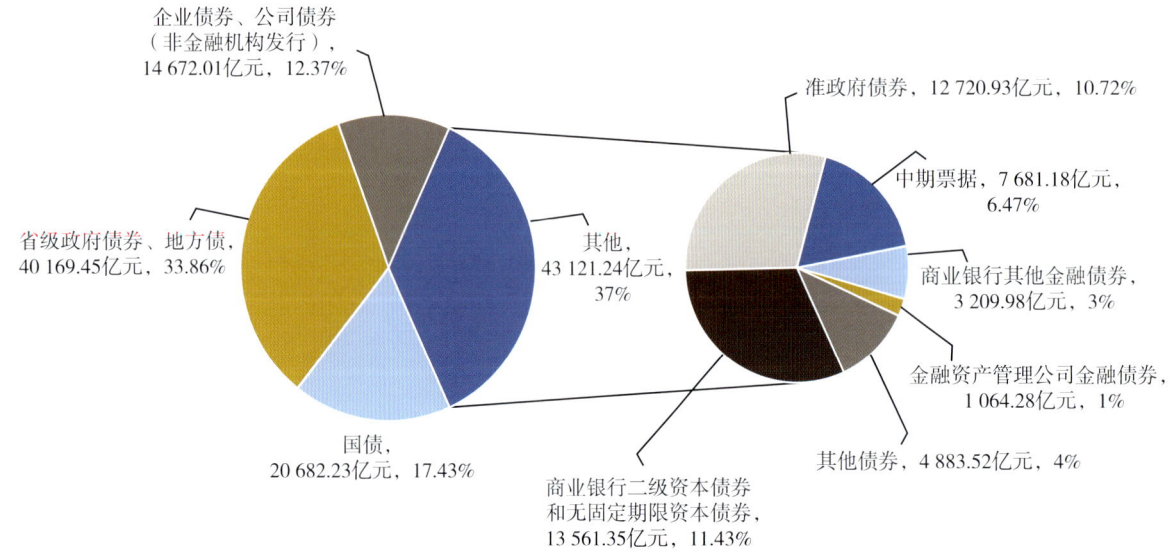

图2-4-12 2023年保险资产管理公司投资债券细分品种构成情况

从不同规模保险资产管理公司各类债券配置比例看，超大型机构配置国债及（准）

政府债券比例较高，但占比较上年度略有下降，金融企业（公司）债券占比上升；大型机构和中型机构配置国债及（准）政府债券比例较上年显著上升，非金融企业（公司）债券占比压缩幅度较大；小型机构债券配置以非金融企业（公司）债券为主，占比96.47%（见图2-4-13）。

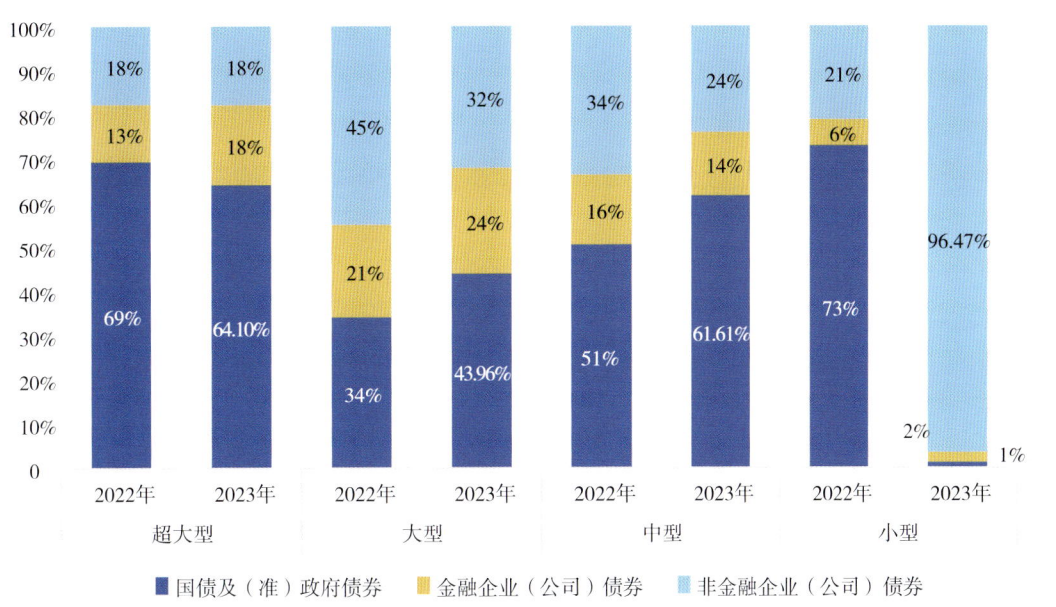

图2-4-13 2022—2023年不同规模保险资产管理公司持有债券大类占比情况

从不同机构持有债券的外部评级情况看，2023年，超大型、大型和中型机构持有AAA级债券比例分别为98.98%、96.94%和96.22%，高于小型机构；小型机构持有AA+、AA及以下债券比例更高（见图2-4-14）。

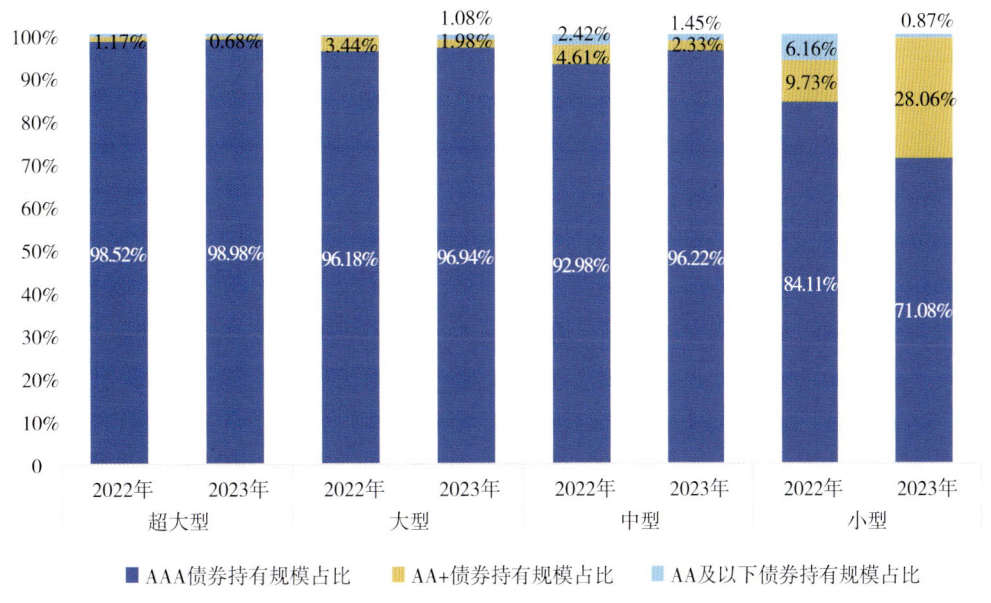

图2-4-14 2022—2023年不同规模保险资产管理公司持有债券外部评级分布情况

3. 保险资产管理产品。2023年，行业配置保险资产管理产品规模3.80万亿元，同比增长2.34%。

从分布及占比来看，配置债权投资计划2.09万亿元，占比55.03%；配置组合类保险资产管理产品1.54万亿元，占比40.53%；配置股权投资计划0.17万亿元，占比4.49%（见图2-4-15）。

从规模及增速来看，债权投资计划2.09万亿元，增速6.82%；组合类保险资管产品（固收类）1.26万亿元，增速9.72%；组合类保险资产管理产品（权益类）及组合类保险资产管理产品（混合类）呈负增长，增速分别为-37.54%和-34.63%（见图2-4-16）。

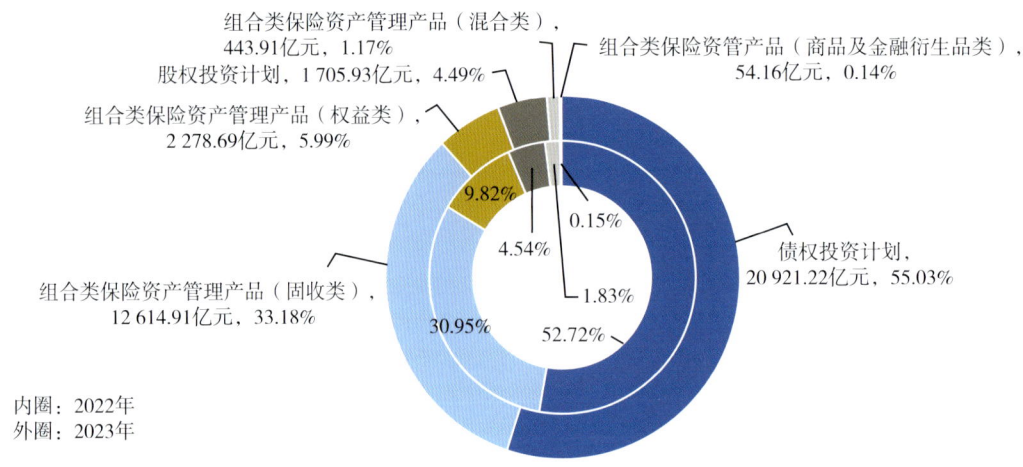

图2-4-15 2022—2023年保险资产管理公司投资保险资产管理产品占比情况

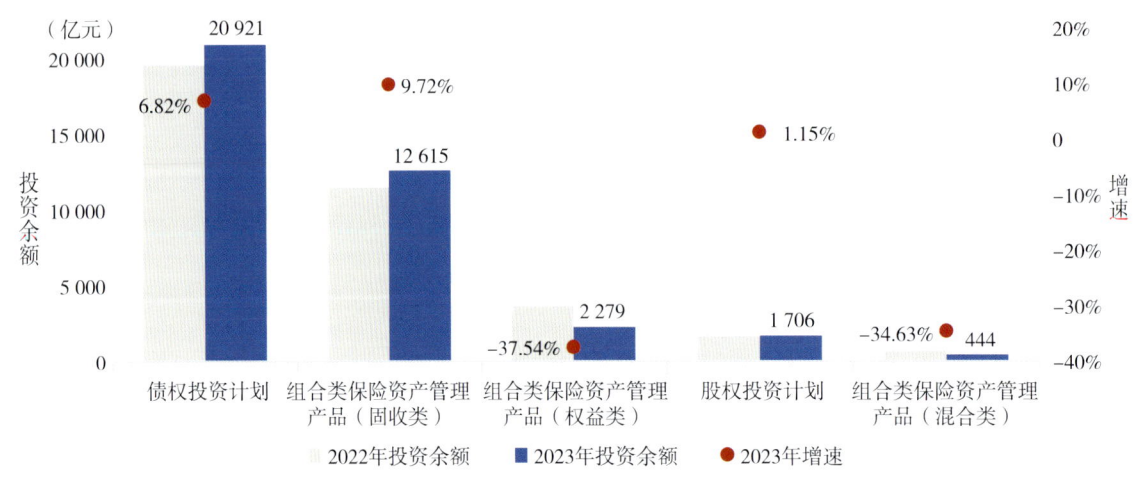

图2-4-16 2022—2023年保险资产管理公司投资各类保险资产管理产品规模及增速情况

4. 金融产品。2023年，行业配置金融产品1.18万亿元，增速1.75%。

从分布及占比来看，主要以集合资金信托计划为主，规模9 825.49亿元，占比

79.13%，同比下降 0.25 个百分点；资产支持计划（保险资产管理公司发行）1 619.72 亿元，占比 12.88%；资产支持专项计划（券商发行）763.00 亿元，占比 6.07%；商业银行理财产品 318.74 亿元，占比 2.53%（见图 2-4-17）。

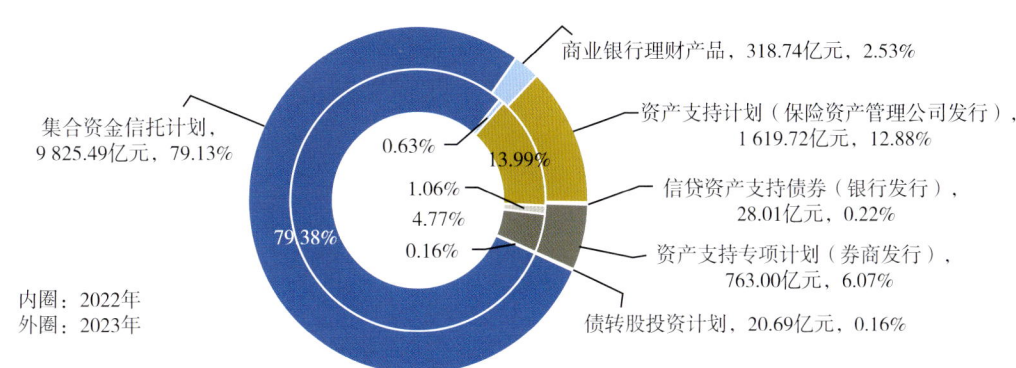

图 2-4-17　2022—2023 年保险资产管理公司投资各类金融产品占比情况

从规模及增速来看，集合资金信托计划、资产支持计划（保险资产管理公司发行）、信贷资产支持债券（银行发行）规模较 2022 年有所下降，增速分别为 -1.87%、-8.23% 和 -79.13%；资产支持计划（券商发行）和商业银行理财产品规模较上年有所增长，增速分别为 26.86% 和 300.36%（见图 2-4-18）。

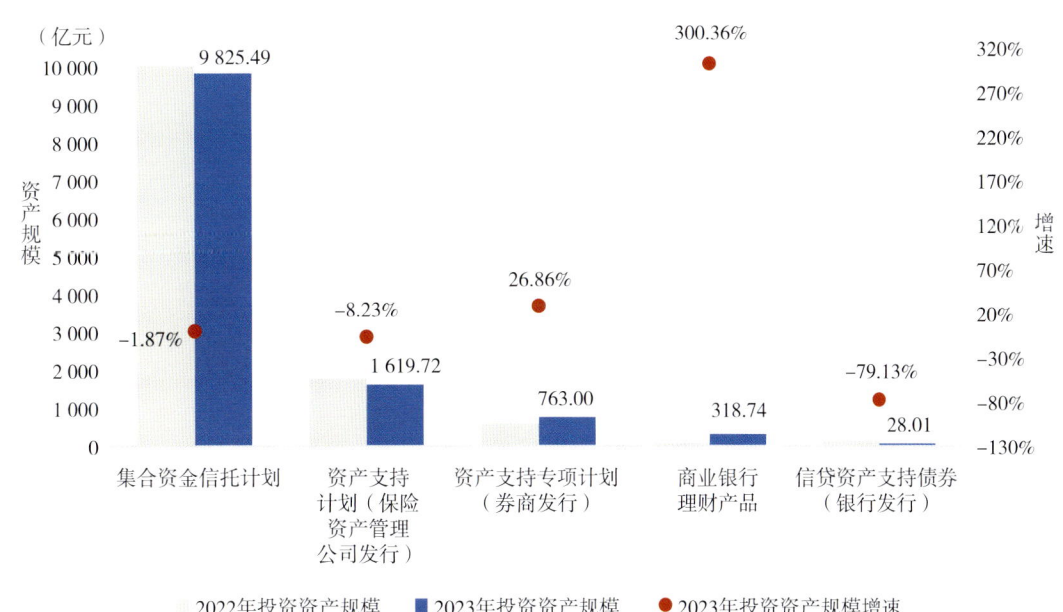

图 2-4-18　2022—2023 年保险资产管理公司投资各类金融产品规模及增速情况

5. 股票。2023 年，行业配置股票 1.59 万亿元，增速 3.95%。

从分布及占比来看，上市普通股票（含保险类及非保险类）1.16 万亿元，占比 72.88%；港股通、沪伦通 4 318.28 亿元，占比 27.12%（见图 2-4-19）。

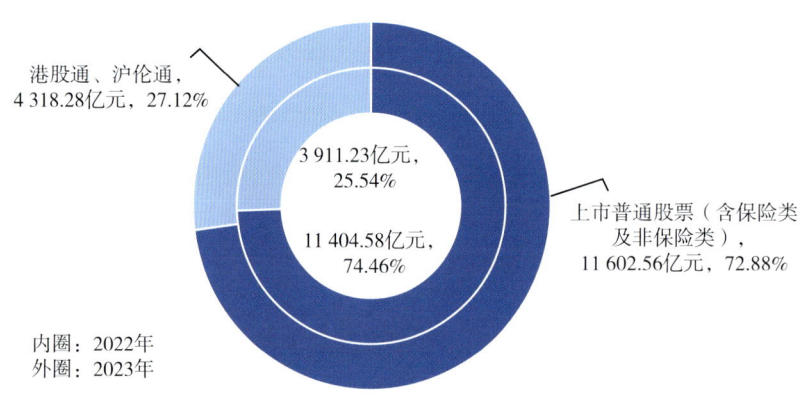

图 2－4－19　2022—2023 年保险资产管理公司投资各类股票占比情况

从规模及增速来看，上市普通股票（含保险类及非保险类）规模增长较缓，增速 1.74%；港股通、沪伦通规模增长较快，增速 10.41%（见图 2－4－20）。

6. 公募基金。2023 年，行业配置公募基金规模为 1.25 万亿元，同比增长 1.84%。

从分布及占比来看，配置债券型基金 5 468.93 亿元，占比 43.58%；配置股票型基金 3 246.42 亿元，占比 25.87%；配置混合型基金 3 209.62 亿元，占比 25.58%；配置货币型基金 610.74 亿元，占比 4.87%。

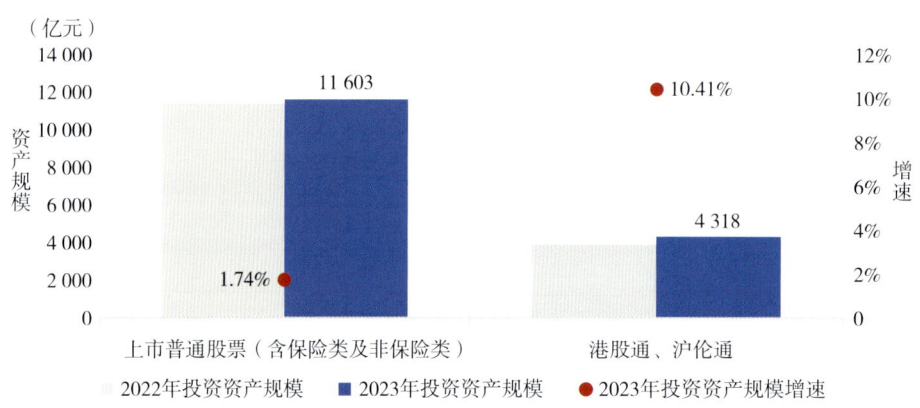

图 2－4－20　2022—2023 年保险资产管理公司投资各类股票规模及增速情况

从规模和增速来看，债券型基金、股票型基金和 FOF 规模增长较快，增速分别为 30.13%、136.06% 和 112.95%；混合型基金和货币型基金规模增速为负，同比分别下降 15.91% 和 8.45%（见图 2－4－21）。

从持有规模来看，2023 年末，33 家保险资产管理公司共持有 139 家公募基金公司产品，平均每家保险资产管理公司持有公募基金 380.26 亿元。其中，持有公募基金规模在 1 000 亿元以上的保险资产管理公司有 4 家，500 亿～1 000 亿元有 5 家，100 亿～500 亿元有 11 家，另外 13 家持有规模在 100 亿元以下（见表 2－4－1）。

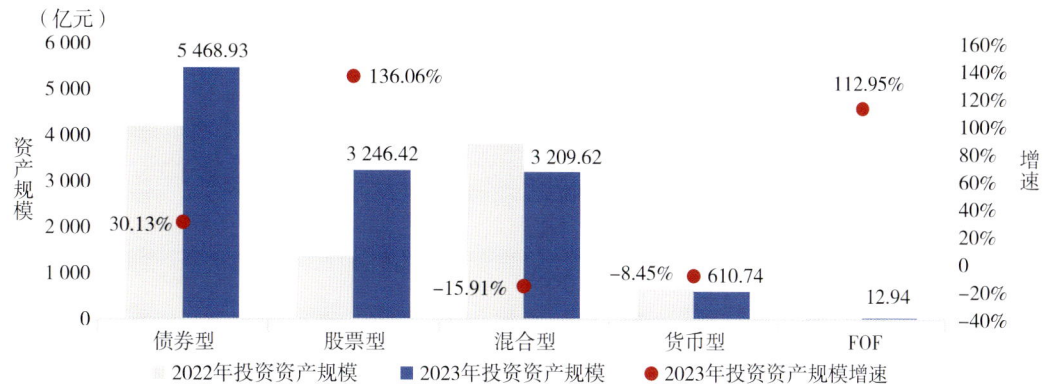

图 2-4-21　2022—2023 年保险资产管理公司投资各类公募基金规模及增速情况

表 2-4-1　　　　　2023 年保险资产管理公司持有公募基金规模分布情况

| 公募基金持有规模 | 2023 年末机构数量（家） | 规模合计（亿元） | 规模占比（%） |
| --- | --- | --- | --- |
| 1 000 亿元及以上 | 4 | 6 652.55 | 53.01 |
| 500 亿～1 000 亿元 | 5 | 3 138.07 | 25.01 |
| 100 亿～500 亿元 | 11 | 2 378.31 | 18.95 |
| 100 亿元以下 | 13 | 379.47 | 3.03 |
| 合计 | 33 | 12 548.68 | 100 |

从配置占比来看，债券型基金较为突出，超大型、大型、中型和小型机构的配置比例分别为 39.80%、65.14%、46.33% 和 66.31%；混合型基金在超大型、中型机构中占比较高，分别为 26.91% 和 27.91%；股票型基金在超大型机构中占比较高，占比 12.94%；货币型基金在小型机构中占比较大，为 25.65%（见图 2-4-22）。

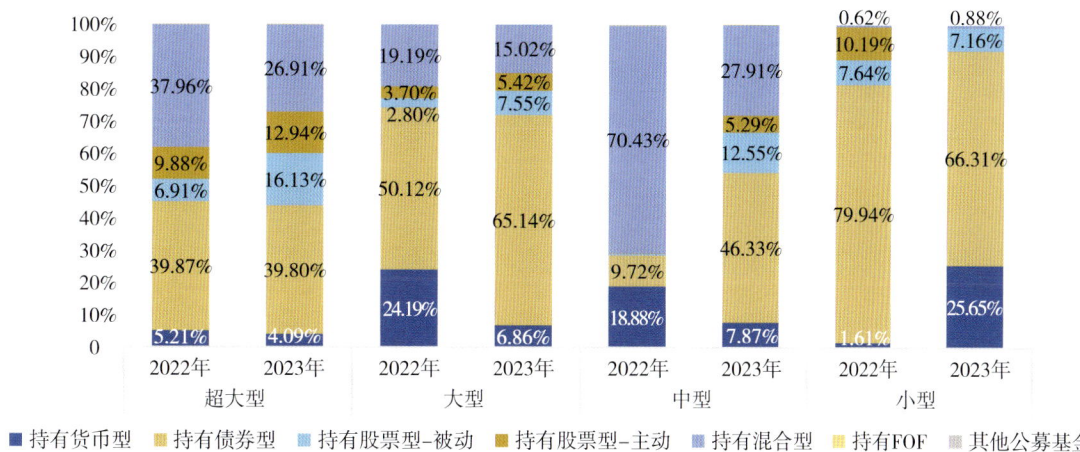

图 2-4-22　2022—2023 年不同规模保险资产管理公司持有各类公募基金占比情况

# 五、行业收入[①]

## （一）行业整体收入情况

1. 整体收入情况。2023 年，33 家[②]保险资产管理公司实现收入合计 296.62 亿元，同比增加 22.42 亿元，增速 8.18%；其中，有同比数据的 32 家公司收入增速为 3.85%。2016—2023 年，行业收入复合年均增长率（CAGR）为 9.92%（见图 2-5-1）。

从行业集中度和市场份额分布看，2023 年，行业收入排名前 5 的机构收入合计占比 52.88%，集中度同比下降 3.4 个百分点（见图 2-5-2）。

从各收入区间机构数量分布看，各机构收入主要集中在 5 亿元以下和 10 亿元以上（见表 2-5-1）。2023 年，行业各机构收入平均值为 8.99 亿元，中位值为 4.30 亿元。其中，超大型机构平均值和中位值差距较大；中型机构平均值与中位值较为接近（见表 2-5-2）。

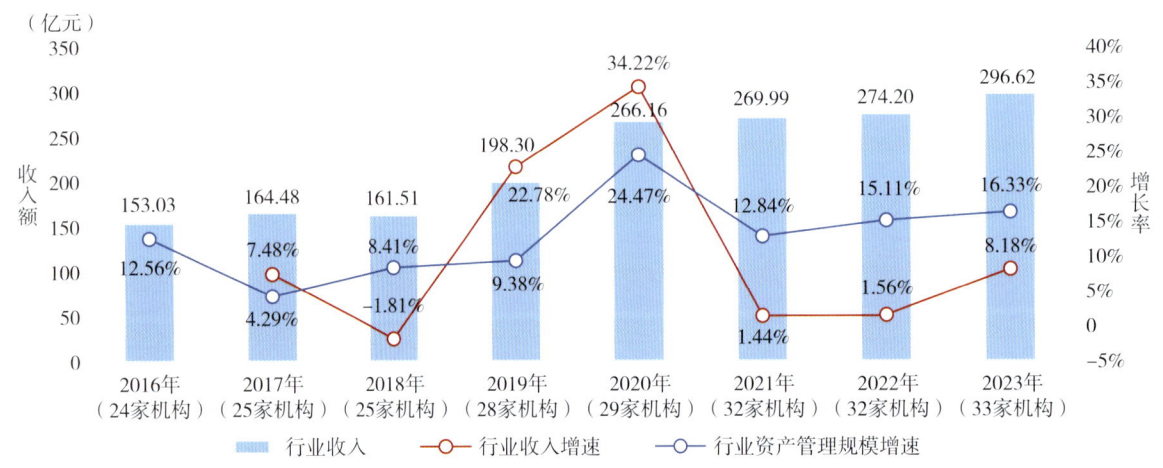

图 2-5-1  2016—2023 年保险资产管理公司收入及增速情况

---

① 本报告所称"收入"包括管理费收入及投资顾问收入。
② 因中邮保险资管为新设机构，暂无收入数据，本节行业收入分析统计最大口径为 33 家机构，下同。

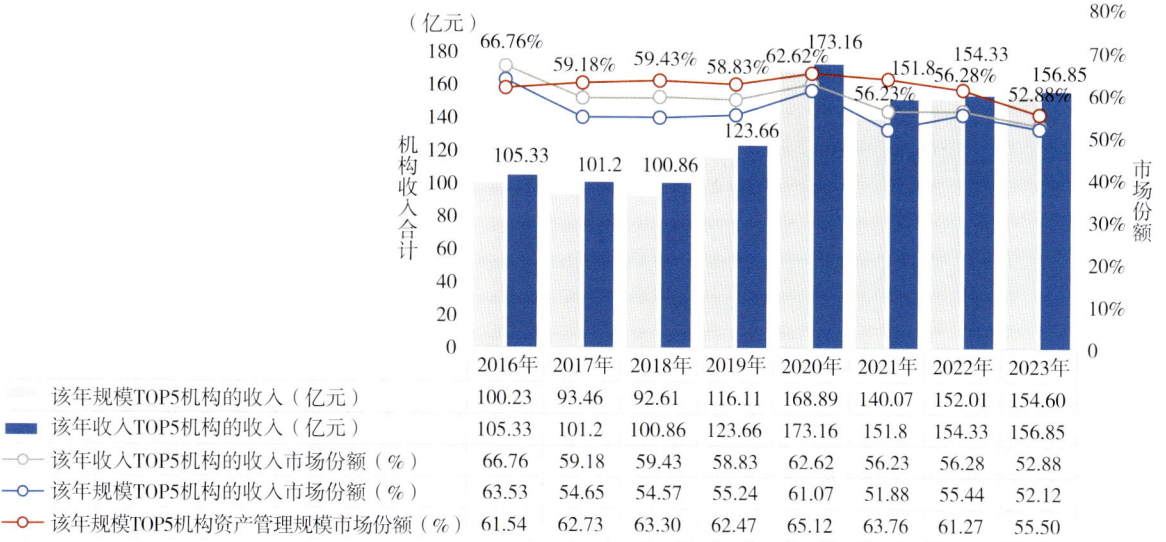

图 2-5-2　2016—2023 年行业 TOP5 机构收入集中度情况

表 2-5-1　　　　　　2019—2023 年各收入区间机构数量分布　　　　　　（单位：家）

| 收入区间 | 2019 年 机构数量 | 2020 年 机构数量 | 2021 年 机构数量 | 2022 年 机构数量 | 2023 年 机构数量 |
|---|---|---|---|---|---|
| 超过 20 亿元 | 2 | 3 | 4 | 3 | 3 |
| 10 亿~20 亿元 | 3 | 3 | 5 | 7 | 8 |
| 7 亿~10 亿元 | 4 | 5 | 3 | 1 | 1 |
| 5 亿~7 亿元 | 1 | 1 | 4 | 1 | 3 |
| 3 亿~5 亿元 | 5 | 3 | 2 | 5 | 7 |
| 1 亿~3 亿元 | 8 | 10 | 9 | 13 | 9 |
| 不超过 1 亿元 | 5 | 4 | 5 | 2 | 2 |
| 小计 | 28 | 29 | 32 | 32 | 33 |

表 2-5-2　　　　　　2016—2023 年行业各机构收入平均值与中位值　　　　　　（单位：亿元）

| 历年行业收入数值特征 | 2016 年 | 2017 年 | 2018 年 | 2019 年 | 2020 年 | 2021 年 | 2022 年 | 2023 年 |
|---|---|---|---|---|---|---|---|---|
| 收入平均值 | 6.31 | 6.58 | 6.53 | 7.25 | 9.54 | 8.44 | 8.57 | 8.99 |
| 收入中位值 | 3.10 | 4.26 | 3.35 | 3.18 | 4.33 | 4.36 | 3.68 | 4.30 |

从不同规模保险资产管理公司收入情况来看，超大型机构平均收入 22.18 亿元，大型机构平均收入 9.43 亿元，中型机构平均收入 2.99 亿元，小型机构平均收入 0.18 亿元（见表 2-5-3）。全行业共 19 家机构收入较上年有所增长。各机构收入增速普遍低于资产管理规模增速，其中，仅 2 家超大型机构、6 家中小型机构收入增速大于规

模增速。各梯队内部收入分化较为明显（见图2-5-3至图2-5-5）。

表2-5-3　　　　　　2021—2023年行业机构四梯队收入平均值与中位值　　　　　（单位：亿元）

| 四梯队收入情况 | 2021年 | | 2022年 | | 2023年 | |
| --- | --- | --- | --- | --- | --- | --- |
| | 平均值 | 中位值 | 平均值 | 中位值 | 平均值 | 中位值 |
| 超大型 | 22.21 | 17.6 | 22.94 | 13.71 | 22.18 | 13.83 |
| 大型 | 9.74 | 10.93 | 10.29 | 11.38 | 9.43 | 10.30 |
| 中型 | 3.41 | 2.5 | 2.97 | 2.37 | 2.99 | 2.85 |
| 小型 | 0.43 | 0.09 | 0.99 | 1.09 | 0.18 | 0.81 |

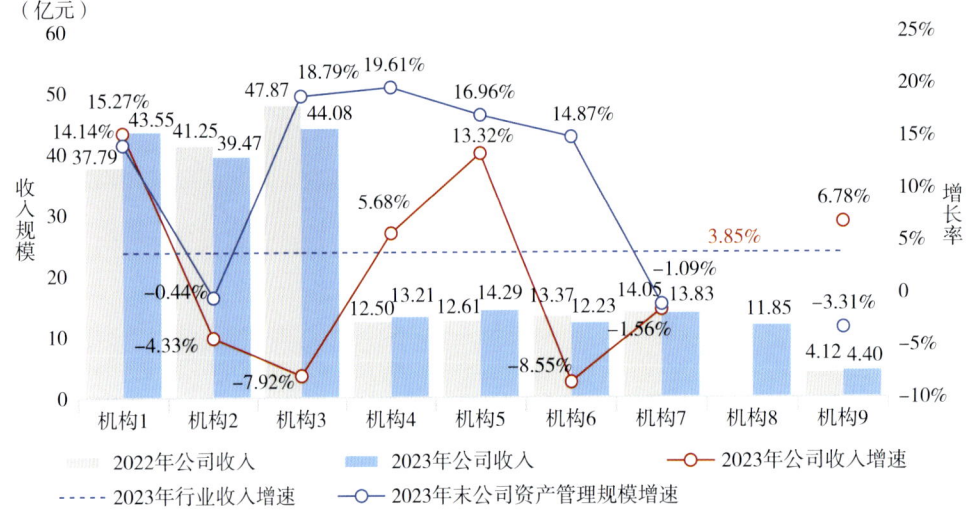

图2-5-3　2022—2023年超大型机构收入及增速情况

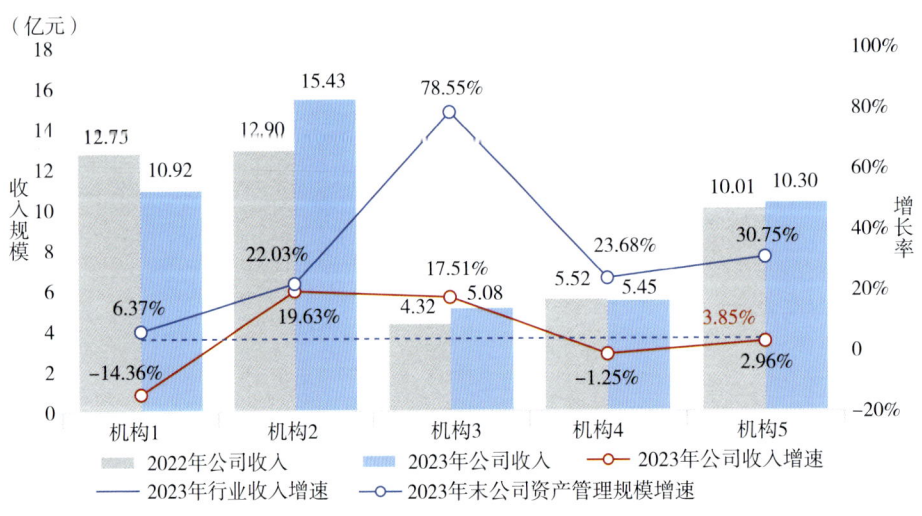

图2-5-4　2022—2023年大型机构收入及增速情况（不含中邮资管）

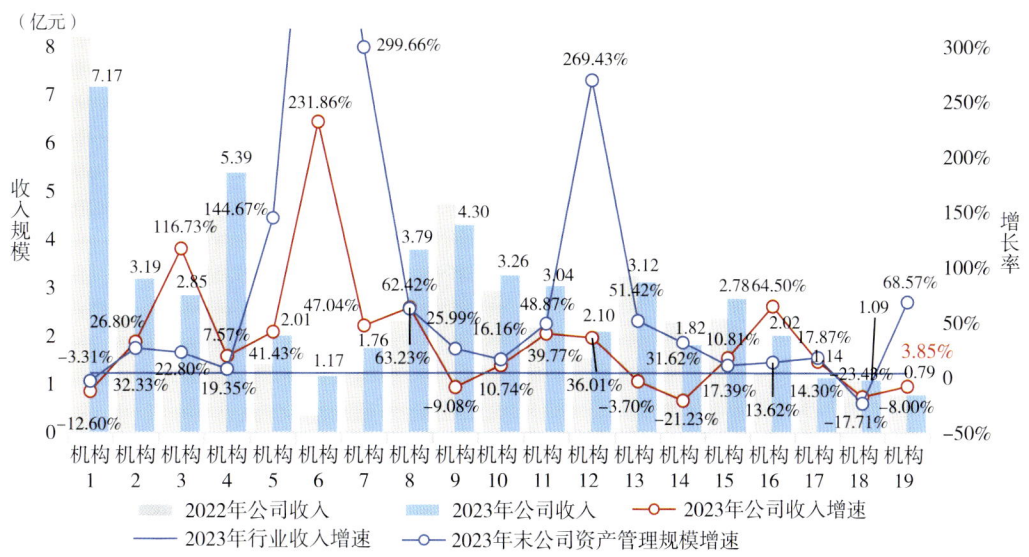

图 2-5-5　2022—2023 年中小型机构收入及增速情况

注：有些机构增速过高，故未在图中显示增速数据。

2. 单位规模收入情况[①]。2023 年全行业单位规模收入为 10.79BP，较 2022 年下降 1.42BP，连续三年有所下降，且降幅逐年扩大（见图 2-5-6）。

历史数据显示，保险资产管理产品业务规模占比与单位规模收入具有一定正相关性，即保险资产管理产品业务占比较高的机构，单位规模收入也较高。其中，超大型机构单位规模收入普遍低于行业单位规模收入；大型机构单位规模收入悬殊较大；超六成中型机构单位规模收入超行业均值。此外，单位规模收入较高的机构，债权投资计划、股权投资计划占比相对较高（见图 2-5-7）。

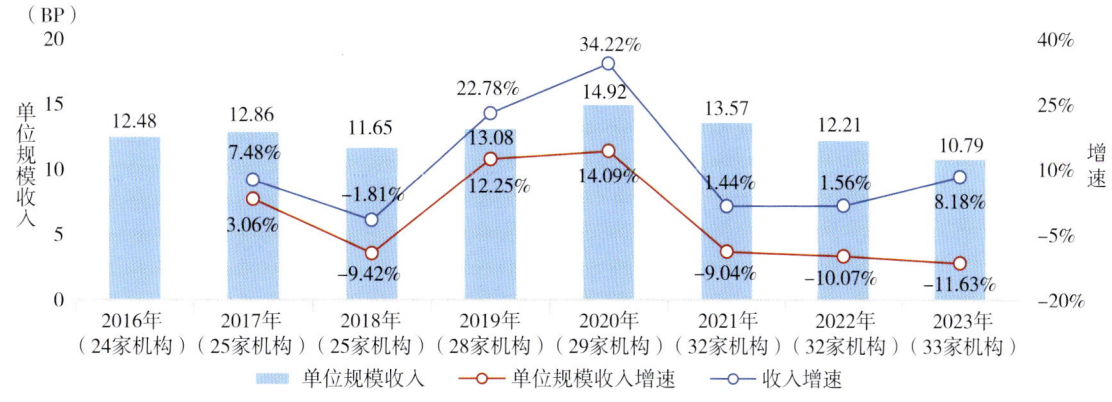

图 2-5-6　2016—2023 年行业单位规模收入情况

---

[①] 行业/公司单位规模收入 = 该年收入/该年末资产管理规模（不含内购产品）。因中邮保险资管为新设机构，暂无业务数据，单位规模收入统计最大口径为 33 家机构。

图 2-5-7 2023 年保险资产管理公司单位规模收入情况

### （二）主要业务收入情况

1. 主要业务整体收入情况。从业务收入规模及增长情况来看，2023 年，行业各主要业务收入均有增长。其中，专户业务、股权投资计划、资产支持计划业务收入增速较上年有所提升；组合类产品、债权投资计划业务收入增速连续三年放缓。具体来看：专户业务实现收入 152.8 亿元，增速 11.71%；组合类产品实现收入 70.2 亿元，增速 11.16%；债权投资计划实现收入 38.1 亿元，增速 4.32%；股权投资计划实现收入 2.91 亿元，增速 25.66%；资产支持计划实现收入 3.01 亿元，增速 27.8%（见图 2-5-8）。

从业务贡献来看，专户业务的规模贡献高于收入贡献；保险资产管理产品业务收入贡献高于规模贡献。2023 年，33 家保险资产管理公司保险资产管理产品业务收入占比近四成（39.7%），较 2022 年上升 1.7 个百分点，相比其规模占比（29.8%）贡献较高（见图 2-5-9）。

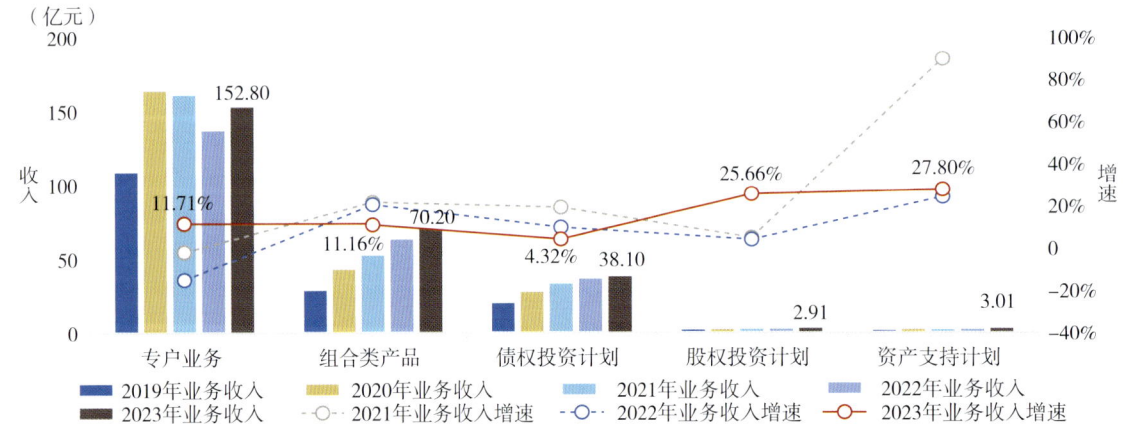

图 2-5-8 2019—2023 年行业主要业务收入及增速情况

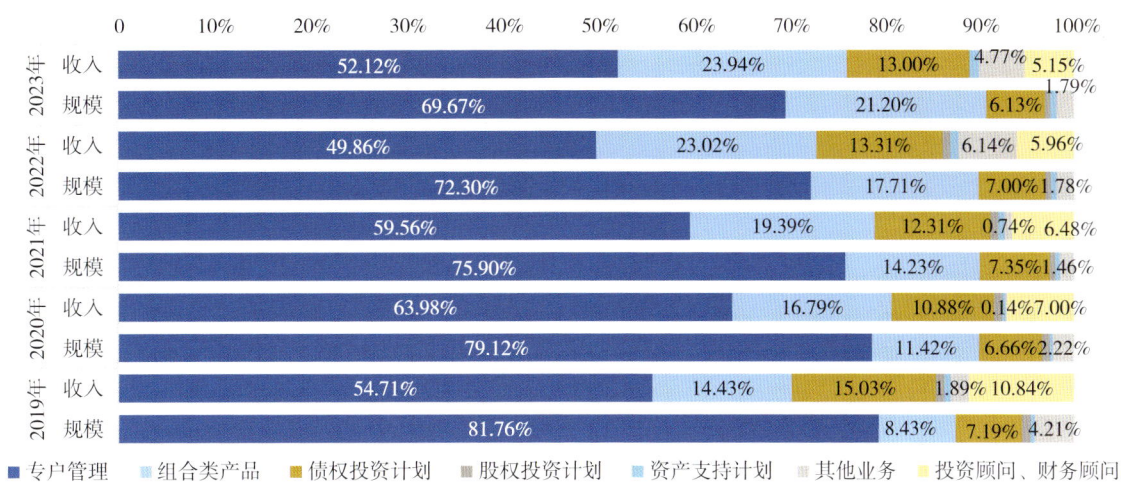

图 2-5-9　2019—2023 年保险资产管理公司各类业务规模及收入占比情况

从不同公司来看，行业四梯队机构各类业务收入贡献差异较大。除专户业务外，行业大部分机构主要依靠组合类产品带动规模增长，依靠另类产品提升收入水平（见图 2-5-10）。

2. 主要业务单位规模收入情况。2023 年，除股权投资计划外，其他各类业务单位规模收入均有下降，组合类产品降幅最为显著。具体来看，专户业务单位规模收入 7.33BP，同比下降 0.4BP；组合类产品单位规模收入 11BP，同比下降 3.57BP；债权投资计划单位规模收入 20.64BP，同比下降 0.66BP；股权投资计划单位规模收入 17.41BP，同比上升 1.15BP；资产支持计划单位规模收入 14.29BP，同比下降 1BP（见图 2-5-11）。

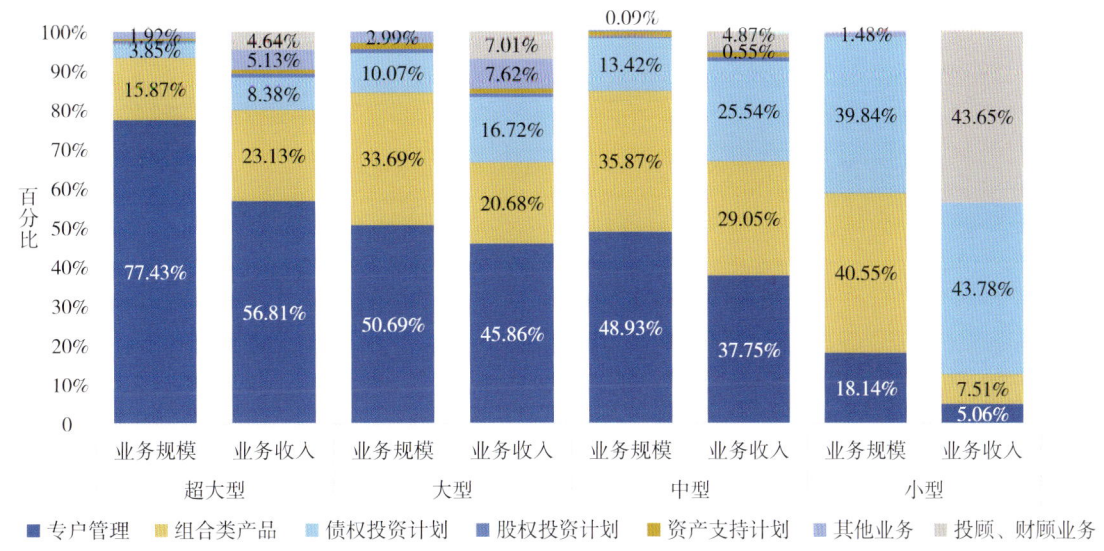

图 2-5-10　2023 年四梯队业务规模及收入构成

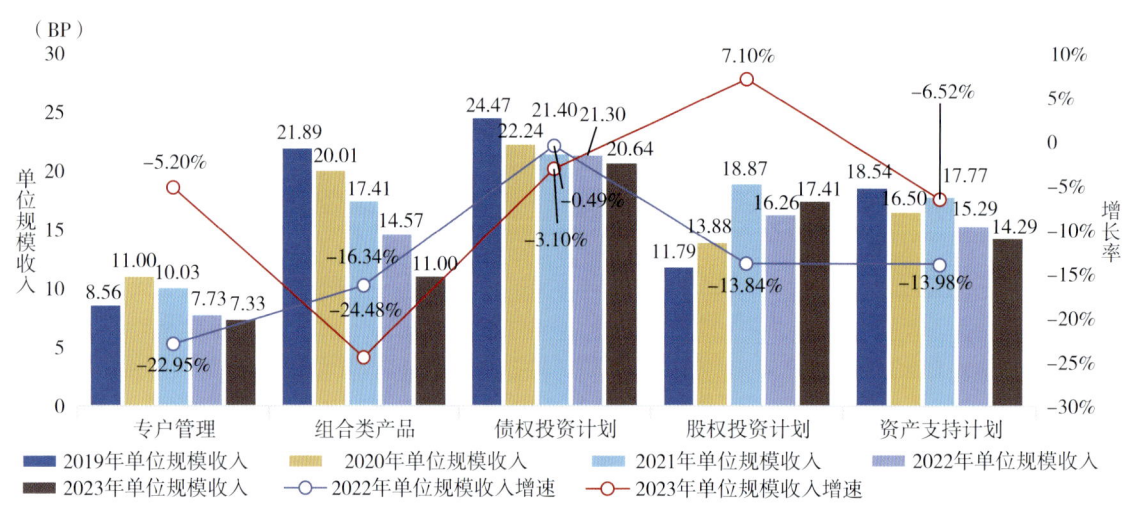

图 2-5-11 2019—2023 年保险资产管理公司各类业务单位规模收入及增速情况

## 六、保险资产管理产品

### （一）整体情况

1. 产品类型。保险资产管理产品业务，是指保险资产管理机构接受投资者委托，设立保险资产管理产品并担任管理人，依照法律法规和有关合同约定，对受托的投资者财产进行投资和管理的金融服务。保险资产管理产品包括债权投资计划、股权投资计划、组合类保险资产管理产品和国家金融监督管理总局规定的其他产品。保险资产管理机构投资管理能力的管理监督，以公司自评估、信息披露和持续监管相结合的方式实施。保险资产管理机构应当在公司及中国保险资产管理业协会官方网站上主动、及时披露投资管理能力建设及自评估情况。

本报告所提到的保险资产管理产品，包含组合类保险资产管理产品、债权投资计划和股权投资计划。

2. 业务开展主体。目前，已有 34 家机构（33 家保险资产管理公司[①]、中保投资有限责任公司）开展了保险资产管理产品业务。其中，12 家机构已经开展全部三项保险资产管理产品业务。

3. 存续余额情况。截至 2023 年末，行业保险资产管理产品存续余额 8.53 万亿元，较

---

[①] 33 家指的是表 2-1-1 中的公司，不包含中邮资管。

上年末增加 2.08 万亿元，同比增长 32.31%（见图 2-6-1），近五年复合增长率为 32.59%。

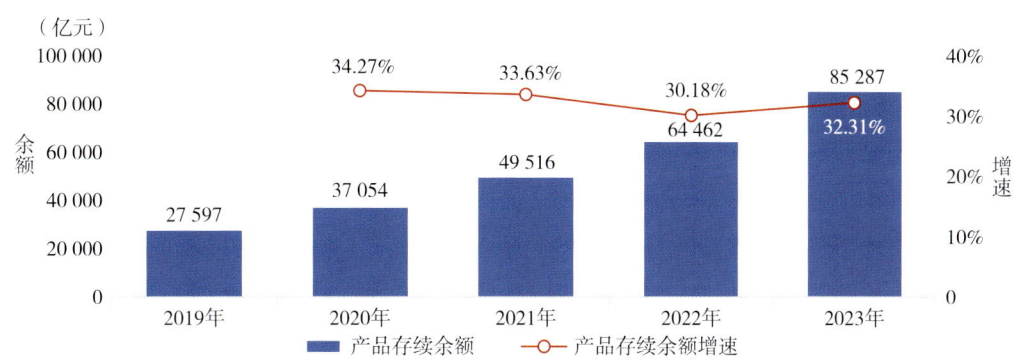

图 2-6-1　2019—2023 年保险资产管理产品存续余额及增速情况

4. 管理费收入情况。2023 年，行业保险资产管理产品管理费收入 113.57 亿元，较上年末增加 7.22 亿元，增速 6.79%，近五年复合增长率为 16.75%（见图 2-6-2）。

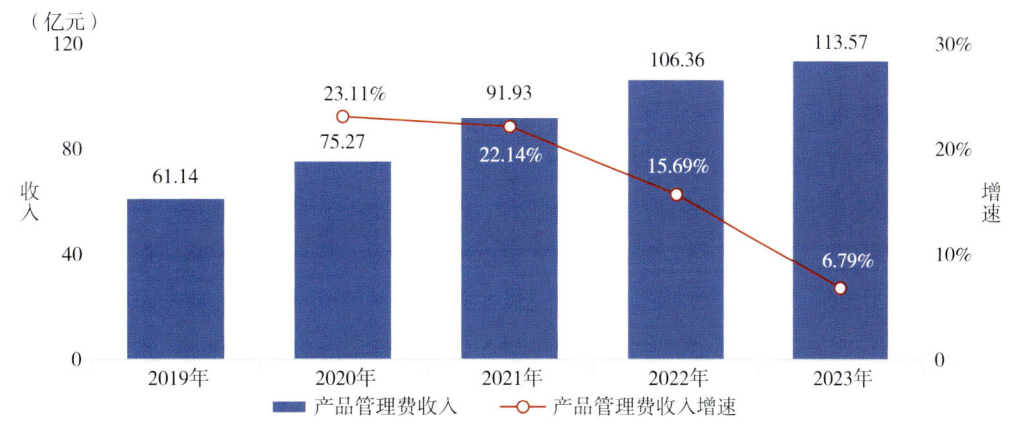

图 2-6-2　2019—2023 年全行业保险资产管理产品管理费收入及增速情况

### （二）组合类保险资产管理产品情况

1. 整体情况①。截至 2023 年末，29 家保险资产管理公司开展组合类保险资产管理产品业务，存续数量 2 809 只，同比增长 18.12%；存续余额 6.39 万亿元，同比增长 44.30%（见图 2-6-3）；管理费收入 70.20 亿元，同比增长 9.59%，单位规模收入② 10.99BP，较上年减少 3.48BP（见图 2-6-4）。

---

① 截至 2023 年末，开展组合类保险资产管理产品业务的机构共计 29 家，有效样本数据为 29 家机构。
② 单位规模收入 = 该年收入/该年末资产管理规模（不含内购产品）。

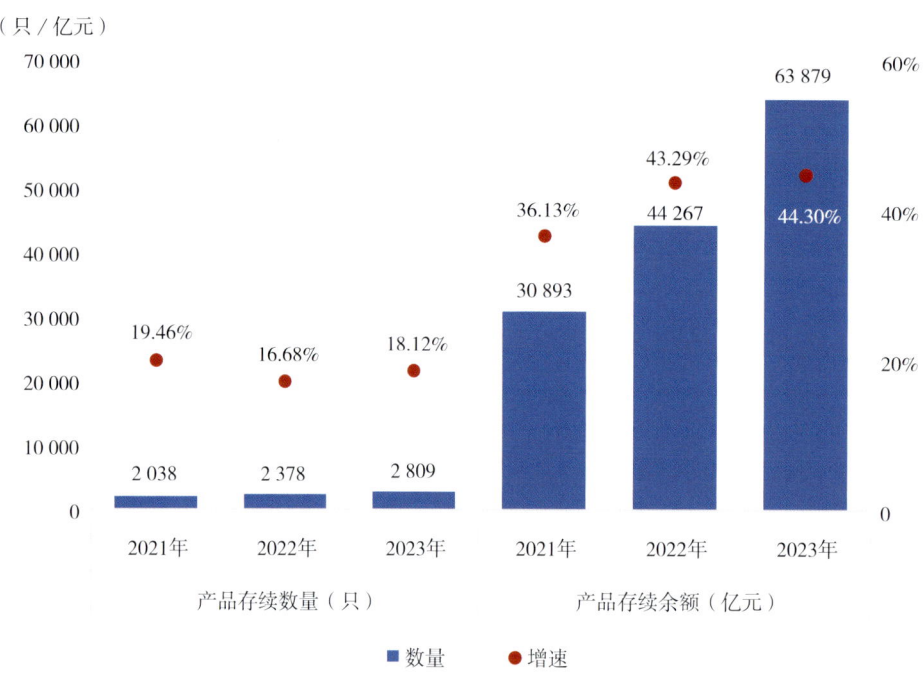

图 2-6-3 近三年组合类保险资产管理产品数量与存续余额情况

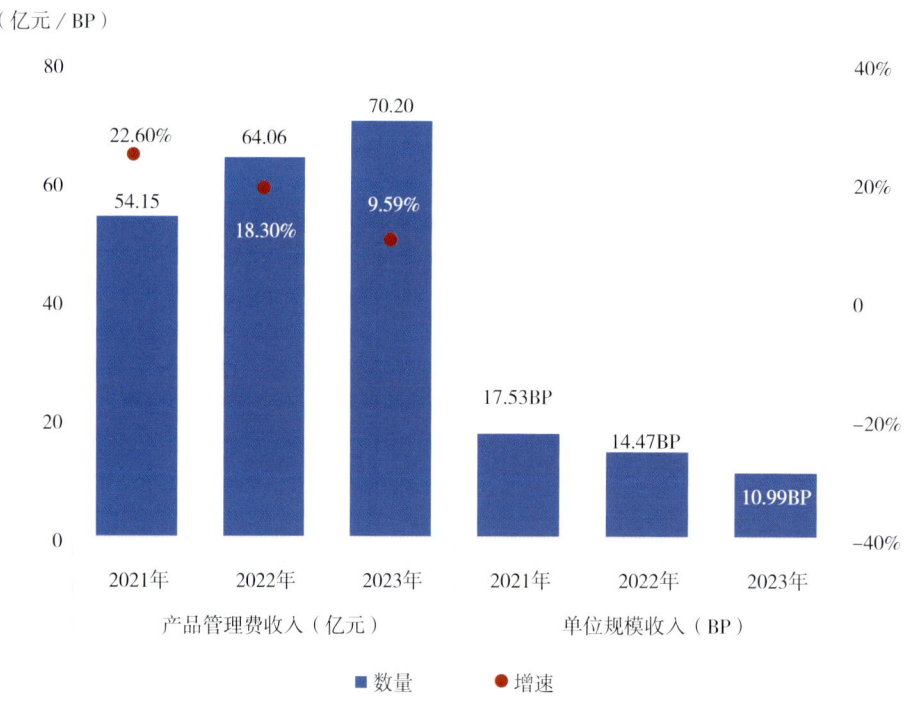

图 2-6-4 近三年组合类保险资产管理产品管理费收入及单位规模收入情况

从存续情况来看，截至 2023 年末，组合类保险资产管理产品存续余额超过 3 000 亿元的机构共计 10 家（较上年增加 3 家），其中超大型机构 7 家、大型机构 3 家。排名前五的机构存续余额合计 2.45 万亿元，市场份额占 38.40%，较上年下降 8.4 个百分点。存续余额变化方面,仅有6家机构存续余额为负增长,包括超大型2家、大型1家、中型机构2家、小型机构1家(见图2-6-5、图2-6-6)。

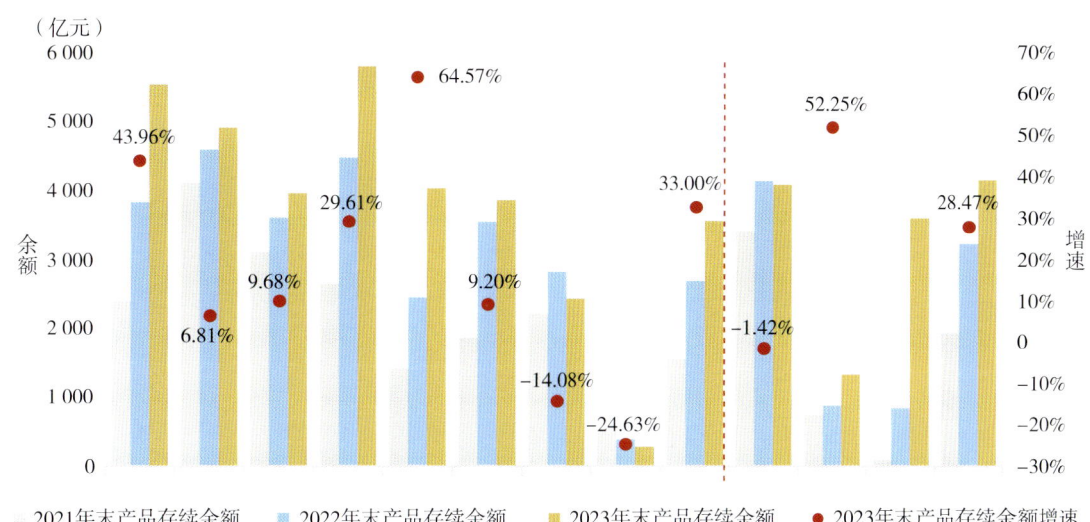

图2-6-5 2021—2023年超大型、大型机构组合类保险资产管理产品存续余额及增速情况

注:有效数据13家机构。

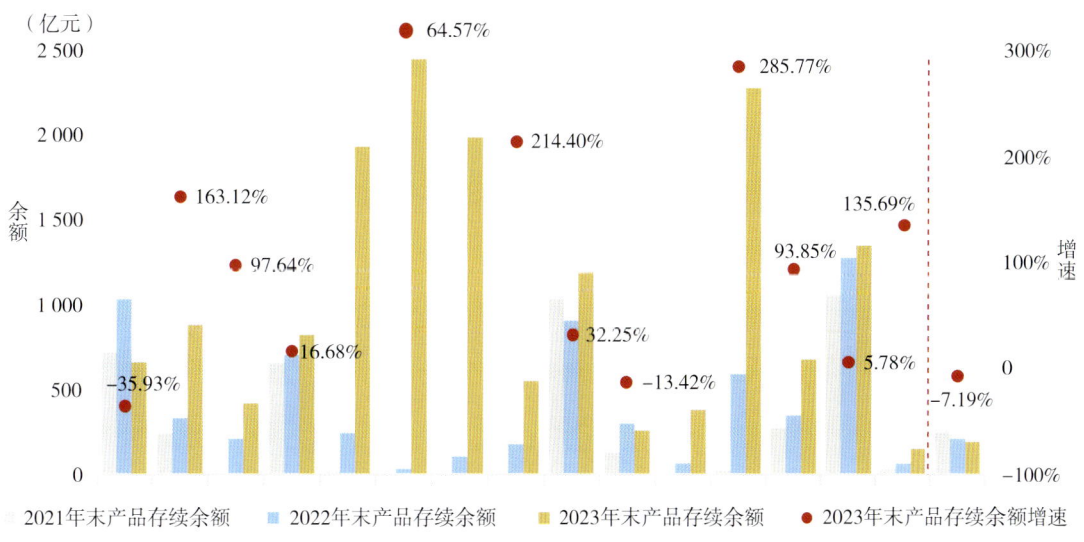

图2-6-6 2021—2023年中型、小型机构组合类保险资产管理产品存续余额及增速情况

注:有效数据16家机构,部分机构增速过高,故未在图中显示增速数据。

从组合类保险资产管理产品的资金来源看,银行或理财资金规模、占比增长显著,保险资金增长相对平稳(见图2-6-7)。从保险资金角度看,系统内保险资金和第三方保险资金规模分别为7 469亿元和10 474亿元,合计占比28%,同比下降11个百分点;银行或理财资金规模4.36万亿元,同比增长1.90万亿元,占比68%,较上年上升12个百分点;从第三方资金角度看(即第三方保险资金+银行或理财资金+其他资金[①]），资金合计占比88%，较去年同期上升4个百分点，组合类产品市场化程度进一步提升。

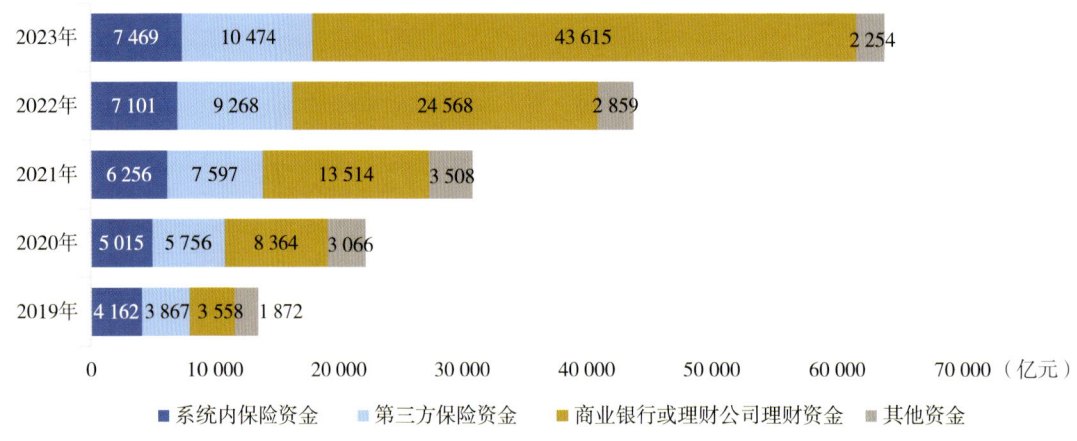

图2-6-7 2019—2023年组合类保险资产管理产品各类资金规模及占比情况

从不同规模机构的组合类保险资产管理产品资金来源看，截至2023年末，除小型机构外，其他规模机构银行或理财资金占比均超过六成，且占比均较上年增长显著；小型机构资金来源全部为保险资金（系统内保险资金和第三方保险资金）（见图2-6-8）。

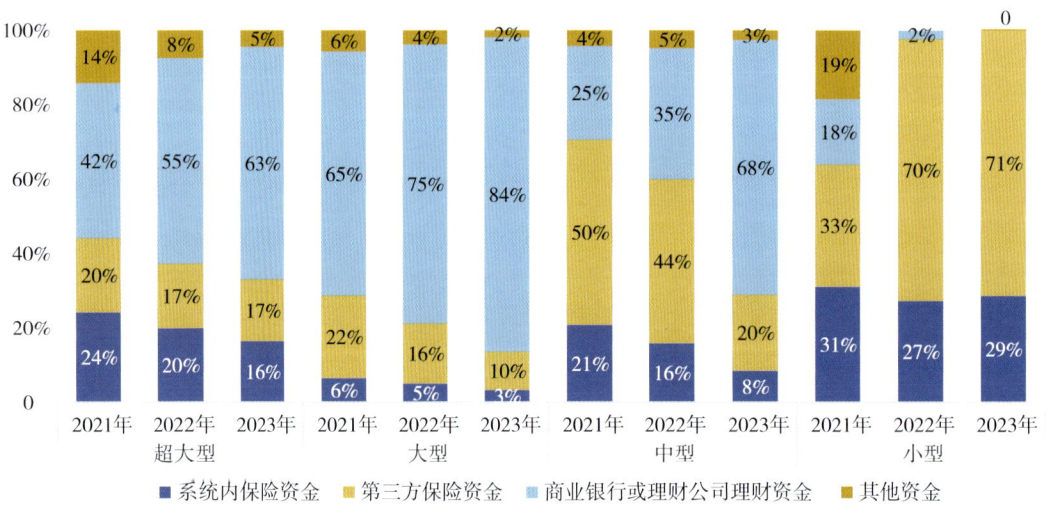

图2-6-8 2021—2023年不同规模机构组合类保险资产管理产品资金来源构成情况

从组合类保险资产管理产品各类细分产品的资金来源看，固定收益类产品中银行资金占比较大；权益类产品中系统内保险资金占比约七成；混合类产品系统内保险资金占比超五成，第三方保险资金占比下降较为明显（见图2-6-9）。

---

[①] 其他资金含养老金、个人资金、自有资金等。

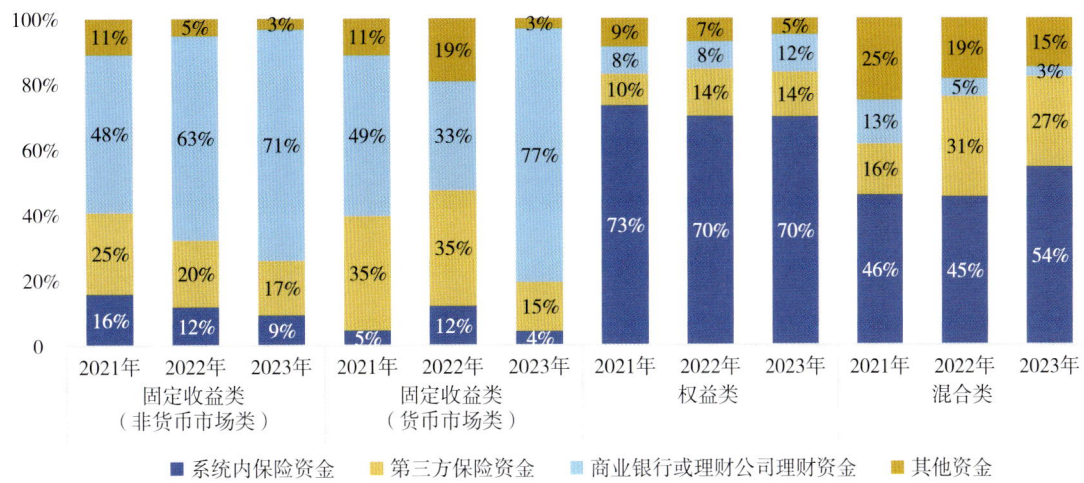

图2-6-9 2021—2023年组合类保险资产管理产品各细分产品资金来源构成情况

从组合类保险资产管理产品的细分产品存续余额来看,固定收益类产品增长显著,其中仍以固定收益类产品(非货币市场类)为主,存续余额5万亿元,同比增加1.25万亿元,增速32.09%;固定收益类产品(货币市场类)存续余额1.03万亿元,同比增加7 647亿元,增速275.18%(见图2-6-10)。

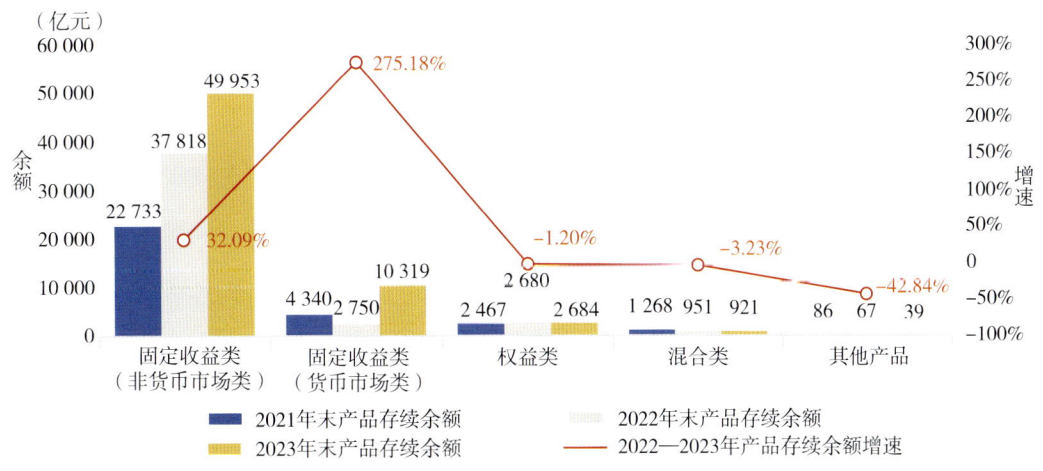

图2-6-10 2021—2023年组合类保险资产管理产品各细分产品存续余额及增速情况

从组合类保险资产管理产品的细分产品管理费收入来看,固定收益类产品(非货币市场类)管理费收入42.39亿元,单位规模收入8.49BP;固定收益类产品(货币市场类)管理费收入11.99亿元,单位规模收入11.62BP;权益类产品管理费收入11.75亿元,单位规模收入44.37BP;混合类产品管理费收入为4.03亿元,单位规模收入43.76BP(见图2-6-11)。

从组合类保险资产管理产品投资资产情况看,截至2023年末,组合类保险资产管理产品主要投资资产为固收类资产(见图2-6-12),其中,存款3.96万亿元,占比

67%；债券 1.12 万亿元，占比 19%。各规模机构的组合类保险资产管理产品资产构成分布相似，均以存款和债券为主。

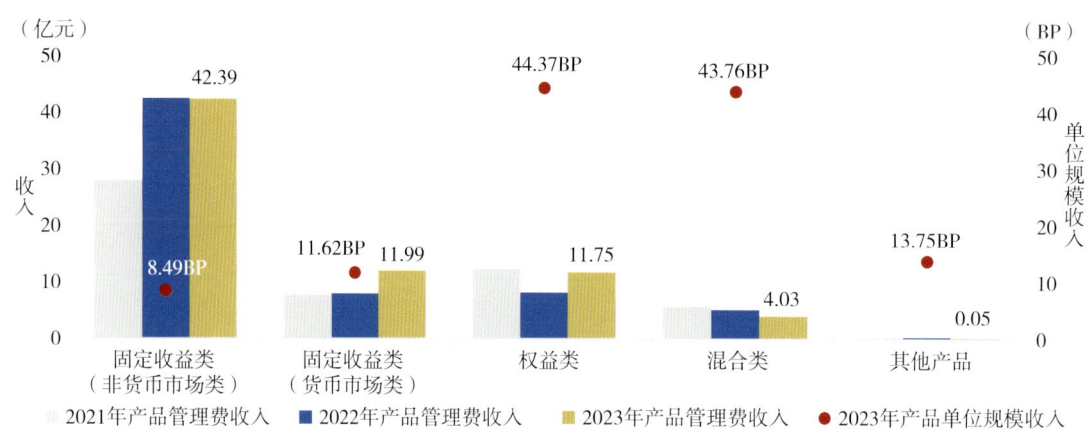

图 2-6-11 2021—2023 年组合类保险资产管理产品各细分产品管理费收入情况

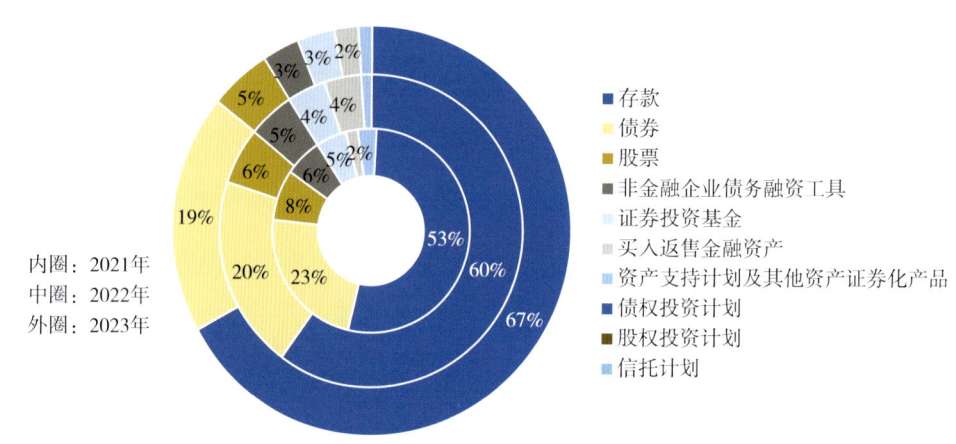

图 2-6-12 2021—2023 年组合类保险资产管理产品投资资产分布情况

2. 组合类保险资产管理产品各细分产品情况。

（1）固定收益类（非货币市场类）产品。2023 年，共有 29 家机构开展固定收益类（非货币市场类）组合类保险资产管理产品业务，产品存续余额 4.99 万亿元，实现管理费收入 42.39 亿元，各家机构平均管理费收入 1.51 亿元（中位数为 1.24 亿元）。资金来源方面，2023 年超大型、大型、中型机构固定收益类（非货币市场类）组合类保险资产管理产品均以银行或理财资金为主（见图 2-6-13）。

从固定收益类（非货币市场类）组合类保险资产管理产品的单位规模收入来看，各规模机构单位规模收入均较上年有所下降。截至 2023 年末，超大型、大型、中型和小型机构该类业务的单位规模收入分别为 9.15BP、6.57BP、8.76BP 和 6.20BP（见图 2-6-14）。

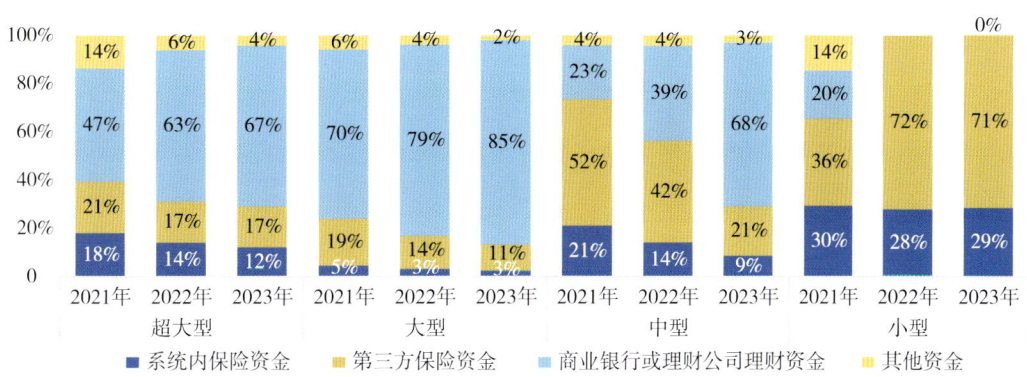

图 2-6-13　2021—2023 年固定收益类（非货币市场类）组合类保险
资产管理产品资金来源构成及占比情况

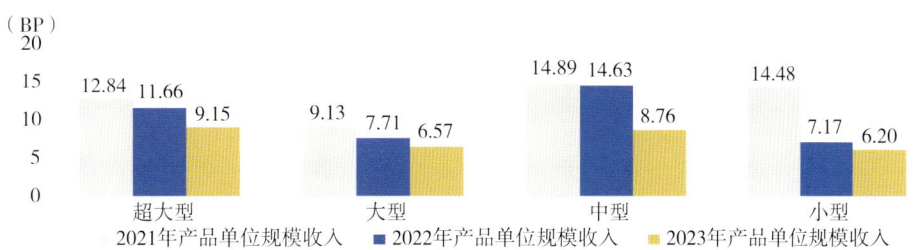

图 2-6-14　2021—2023 年固定收益类（非货币市场类）组合类保险
资产管理产品单位规模收入情况

（2）固定收益类（货币市场类）产品。2023 年，共有 16 家机构开展固定收益类（货币市场类）组合类保险资产管理产品业务，产品存续余额 1.03 万亿元，实现管理费收入 11.99 亿元，各家机构平均管理费收入 0.63 亿元（中位数为 0.38 亿元）。资金来源方面，2023 年超大型、大型、中型机构均以银行或理财资金为主，且占比较上年增长明显（见图 2-6-15）。

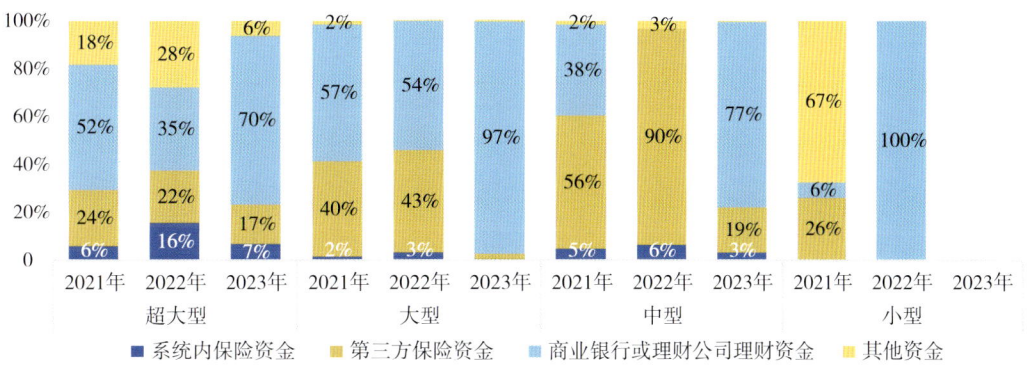

图 2-6-15　2021—2023 年固定收益类（货币市场类）组合类保险资产
管理产品资金来源构成及占比情况

2023年，固定收益类（非货币市场类）组合类保险资产管理产品的单位规模收入均较上年有所下降。其中，超大型、大型和中型机构该类业务的单位规模收入分别为17.03BP、4.34BP和8.05BP（见图2-6-16）。

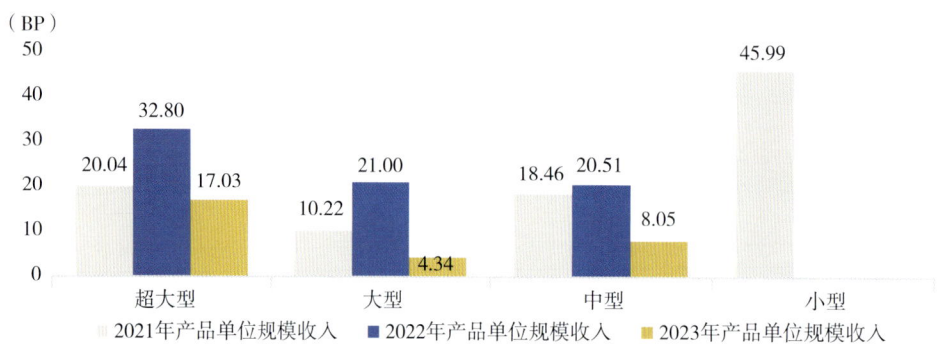

图2-6-16 2021—2023年固定收益类（非货币市场类）组合类保险资产管理产品单位规模收入情况

（3）权益类产品。2023年，共有27家机构开展权益类组合类保险资产管理产品业务，产品存续余额2 647.76亿元，实现管理费收入11.75亿元，各家机构平均管理费收入0.47亿元（中位数为0.01亿元）。资金来源方面，2023年超大型机构和中型机构以系统内保险资金为主（占比分别为80%和49%）；大型机构以银行或理财资金为主（占比59%）（见图2-6-17）。

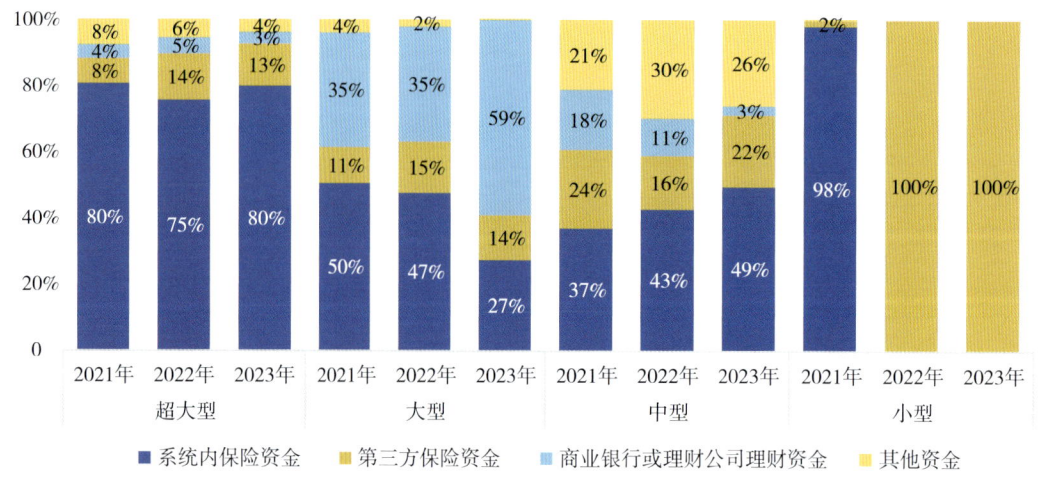

图2-6-17 2021—2023年权益类组合类保险资产管理产品资金来源构成及占比情况

从权益类产品单位规模收入来看，超大型、大型、中型和小型机构该类业务的单位规模收入分别为47.01BP、33.09BP、38.87BP和22.82BP（见图2-6-18）。

（4）混合类产品。2023年，共有26家机构开展混合类组合类保险资产管理产品业务，产品存续余额920.51亿元，实现管理费收入4.03亿元，各家机构平均管理费收入 0.17 亿元（中位数为 0.83 亿元）。资金来源方面，2023 年超大型、中型机构主要以系统内保险资金为主，大型机构、小型机构的资金来源以第三方保险资金为主（见图 2-6-19）。

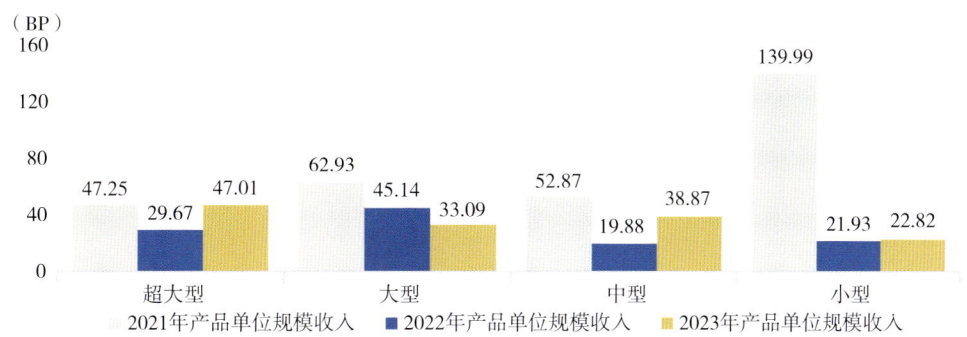

图 2-6-18　2021—2023 年权益类组合类保险资产管理产品单位规模收入情况

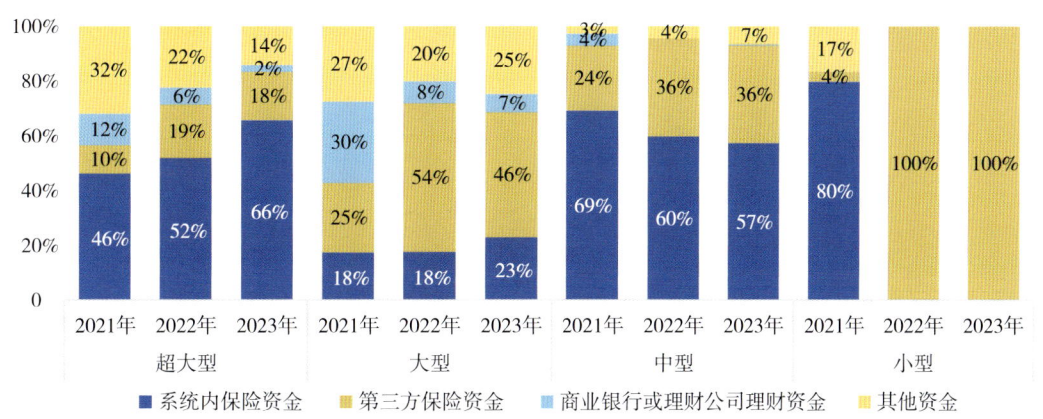

图 2-6-19　2021—2023 年混合类组合类保险资产管理产品资金来源构成及占比情况

从混合类组合类保险资产管理产品单位规模收入来看，超大型、大型、中型和小型机构该类业务的单位规模收入分别为 52.81BP、28.37BP、34.50BP 和 53.77BP（见图 2-6-20）。

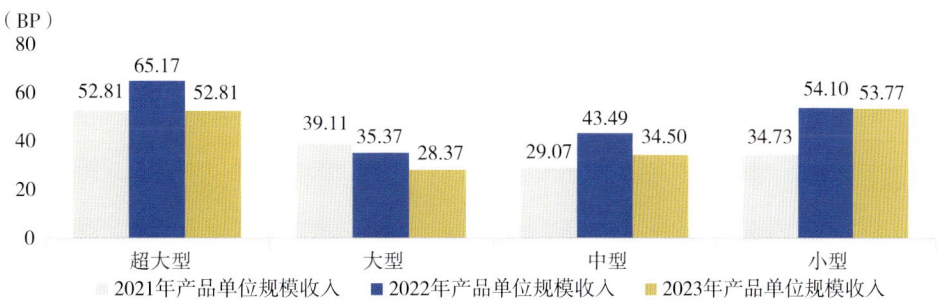

图 2-6-20　2021—2023 年混合类组合类保险资产管理产品单位规模收入情况

### （三）债权投资计划情况

1. 整体情况。目前，共有33家机构（32家保险资产管理公司和中保投）开展债权投资计划业务，较上年新增1家机构。登记规模方面，2023年，债权投资计划登记数量440只，登记规模7 334.33亿元，较上年同期减少1 377.46亿元，同比下降15.81%；产品存续方面，截至2023年末，债权投资计划存续数量1 445只，存续余额1.94万亿元，较上年同期增加1 051.11亿元，增长率为5.74%（见图2－6－21）；产品收入方面，2023年债权投资计划实现管理费收入39.37亿元，与上年同期基本持平。单位规模收入为20.33BP，较上年减少近1BP（见图2－6－22）。

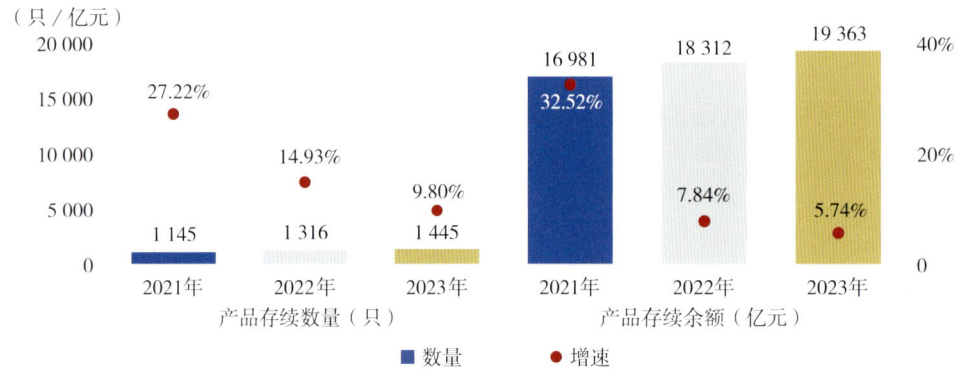

图2－6－21　2021—2023年债权投资计划存续情况

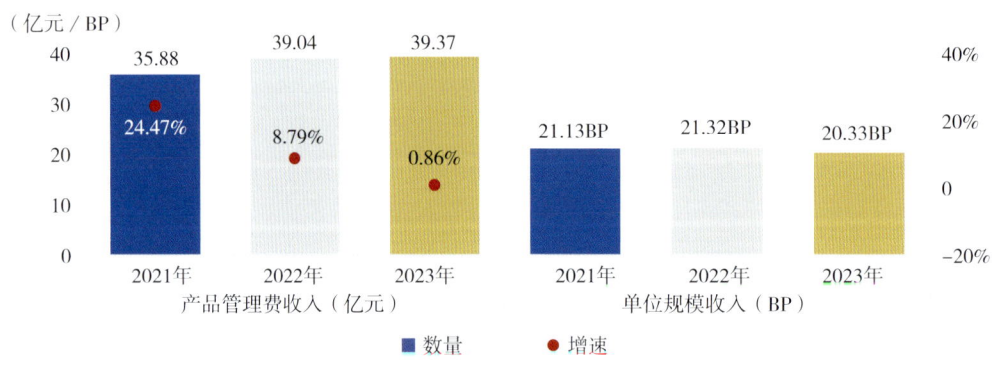

图2－6－22　2021—2023年债权投资计划管理费收入及单位规模收入情况

2. 发行缴款情况。2023年，债权投资计划缴款总额为3 476.13亿元（含2021年、2022年登记/注册产品），2023年当年登记发行缴款总额为2 272.51亿元，缴款率为30.98%（2021年为37.29%，2022年为29.57%）（见图2－6－23）。从各类机构缴款情况来看，当年发行缴款率超过50%的机构有3家，均为超大型机构；超大型、大型、中型和小型机构的缴款规模占比分别为31%、20%、46%和3%（见图2－6－24）。

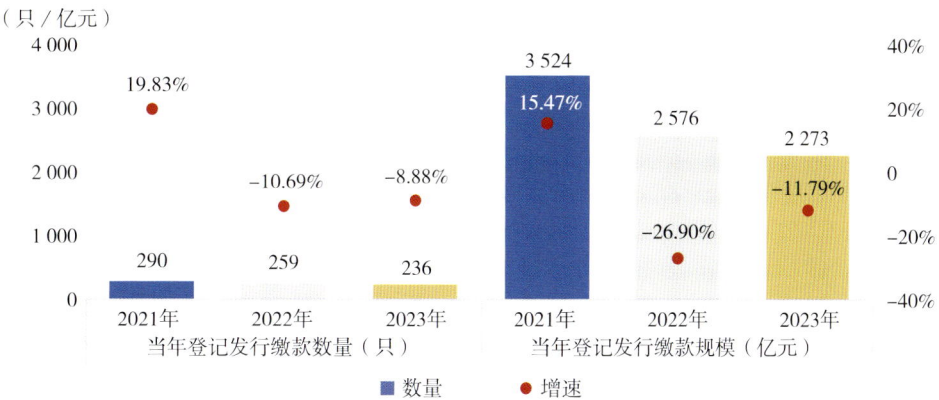

图 2-6-23 2021—2023 年债权投资计划当年登记发行缴款情况

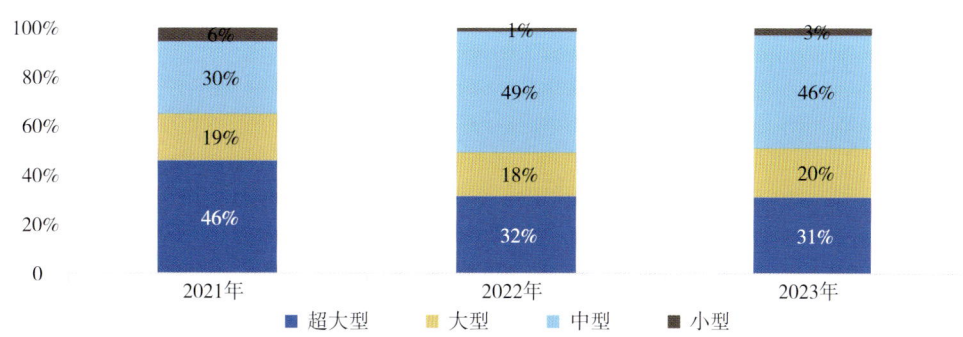

图 2-6-24 2021—2023 年不同规模机构债权投资计划当年登记发行缴款规模占比情况

3. 存续情况。截至 2023 年末，债权投资计划存续余额超过 1 000 亿元的机构 6 家（较上年减少 1 家），其中超大型机构 3 家、大型机构 1 家、中型机构 2 家。排名前五的机构合计存续余额 8 603 亿元，市场份额 44%，包括超大型机构 3 家，大型机构 1 家、中型机构 1 家。从增长情况看，13 家机构增长为负，其中包括超大型机构 8 家、中型机构 5 家。

从不同规模机构债权投资计划存续余额平均增速来看，超大型机构 -5.36%，大型机构 10.79%，中型机构 16.39%，小型机构 43.46%（见图 2-6-25、图 2-6-26）。

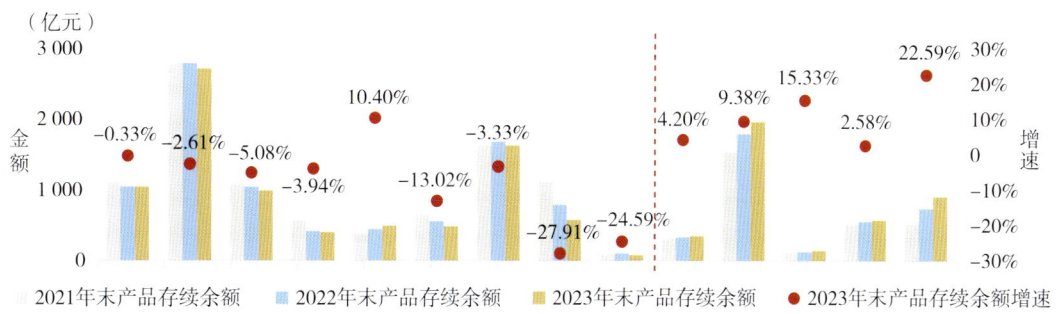

图 2-6-25 2021—2023 年超大型、大型机构债权投资计划产品存续余额情况

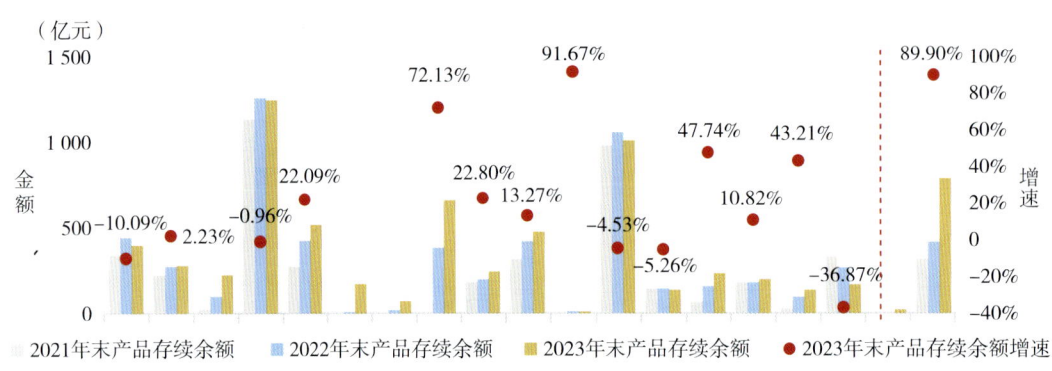

图 2-6-26 2021—2023 年中型、小型机构债权投资计划产品存续余额情况

4. 资金来源。债权投资计划资金来源主要为保险资金和养老金①。保险资金方面，系统内保险资金规模 7 164 亿元，占比 37%，较上年下降 2 个百分点；第三方保险资金规模 7 570 亿元，占比 39%，较上年上升 3 个百分点。业外资金方面，养老金规模 3 355 亿元，占比 17%，较上年下降 2 个百分点；商业银行或理财资金规模 366 亿元，占比 2%，与上年持平（见图 2-6-27）。

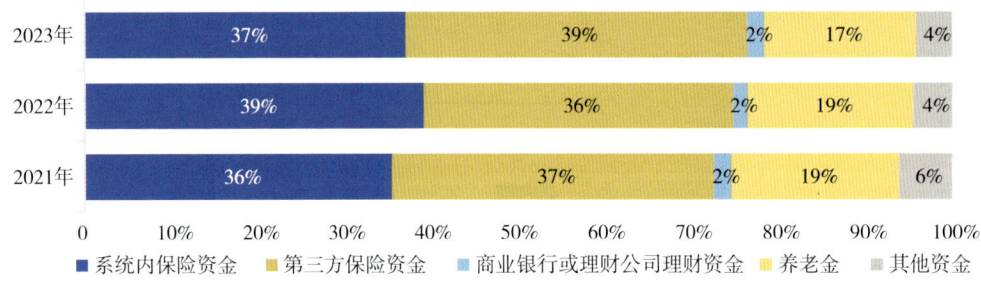

图 2-6-27 2021—2023 年债权投资计划资金来源整体情况

注：其他资金含养老保障产品、自有资金等。

从不同规模机构债权投资计划资金来源来看，超大型机构系统内保险资金比例较大，占比 55%；大型、中型和小型机构第三方保险资金占比居多，占比分别为 47%、51% 和 67%（见图 2-6-28）。

5. 管理费收入。2023 年，全行业债权投资计划实现管理费收入 39.37 亿元，增速 0.86%。从不同机构来看，超大型机构平均收入 16.5 亿元，增速 -14.27%；大型机构平均收入 7.89 亿元，增速 5.24%；中型机构平均收入 13 亿元，增速 21.92%；小型机构平均收入 1.98 亿元，增速 21.61%（见图 2-6-29）。

---

① 养老金主要包含基本养老金、企业年金、职业年金。

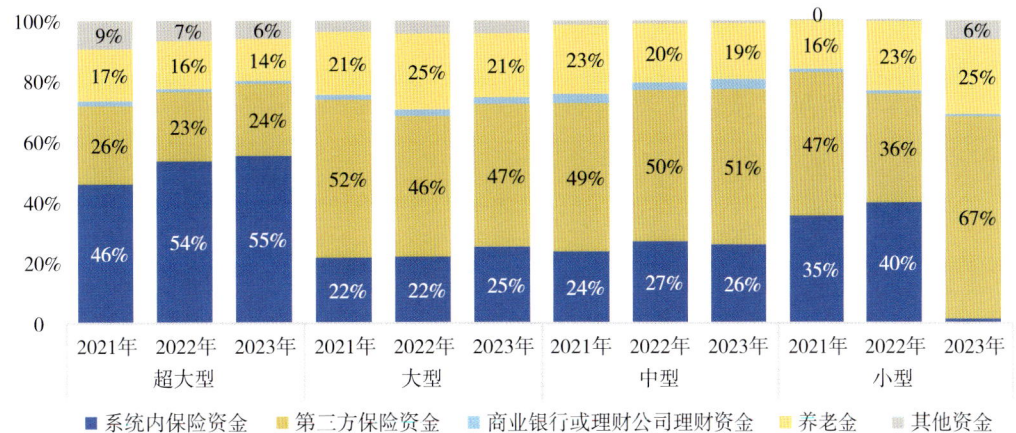

图 2-6-28 2021—2023 年不同规模机构债权投资计划资金来源情况

注：其他资金含养老保障产品、自有资金等。

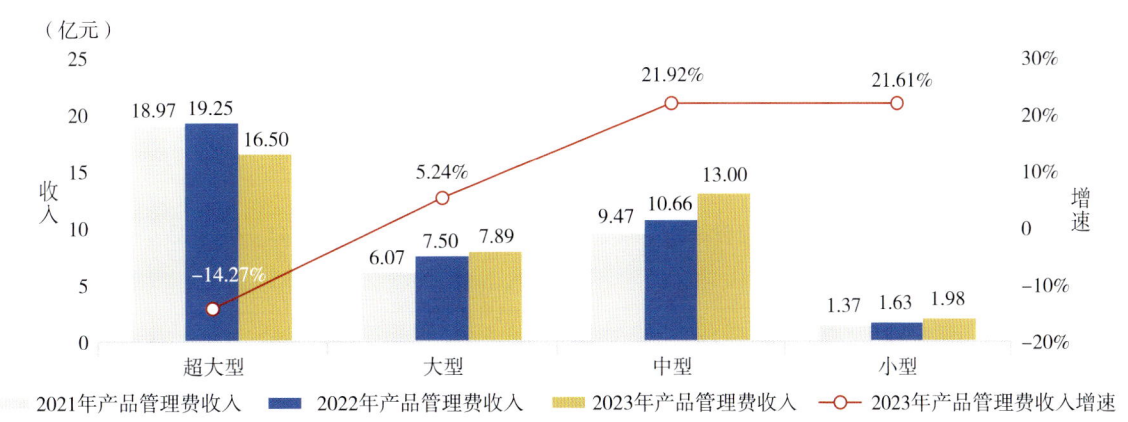

图 2-6-29 2021—2023 年不同规模机构债权投资计划管理费收入情况

从投资行业视角来看，对管理费贡献较大的行业为交通、市政和商业不动产，占比分别为 27.09%、23.97% 和 23.74%（见图 2-6-30）。

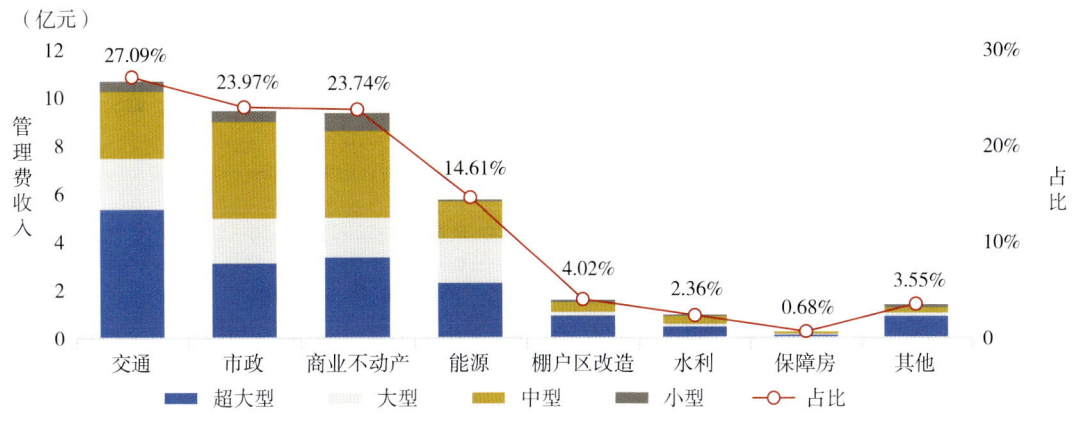

图 2-6-30 2023 年各行业投向债权投资计划管理费收入及占比情况

6. 投资行业分布。2023年，登记的债权投资计划产品，当年缴款规模排名前三位的行业为交通、市政和商业不动产，缴款规模分别为601亿元、520亿元和474亿元，在总体缴款规模中的占比分别为27%、23%和21%（见图2-6-31）。

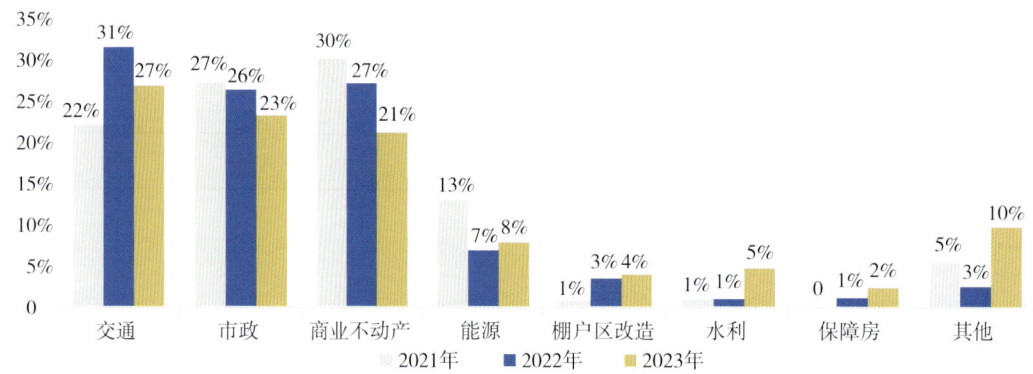

图2-6-31 2021—2023年各行业投向债权投资计划当年登记发行缴款规模占比情况

从不同规模机构的债权投资计划缴款规模占比来看，超大型机构交通行业缴款规模占比29%（较上年减少6个百分点），市政行业占比23%（较上年减少3个百分点），商业不动产占比20%（与上年持平）；大型机构交通行业缴款规模占比20%（较上年增加7个百分点），市政行业占比15%（较上年减少23个百分点），商业不动产占比13%（较上年减少27个百分点），能源行业占比26%（较上年增加18个百分点）；中型机构交通行业缴款规模占比24%（较上年减少11个百分点），市政行业占比29%（较上年增加6个百分点），商业不动产行业占比26%（较上年减少2个百分点）；小型机构全部为交通行业（见图2-6-32）。

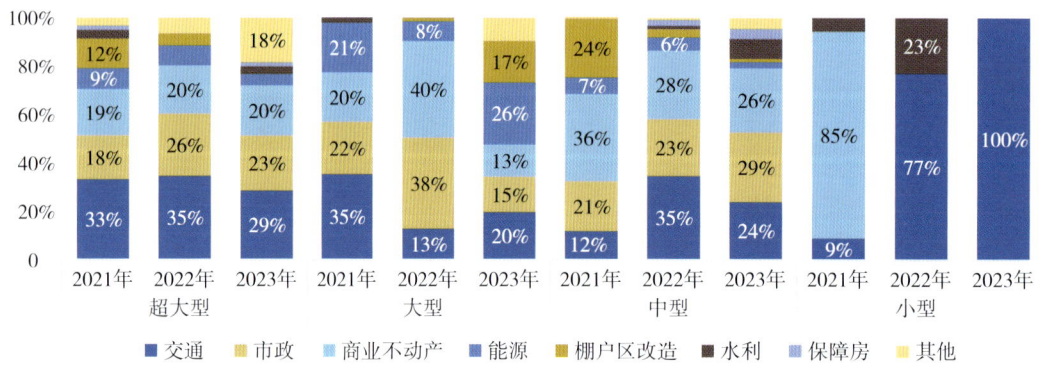

图2-6-32 2021—2023年不同规模机构各行业投向债权投资计划当年登记发行缴款规模占比

从债权投资计划投向各行业的存续情况来看，截至2023年末，债权投资计划产品存续余额排名前三位的行业分别为交通、市政和商业不动产，分别为6 432亿元、4 032亿元和3 481亿元，在总体存续余额中占比分别为33%、21%和18%（见图2-6-33）。

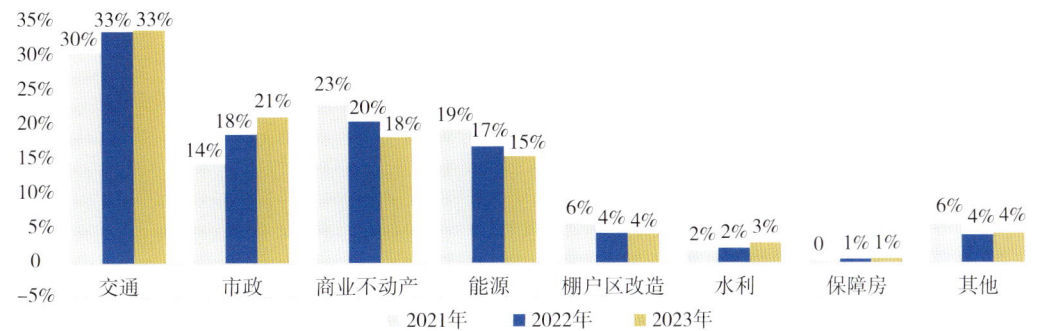

图 2−6−33　2021—2023 年债权投资计划投向各行业的存续余额占比情况

7. 投资期限及收益率。投资期限方面，根据调研反馈数据，以投资合同约定为准（不包含永续债），2023 年各机构项目算术平均期限中位数为 7.82 年，较 2022 年各机构项目算术平均期限中位数（7.45 年）有所增加；短期限机构占比较 2021 年、2022 年显著增加（见图 2−6−34）。

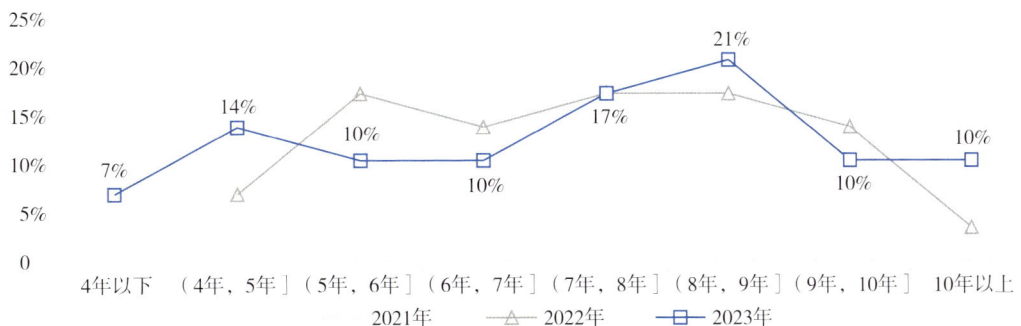

图 2−6−34　2021—2023 年债权投资计划各项目算术平均期限机构占比情况

投资收益率方面，以首次发行为准，2023 年各家机构投资项目算术平均收益率中位数为 4.43%，较 2022 年下降 20BP；低收益率机构占比较 2021 年、2022 年显著增加（见图 2−6−35）。

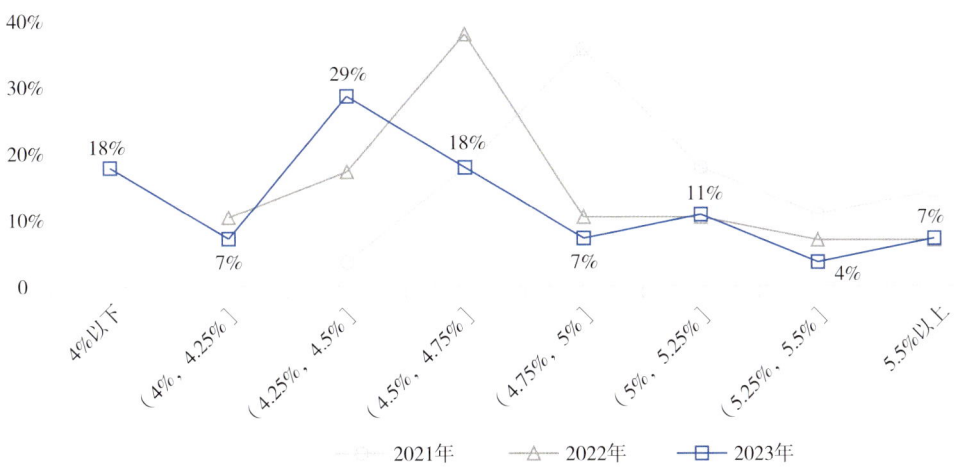

图 2−6−35　2021—2023 年债权投资计划各项目算术平均收益率区间机构占比情况

## （四）股权投资计划情况

1. 整体情况。2023年，共计18家机构（17家保险资产管理公司和中保投）开展股权投资计划业务，较上年末新增2家机构。登记规模方面，2023年，共有9家机构合计登记股权投资计划20只，登记规模641.84亿元，同比增长8.76%。产品存续方面，截至2023年末，股权投资计划存续数量71只，存续余额2 045亿元，较上年末增长162亿元，增速8.59%（见图2-6-36）。产品收入方面，2023年，股权投资计划实现管理费收入4亿元，较上年增长0.74亿元，增速22.78%；单位规模收入19.56BP，较上年增长2.26BP（见图2-6-37）。

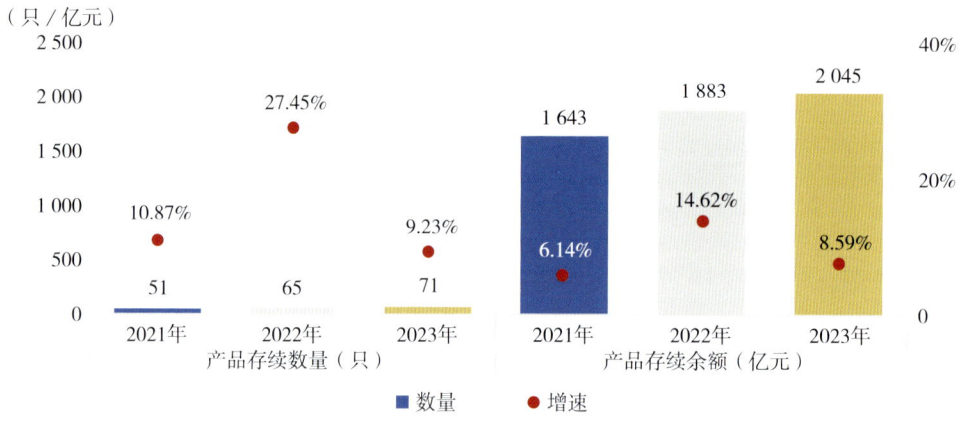

图2-6-36  2021—2023年股权投资计划存续情况

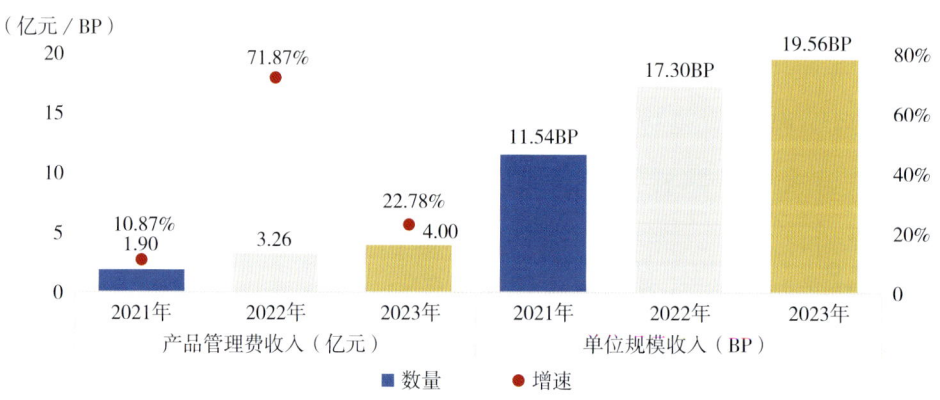

图2-6-37  2021—2023年股权投资计划管理费收入及单位规模收入情况

2. 发行缴款情况。2023年，共有6家机构共发行18只股权投资计划产品（2022年为8家机构发行23只产品），缴款规模（含2021年、2022年登记/注册产品）合计303.65亿元，同比下降13.33%（见图2-6-38）。2023年，登记且发行设立的股权投资计划缴款规模合计217.07亿元，缴款率为33.82%。

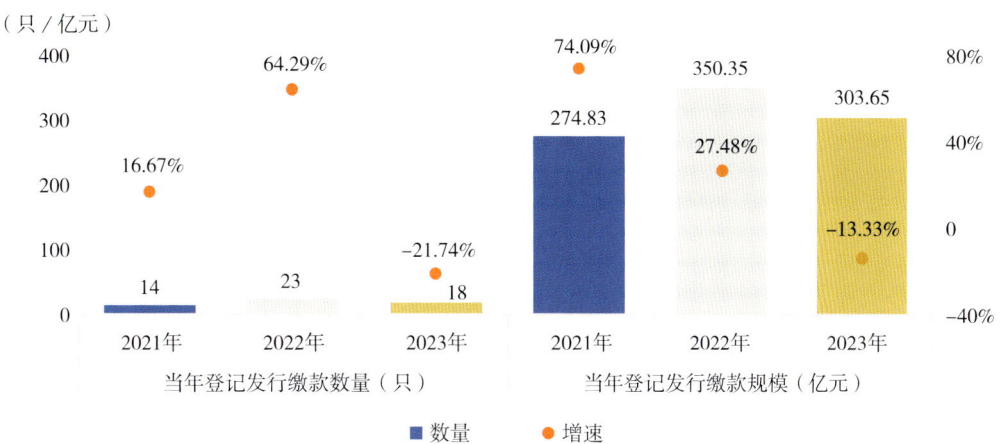

图 2-6-38　2021—2023 年股权投资计划发行缴款情况①

从发行机构数量来看，连续三年发行股权投资计划的机构 5 家（超大型 2 家，大型、中型、小型各 1 家）（见图 2-6-39）。

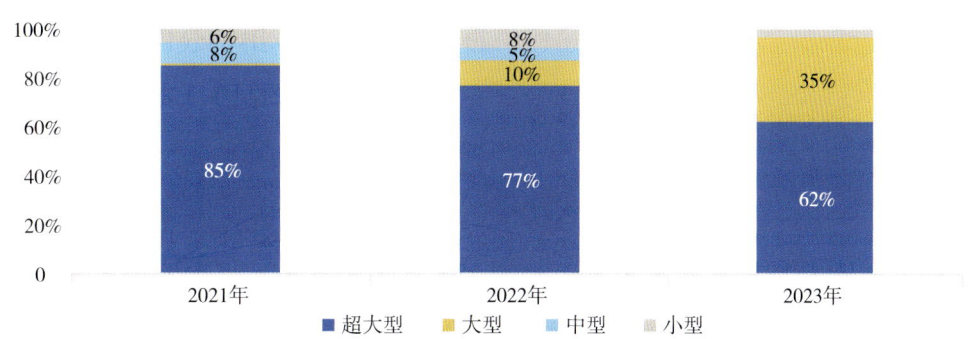

图 2-6-39　2021—2023 年不同规模机构股权投资计划发行缴款规模占比情况

3. 存续情况。截至 2023 年末，3 家机构股权投资计划存续余额超过 200 亿元，合计占比 64%（较上年增加 9 个百分点）。排名前五的机构合计存续余额为 1 647 亿元，市场份额占 81%（较上年增加 9 个百分点），其中包括超大型机构 3 家，大型机构 1 家、小型机构 1 家。规模增长方面，4 家机构存续余额实现正增长，其中大型机构 2 家，超大型和小型机构各 1 家（见图 2-6-40）。

4. 资金来源。从股权投资计划的资金来源看，系统内保险资金规模 1 559 亿元，占比 72%，较上年上升 3 个百分点；第三方保险资金规模 212 亿元，占比 10%，较上年下降 3 个百分点；商业银行或理财资金规模 45 亿元，占比 2%，较上年下降 1 个百分点（见图 2-6-41）。

---

① 近三年有存续股权投资计划的机构共有 17 家，有效数据 17 家机构。

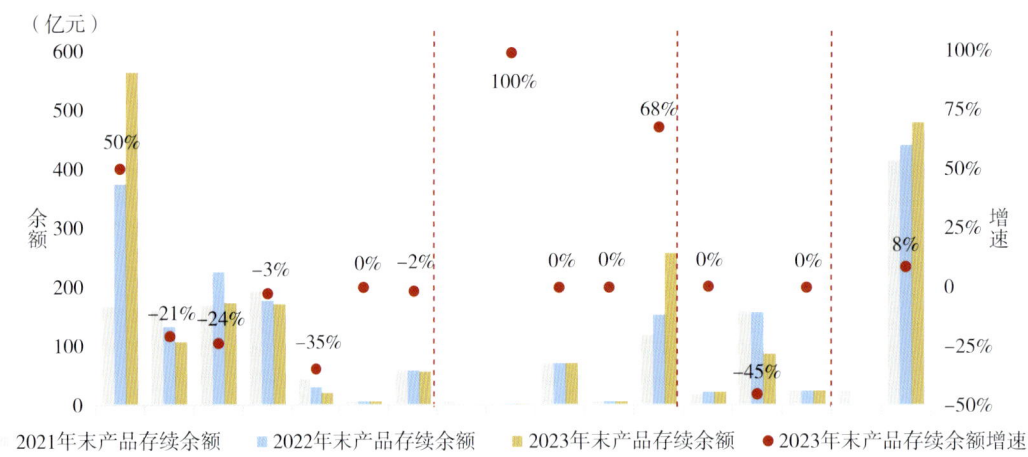

图 2-6-40 2021—2023 年股权投资计划存续情况

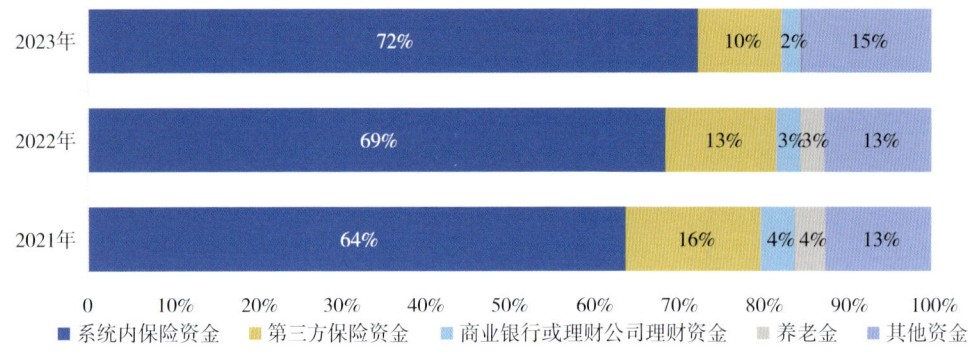

图 2-6-41 2021—2023 年股权投资计划资金来源情况

从不同规模机构股权投资计划资金来源分布看，主要来自系统内保险资金。2023年，超大型机构系统内保险资金占比63%（较上年增加6个百分点），大型机构占比为76%（较上年减少20个百分点），中型机构占比为61%（较上年增加12个百分点），小型机构占比为96%（与上年持平）（见图2-6-42）。

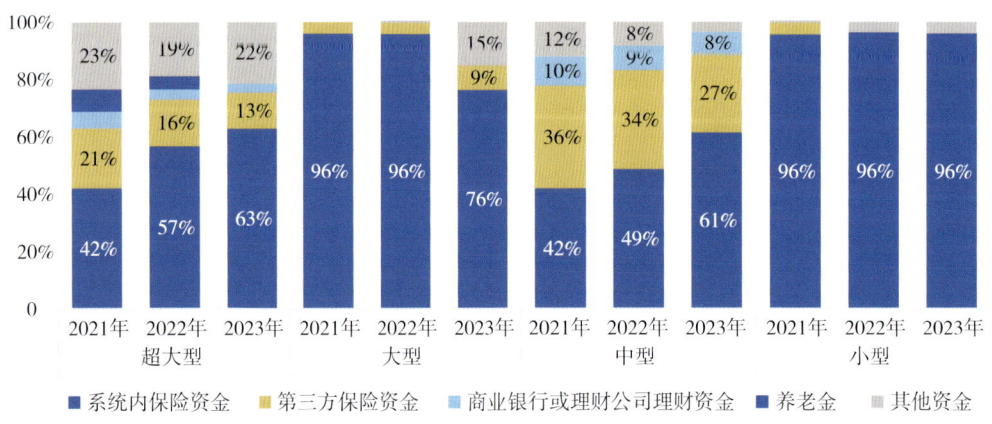

图 2-6-42 2021—2023 年不同规模机构股权投资计划资金来源情况

## 七、组织架构与人才建设

### （一）组织架构调整

2023年，行业机构组织架构调整主要集中在以下方面：

超大型机构方面，一是重视前台部门的新设和职能调整，从而更加适配监管导向、投资政策和市场趋势。例如，4家机构设立了资产证券化业务相关部门，1家机构设立了区域投资事业部，1家机构改制股权投资中心等。二是加大中台数据管理和金融科技在运营支持板块的比重。例如，1家机构调整科技生态平台下的债券生态一体化平台（KYZ）、KYMF；1家机构成立数据管理部，作为公司级数据的资产管理和服务部门。

大型机构方面，一是重视自有资金的管理，成立自有资金投资部。二是机构设置趋向扁平化。例如，1家机构撤销风控中心，分设两个一级部门；1家机构撤销运营管理中心，明确交易管理部、运营管理部、信息技术部为一级部门。三是重视公司风险重建的能力。例如，1家机构新设灾难恢复管理委员会。

中小机构方面，一是精简机构设置，实施扁平化管理。例如，2家机构撤销中心架构，将原内设部门调整为一级部门；1家机构整合预算财务部与营运管理部；1家机构整合综合管理部与董事会办公室等。二是强化内部审计的监督审查作用。例如，1家机构设置审计部，与纪委办公室合署办公。

### （二）人才发展

1. 行业人才数量。行业人才数量稳步增长，截至2023年末，34家保险资产管理公司从业人员共计7 499人，较2022年末增长864人，增速13.02%。其中，有2022年同比数据的32家机构同比增长3.62%（见图2-7-1）。

从不同公司人才数量分布看，各梯队人员结构基本稳定。其中，超大型、大型机构人员合计占比69.7%（见图2-7-2）。人员均值方面，四梯队人员均值呈明显梯队分布，超大型、小型机构人员均值较上年有所增长（见图2-7-3）。

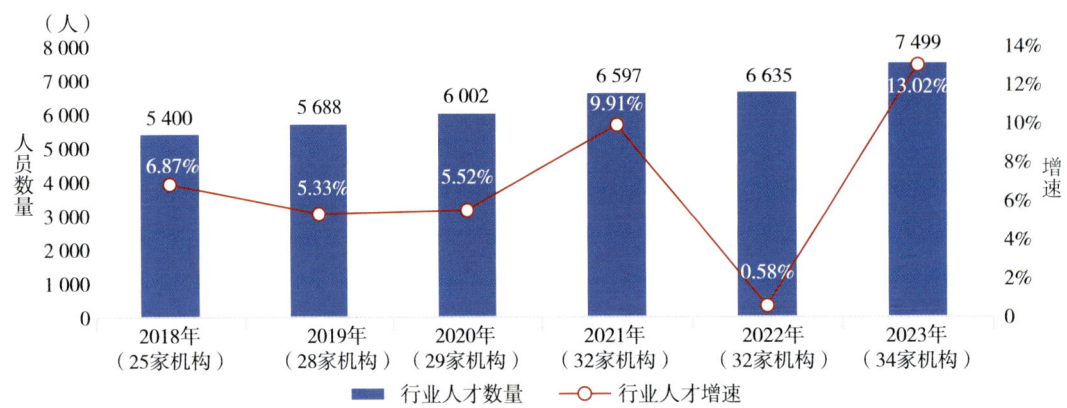

图 2-7-1　2018—2023 年行业人才数量及增速

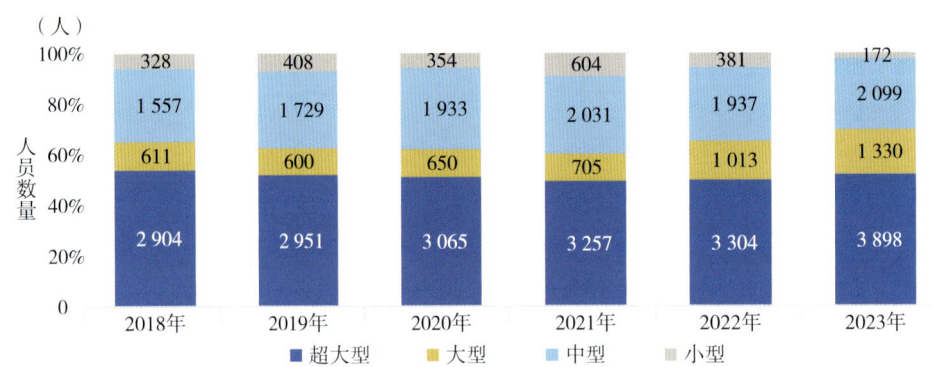

图 2-7-2　2018—2023 年不同规模保险资产管理公司人才数量分布情况

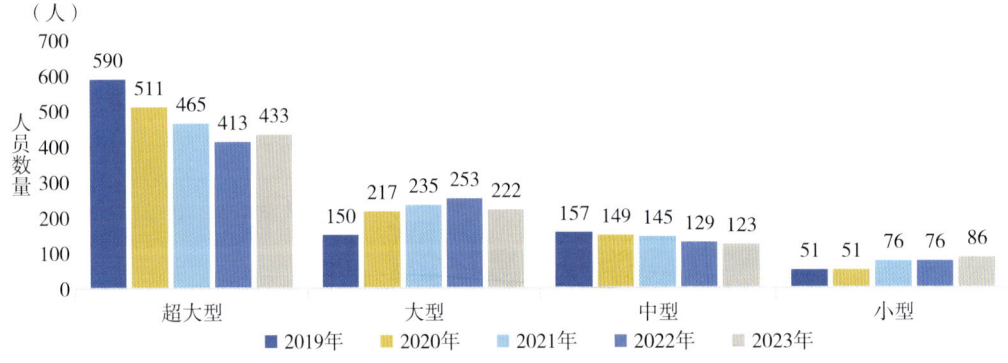

图 2-7-3　2019—2023 年不同规模保险资产管理公司平均人员数量情况

2. 人才分布。运营支持、投资、风控合规信评为行业人才配置前三大条线，占比分别为 18.98%、16.20% 和 15.58%，三者人员合计占比超行业五成（见图 2-7-4）。从 2018—2023 年行业人才分布变化看，历年各条线人员结构相对稳定，人员占比动态小幅调整，但整体变化不大（见图 2-7-5）。

2023 年，行业各条线人员数量均保持正增长，且各条线之间增幅较往年相对平稳，人员增长较为均衡。其中，运营支持与投资条线增幅相对较大；产品条线增幅较前两年出现明显回落（见图 2-7-6）。

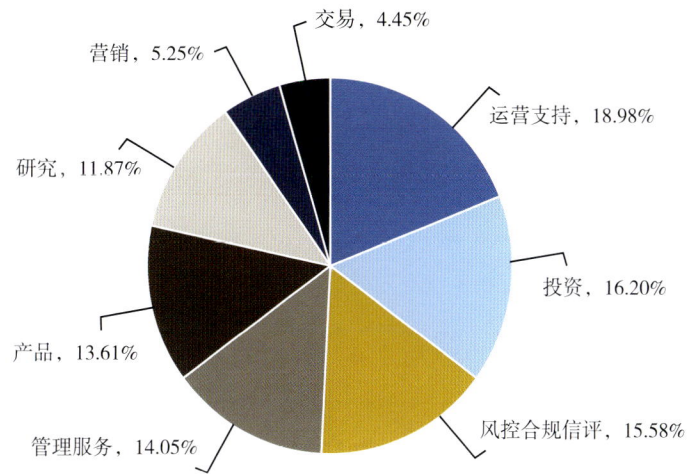

图 2-7-4 2023 年行业各条线人才分布

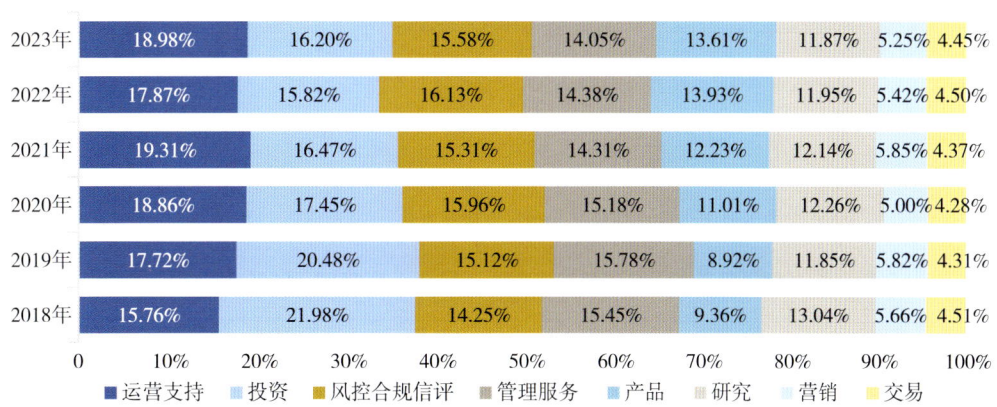

图 2-7-5 2018—2023 年全行业各条线人才分布情况

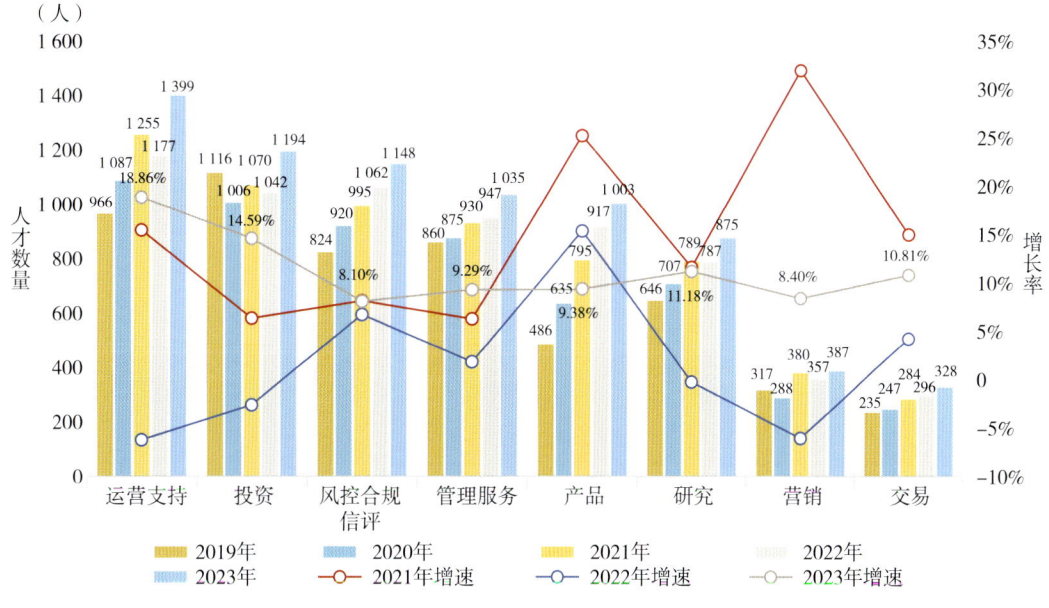

图 2-7-6 2019—2023 年行业各条线人员增长情况

从不同公司主要条线人才分布来看，超大型机构运营支持条线人员配置优势明显，占比超行业均值5.15个百分点；大型机构投资条线的人员配置较为突出，占比超行业均值5.91个百分点；中、小机构风控、产品条线占比明显高于行业均值；小型机构在管理服务条线人员配置高于行业均值12.69个百分点（见图2-7-7、图2-7-8）。

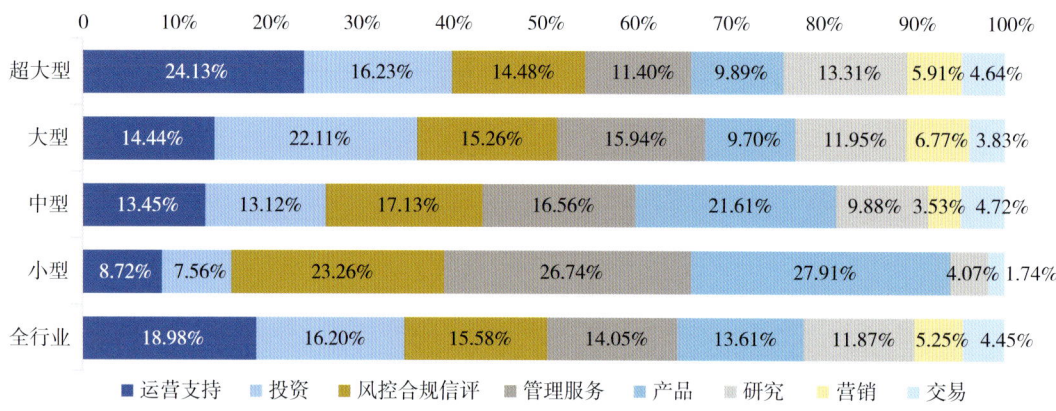

图2-7-7 2023年不同规模保险资产管理公司各主要条线人员占比

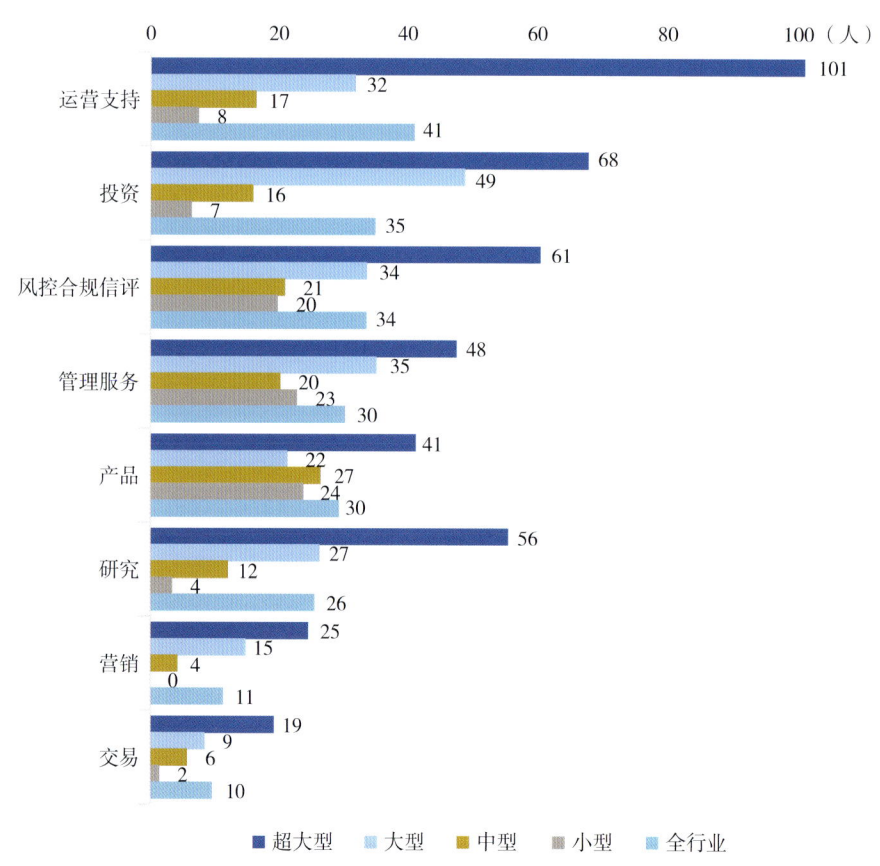

图2-7-8 2023年不同规模保险资产管理公司各条线人员配置平均数量

3. 人才需求。从行业各细分条线 2024 年有增员计划的机构数量看，2024 年，行业整体增员计划收紧。除个别条线外，全行业大部分细分条线有增员计划的机构数量均实现连续 2 年下降，仅个别条线继续保持高需求高增长态势。其中，债权投资计划、股权投资计划人才需求持续保持较高水平（见图 2－7－9）。

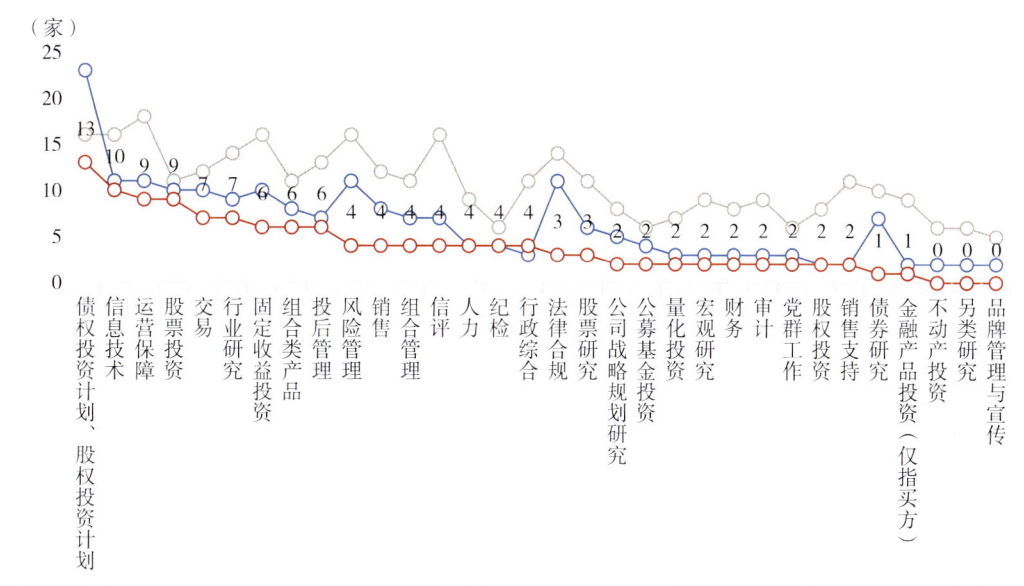

图 2－7－9　2022—2024 年行业各条线机构增员计划对比

### （三）人力效能

1. 行业人均管理规模及人均创收情况①。截至 2023 年末，全行业人均管理规模 40.12 亿元，增速较上一年明显回落，低于近五年复合年均增长率（9.34%）（见图 2－7－10）；人均创收 401.07 万元，较去年同期有所下降，增速低于近五年复合年均增长率（6.04%）（见图 2－7－11）。

2. 四梯队人均管理规模及增速情况。整体来看，截至 2023 年末，超大型机构人均管理规模微降，大型、中型机构人均管理规模呈较高速增长。其中，超大型机构人均管理规模远超行业均值，但较上年度有所下降；大型、中型机构人均管理规模增长较快，增速分别高达 35.00% 和 28.40%；中型机构人均管理规模连续五年保持正增长；小型机构人均管理规模下降明显，降幅达 54.77%（见图 2－7－12）。

---

① 因中邮保险资管无 2023 年业务数据，人均管理规模和人均创收分析样本均为 33 家保险资产管理公司。

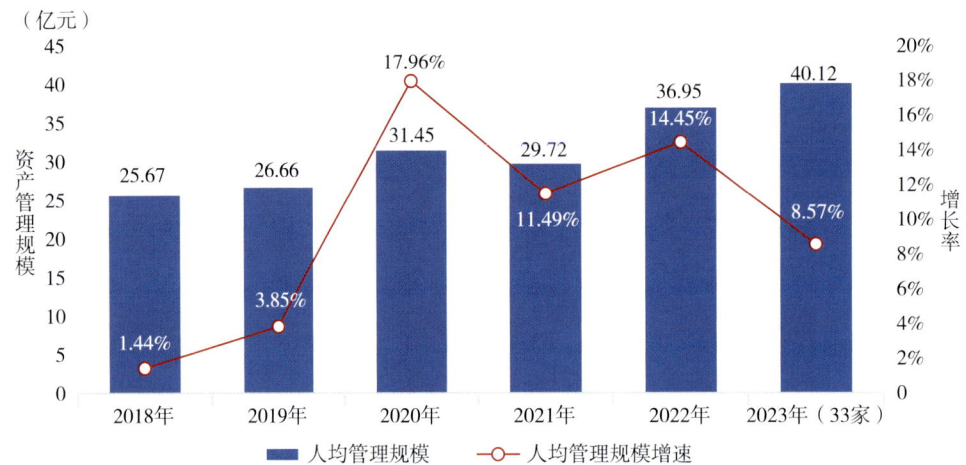

图 2-7-10 2018—2023 年保险资产管理公司人均管理规模及增速情况

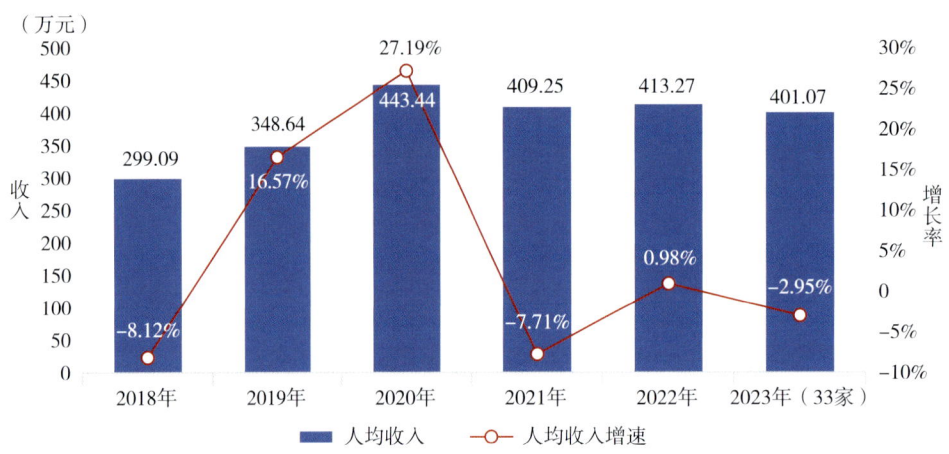

图 2-7-11 2018—2023 年保险资产管理公司人均创收及增速情况

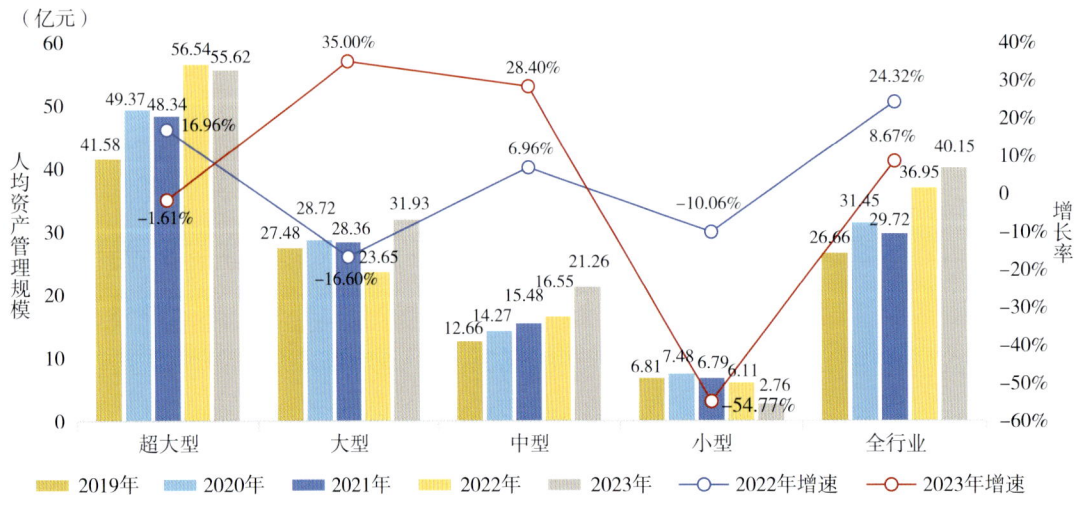

图 2-7-12 2019—2023 年行业四梯队人均管理规模情况

按不同规模看，超大型机构方面，从人均管理规模看，两家机构较上一年度有所下降；从增速看，除个别机构外，均低于上一年度（见图2－7－13）。大型机构方面，各机构人均管理规模均较上年有所增长，其中，三家机构增速高于去年同期（见图2－7－14）。中小机构方面，三家机构人均管理规模较上年有所下降；部分中小机构人均管理规模增幅高于超大型、大型机构（见图2－7－15）。

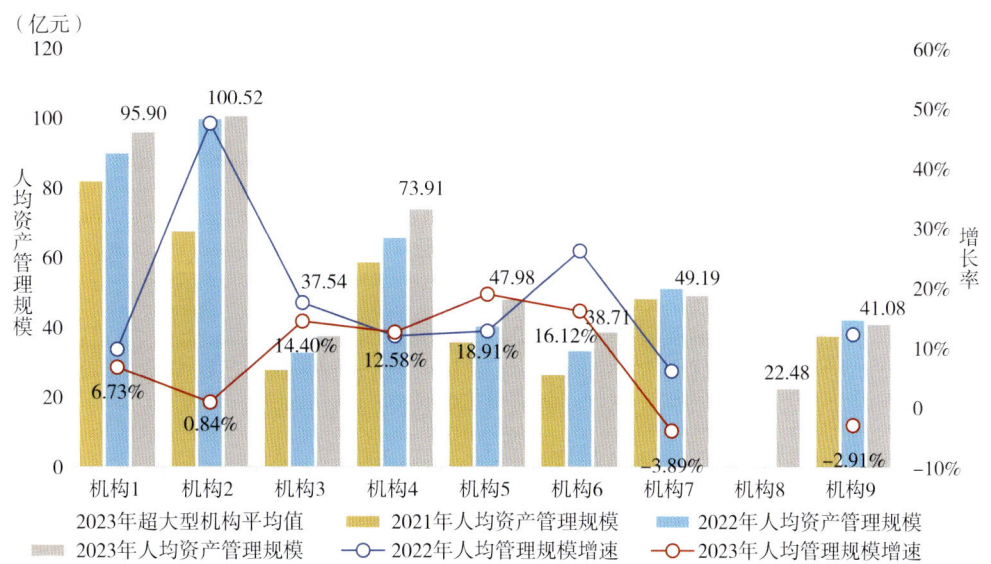

图2－7－13　2021—2023年超大型机构人均管理规模及增速情况

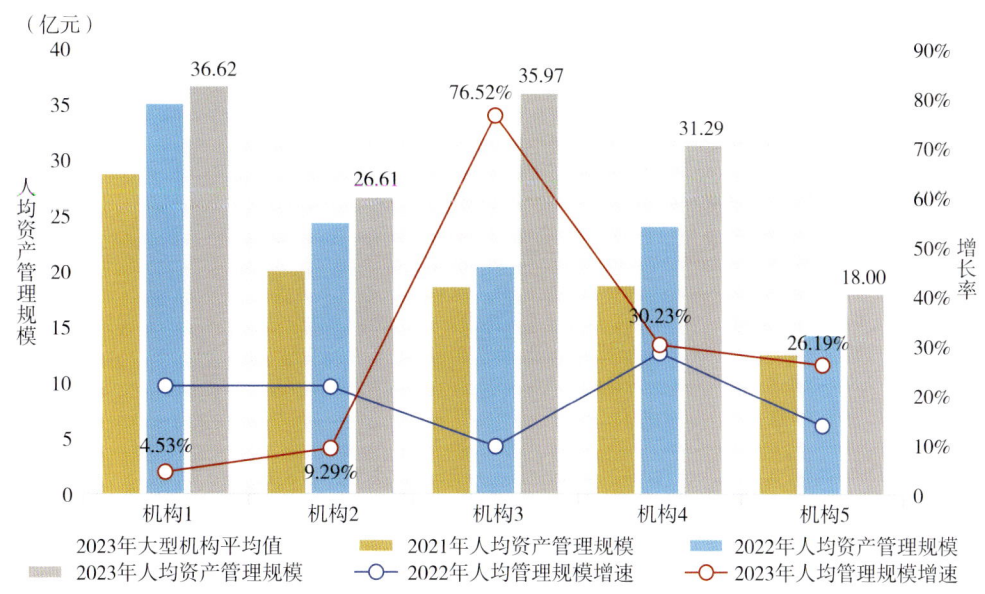

图2－7－14　2021—2023年大型机构人均管理规模及增速情况

3. 不同规模机构人均创收及增速情况。整体来看，2023年，除中型机构外，行业各规模机构人均创收均较上年同期有所下降。其中，超大型机构人均创收与行业均值的差距缩小（见图2－7－16、表2－7－1）。

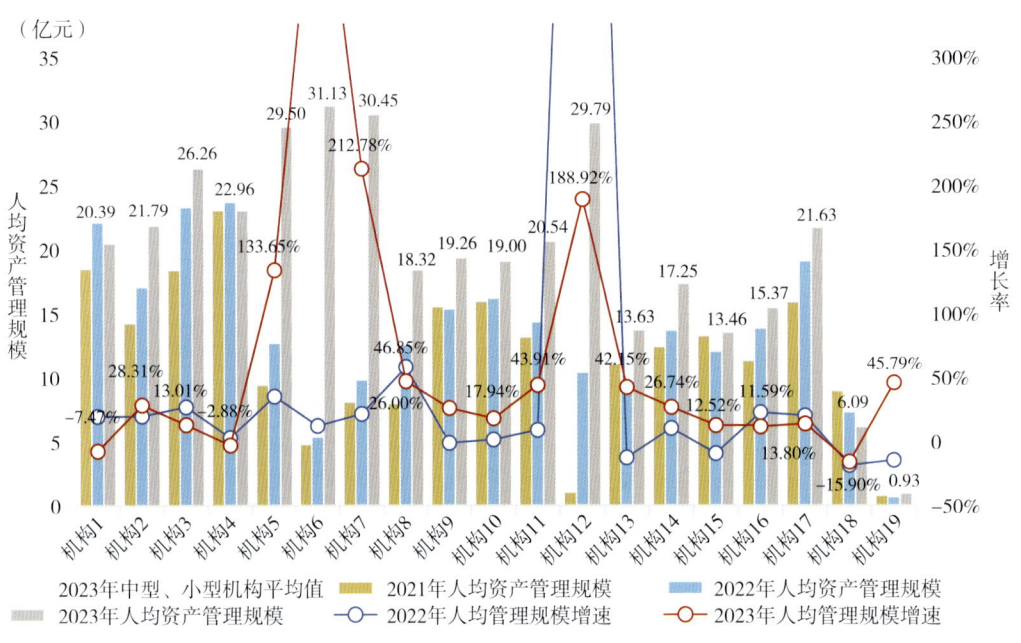

图 2-7-15 2021—2023 年中型、小型机构人均管理规模及增速情况

注：有些机构增速过高，故未在图中显示增速数据。

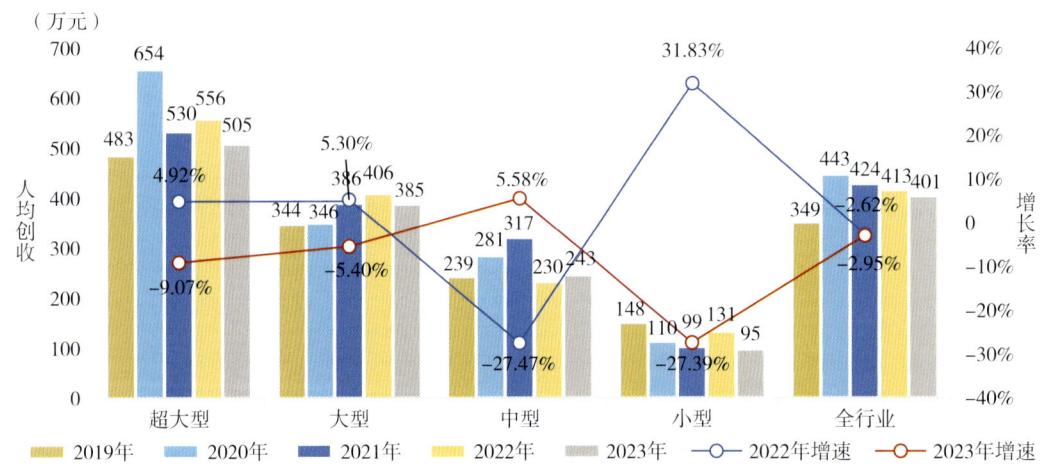

图 2-7-16 2019—2023 年不同规模保险资产管理公司人均创收及增速情况

表 2-7-1　　2019—2023 年不同规模保险资产管理公司人均创收平均值及中位值　　（单位：万元）

|  | 2019 年 | | 2020 年 | | 2021 年 | | 2022 年 | | 2023 年 | |
| --- | --- | --- | --- | --- | --- | --- | --- | --- | --- | --- |
|  | 平均值 | 中位值 | 平均值 | 中位值 | 平均值 | 中位值 | 平均值 | 中位值 | 平均值 | 中位值 |
| 超大型 | 482.57 | 400.93 | 654.41 | 506.06 | 529.50 | 552.88 | 555.56 | 516.75 | 505.16 | 490.43 |
| 大型 | 344.02 | 377.9 | 346.22 | 391.64 | 386.01 | 426.04 | 406.46 | 392.55 | 384.52 | 326.98 |
| 中型 | 239.33 | 248.66 | 280.60 | 256.45 | 316.75 | 281.97 | 229.73 | 164.41 | 242.54 | 178.69 |
| 小型 | 147.58 | 177.69 | 109.79 | 131.42 | 99.01 | 131.46 | 130.52 | 204.44 | 94.77 | 94.77 |
| 全行业 | 348.64 | 248.66 | 443.44 | 256.45 | 424.37 | 281.05 | 413.27 | 241.6 | 401.07 | 224.43 |

# 第三章
# 2023 年保险公司资金运用情况

截至 2023 年末，我国共有 205 家保险集团（控股）公司和保险公司（以下统称保险公司）。参与本次调研的保险公司共有 198 家[①]，包括保险集团 13 家、人身险公司 85 家、财产险公司 88 家、再保险公司 12 家，涉及投资资产规模合计 26.12 万亿元。为全面剖析展示保险公司资金运用情况，根据资金运用规模、机构类型、发展阶段等，将 198 家机构从三个维度进行了分类（见表 3-0）。

表 3-0　参与调研的保险公司分类维度表　（单位：家）

| 维度 | 分类 | 标准 | 2021 年末机构数量 | 2022 年末机构数量 | 2023 年末机构数量 |
|---|---|---|---|---|---|
| 规模 | 超大型 | 投资资产在 5 000 亿元以上 | 8 | 8 | 9 |
|  | 大型 | 投资资产在 1 000 亿~5 000 亿元之间 | 21 | 23 | 23 |
|  | 中型 | 投资资产在 100 亿~1 000 亿元之间 | 52 | 51 | 55 |
|  | 小型 | 投资资产在 100 亿元以下 | 90 | 90 | 86 |
|  | 集团、再保险 |  | 23 | 24 | 25 |
| 类型 |  | 保险集团 | 12 | 12 | 13 |
|  |  | 人身险公司 | 86 | 86 | 85 |
|  |  | 财产险公司 | 85 | 86 | 88 |
|  |  | 再保险公司 | 11 | 12 | 12 |
| 发展阶段 |  | 有关联方保险资产管理公司 | 73 | 76 | 77 |
|  |  | 无关联方保险资产管理公司 | 121 | 120 | 121 |
|  | 总计 |  | 194 | 196 | 198 |

# 一、资产配置情况

## （一）整体情况

1. 保险资金大类资产配置数据[②]。

截至 2023 年末，参与调研的 198 家保险公司投资资产规模合计 26.12 万亿元，同比增速 10.24%。从资产投向来看，债券 11.97 万亿元，股票、公募基金（不含货基）和组合类产品 4.79 万亿元，银行存款和现金及流动性资产 2.90 万亿元，债权投资计划和信托计划

---

① 本章数据来源于中国保险资产管理业协会开展的"2023—2024 年中国保险资产管理行业运行调研"——保险公司调研，参与调研的保险公司共有 198 家。

② 由于本小节不涉及年度对比，选取的数据样本为参与 2023 年调研的 198 家人身险公司、财产险公司、保险集团和再保险公司。

2.65万亿元，股权投资资产1.75万亿元，投资性房地产0.58万亿元，境外资产0.48万亿元。从公司类型来看，人身险公司投资规模22.65万亿元，占比87%；财产险公司投资规模2.00万亿元，占比8%；保险集团投资规模1.11万亿元，占比4%；再保险公司投资规模0.36万亿元，占比1%（见图3-1-1）。从公司规模来看，人身险超大型公司投资规模占比最高（74%），财产险大型公司投资规模占比最高（73%）（见图3-1-2、图3-1-3）。

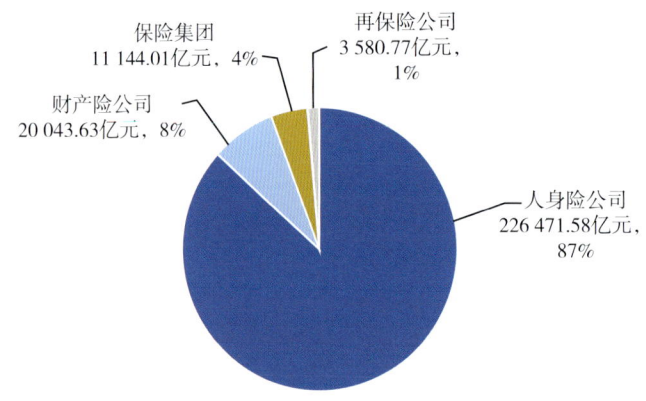

图3-1-1　2023年不同类型保险公司投资规模占比

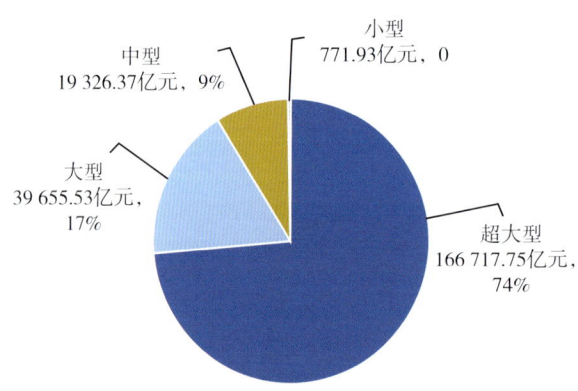

图3-1-2　2023年不同规模人身险公司投资规模占比

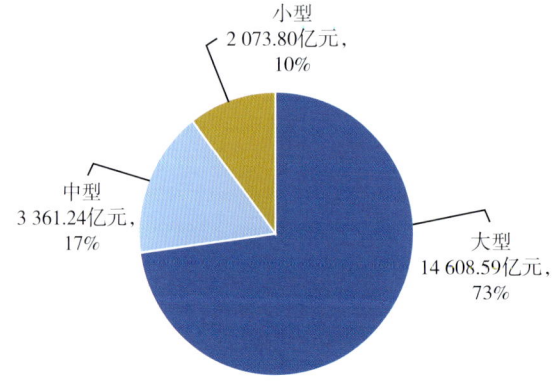

图3-1-3　2023年不同规模财产险公司投资规模占比

2. 保险资金资产配置结构①。

2023年末，保险资金继续保持较为稳健的配置结构，以利率债、信用债、银行存款（含现金及流动性资产）为主，合计占比57.60%，较上年末提升2.31个百分点。从各类资产具体构成来看，现金及流动性资产占比3.85%，较上年末下降0.44个百分点；银行存款占比6.98%，较上年末下降1.60个百分点；债券占比46.77%（包括利率债32.68%、信用债14.09%），较上年末上升4.33个百分点（其中利率债上升4.63个百分点、信用债下降0.30个百分点）；股票占比7.36%，较上年末下降0.17个百分点；公募基金（不含货基）占比5.61%，较上年末上升0.29个百分点；组合类保险资产管理产品占比4.68%，较上年末下降0.36个百分点；债权投资计划占比5.40%，较上年末下降0.09个百分点；信托计划占比4.72%，较上年末下降0.78个百分点；股权投资占比6.75%，较上年末下降1.08个百分点；投资性房地产、境外投资占比分别为2.14%、1.87%，分别较上年末上升0.18个百分点、下降0.12个百分点（见图3-1-4）。

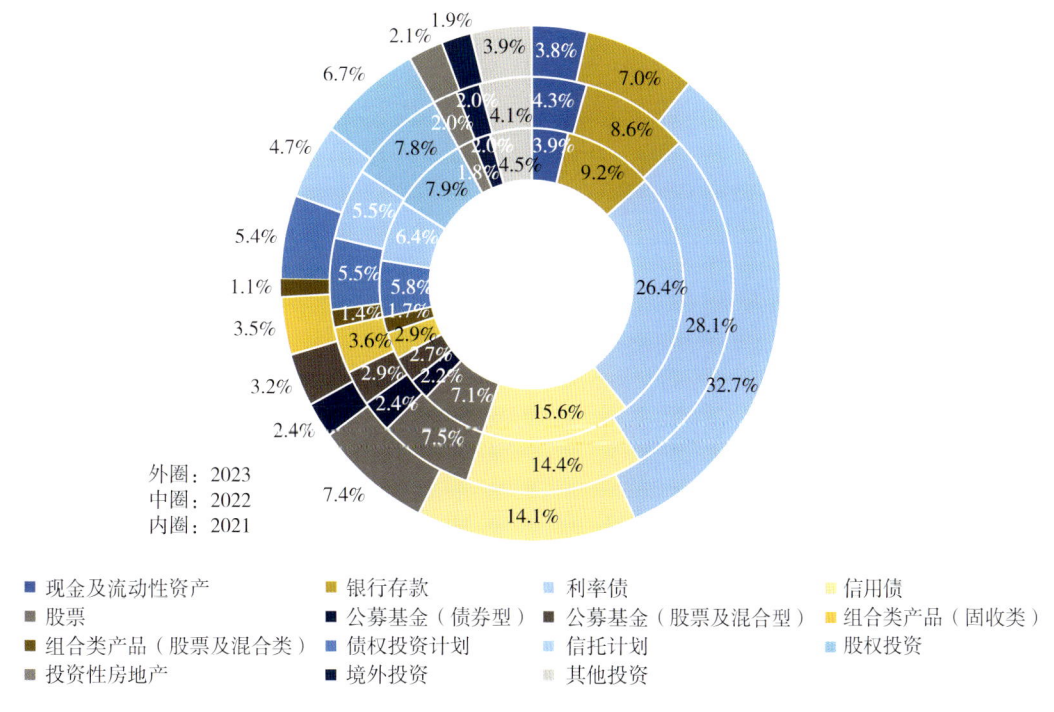

图3-1-4　2021—2023年保险资金大类资产配置结构

3. 主要资产规模增长情况。

2023年，除银行存款、股权投资、信托计划、组合类产品（股票及混合类）和现金及流动性资产规模下降，其余各类主要资产的投资规模均有不同程度的增长（见

---

① 由于本小节涉及年间对比，为统一数据口径，选取的数据样本为同时参与2021年、2022年和2023年的185家人身险公司、财产险公司、保险集团和再保险公司，下同。

图3-1-5）。其中，投资规模增速前三的资产为利率债（28.45%）、公募基金（股票及混合型）（21.62%）、投资性房地产（20.50%）；投资规模下降较快的资产为组合类产品（股票及混合类）、银行存款、信托计划、股权投资，投资规模分别下降11.14%、10.26%、5.43%、5.03%。

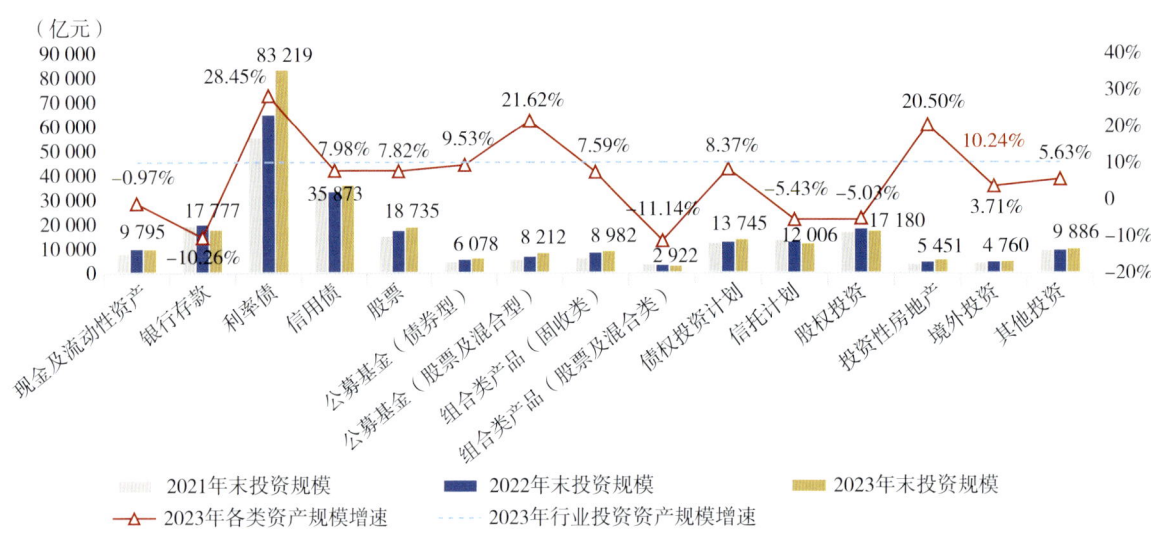

图3-1-5 2021—2023年保险资金主要资产配置规模及增长情况

4. 子类资产配置结构及增速情况。

从现金及流动性资产配置来看，2023年末，同业存单占比15.28%，规模增速82.67%，相对增速较快（见图3-1-6、图3-1-7）。

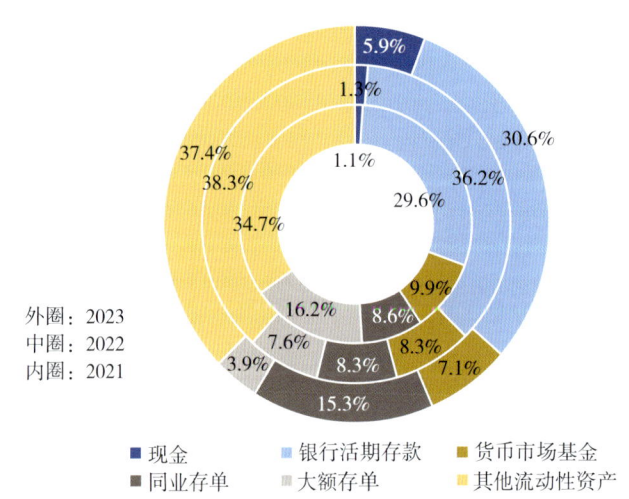

图3-1-6 2021—2023年现金及流动性资产配置比例

从银行存款配置来看，2023年末，存出资本保证金占比8.84%，规模增速28.70%，相对增速最快；协议存款占比45.80%，相对规模最大，但规模下降20.31%（见图3-1-8、图3-1-9）。

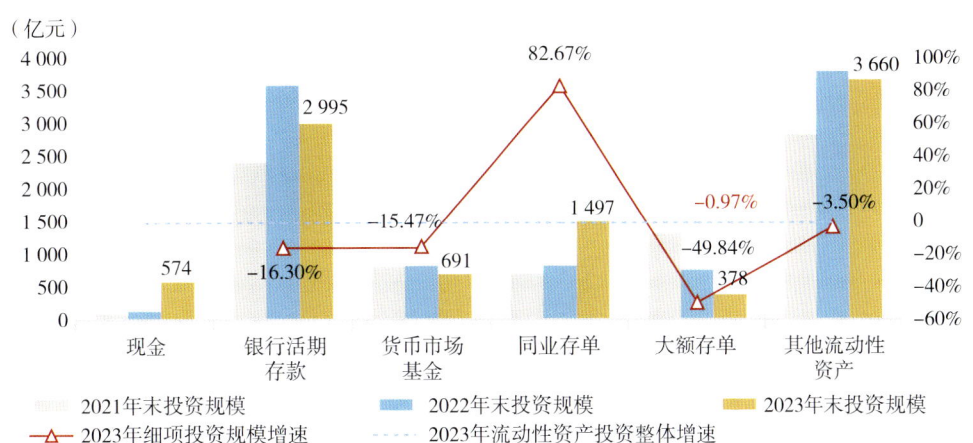

图 3-1-7 2021—2023 年现金及流动性资产子类资产配置规模及增速

注：现金增速为 344.17%，未在图中展示。

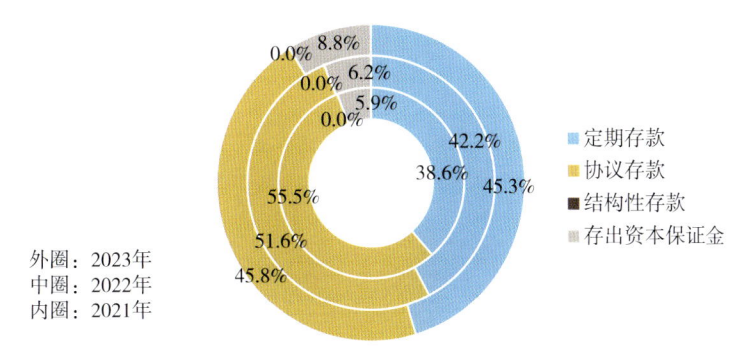

图 3-1-8 2021—2023 年银行存款资产配置比例

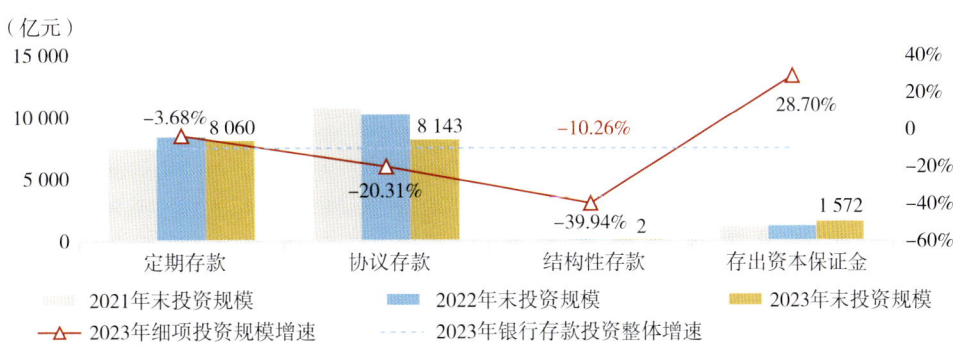

图 3-1-9 2021—2023 年银行存款子类资产配置规模及增速

从债券配置来看，2023 年末，国债及（准）政府债占比 69.88%，较上年末上升 3.77 个百分点，规模增速 28.45%；金融企业（公司）债占比 18.08%，较上年末上升 2.95 个百分点，规模增速 45.16%；非金融企业（公司）债占比 12.04%，较上年末下降 6.72 个百分点，规模下降 22.02%（见图 3-1-10、图 3-1-11）。

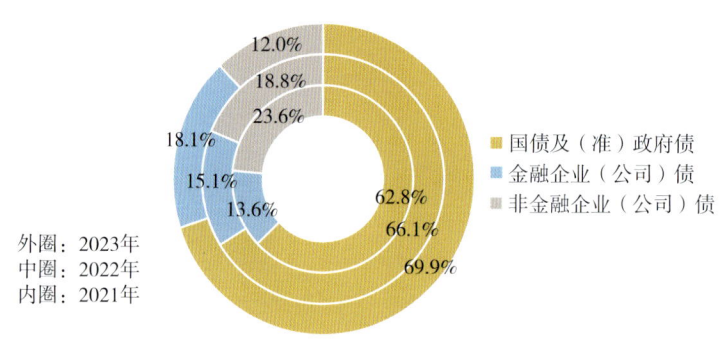

图 3－1－10　2021—2023 年债券资产配置比例

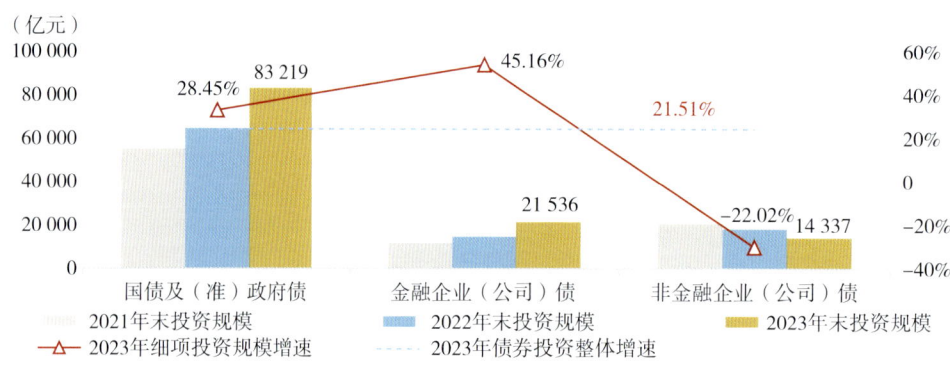

图 3－1－11　2021—2023 年债券子类资产配置规模及增速

从股票配置来看，2023 年末，上市普通股票占比 83.32%，较上年末上升 6.11 个百分点，规模增速 16.35%；港股通、沪伦通占比 16.68%，较上年末下降 6.11 个百分点，规模下降 21.08%（见图 3－1－12、图 3－1－13）。

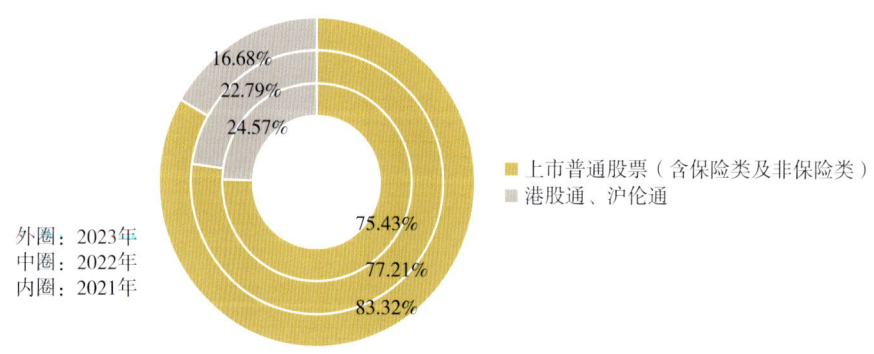

图 3－1－12　2021—2023 年股票资产配置比例

从公募基金（不含货币型基金）配置来看，2023 年末，股票型公募基金占比 32.63%，较上年末增加 2.53 个百分点，规模增速 25.91%；债券型公募基金和混合型公募基金占比分别较上年末下降 2.58 个百分点和 0.04 个百分点，连续两年占比下降，规模增速分别为 9.53% 和 16.00%（见图 3－1－14、图 3－1－15）。

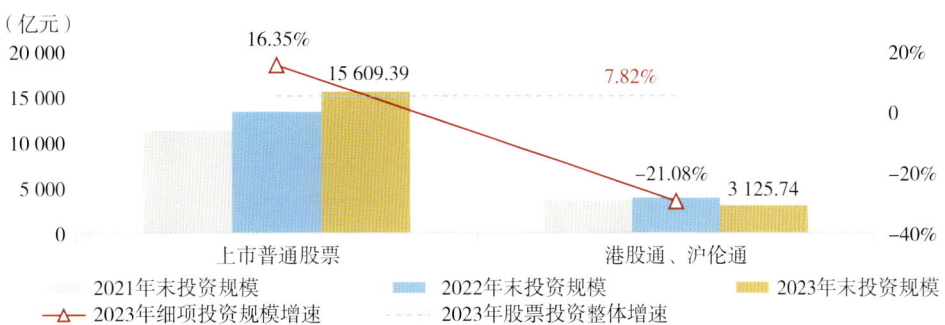

图 3-1-13　2021—2023 年股票子类资产配置规模及增速

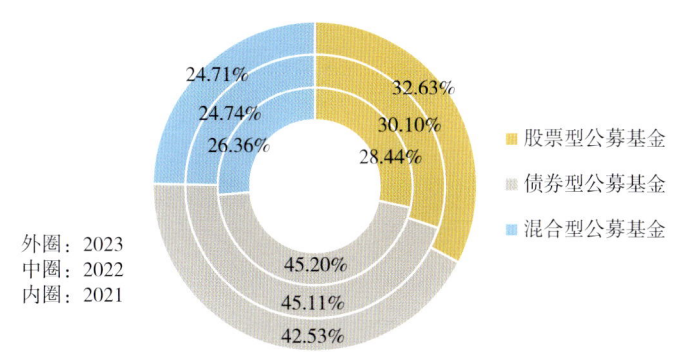

图 3-1-14　2021—2023 年公募基金（不含货基）资产配置比例

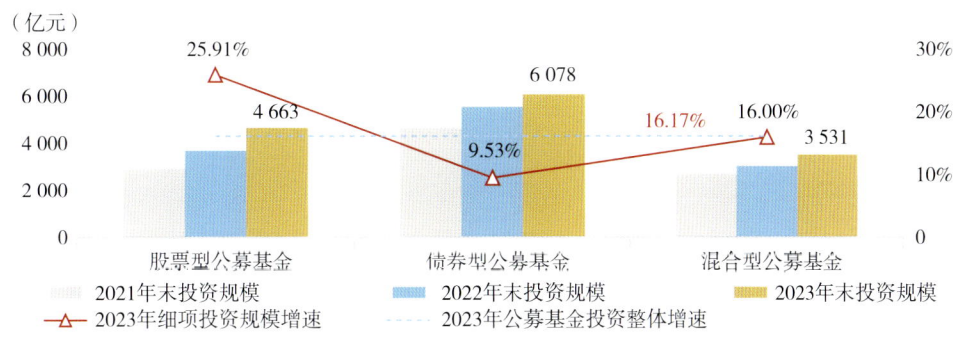

图 3-1-15　2021—2023 年公募基金（不含货基）子类资产配置规模及增速

从组合类保险资产管理产品配置来看，2023 年末，固定收益类组合类产品占比最大，占比 75.45%，较上年末上升 3.71 个百分点，规模增速 7.59%；权益类组合类产品占比 20.85%，较上年末下降 1.54 个百分点，规模下降 4.76%；混合类组合类产品占比 3.62%，较上年末下降 2.24 个百分点，规模下降 36.80%（见图 3-1-16、图 3-1-17）。

从金融产品（不含单一资管计划）[1] 配置来看，2023 年末，集合资金信托计划占比最大（92.26%），较上年末下降 3.59 个百分点，规模下降 5.43%；商业银行理财

---

[1]　根据《关于保险资金投资有关金融产品的通知》（银保监规〔2022〕7 号），本文所指的金融产品（不含单一资管计划）统计口径为集合资金信托计划、商业银行理财产品、理财公司理财产品、信贷资产支持证券（银行发行）、资产支持专项计划（券商/券商资管发行）和债转股投资计划。

产品占比 0.52%，较上年末上升 0.23 个百分点，规模上升 78.44%；理财公司理财产品占比 2.18%，较上年末上升 2.15 个百分点，规模上升 6191%；信贷资产支持证券（银行发行）占比 0.19%，较上年末下降 0.75 个百分点，规模下降 80.31%；资产支持专项计划（券商/券商资管发行）占比 4.40%，较上年末上升了 1.81 个百分点，规模上升 66.98%；债转股投资计划占比 0.46%，较上年末上升 0.15 个百分点，规模上升 46.13%（见图 3-1-18、图 3-1-19）。

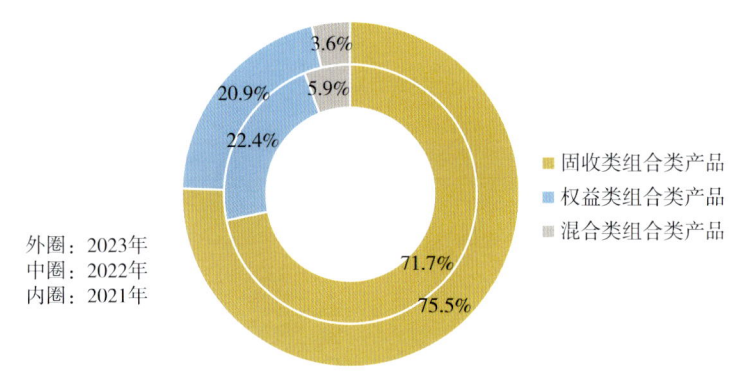

图 3-1-16　2022—2023 年组合类产品资产配置比例

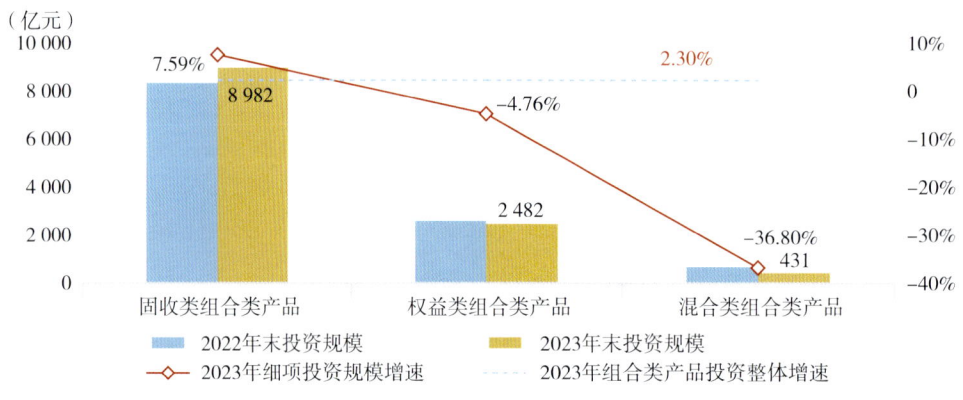

图 3-1-17　2022—2023 年组合类产品子类资产配置规模及增速

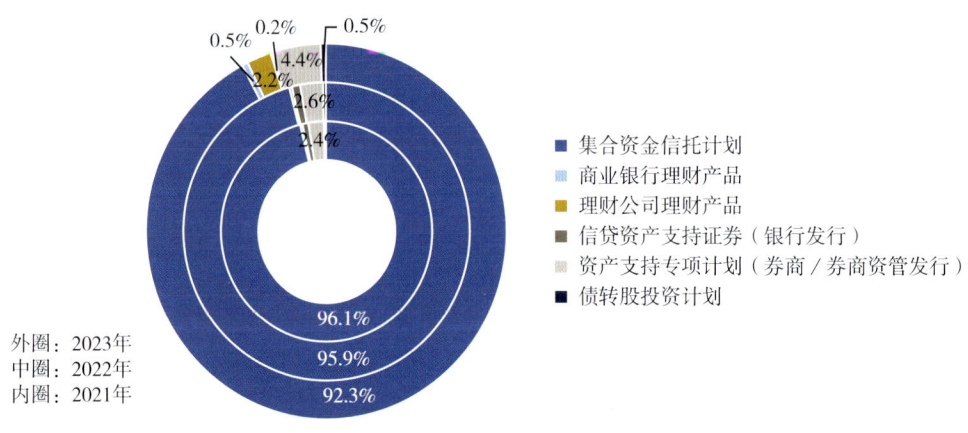

图 3-1-18　2021—2023 年金融产品（不含单一资管计划）资产配置比例

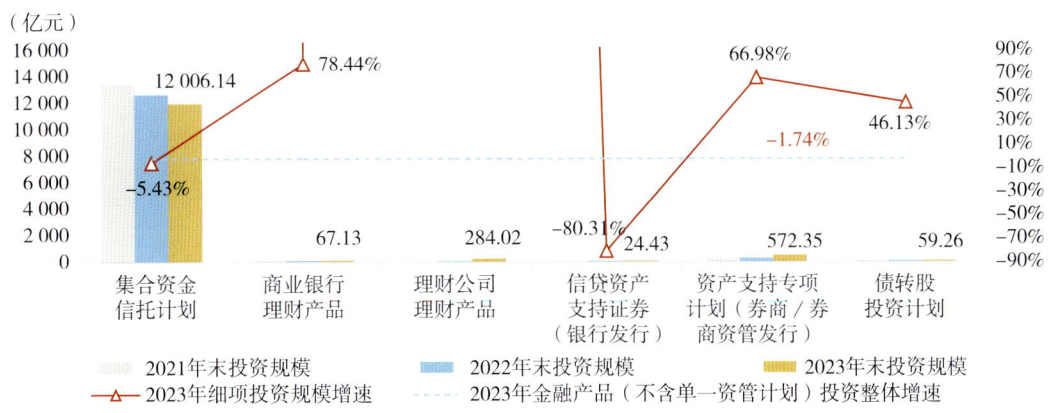

图 3-1-19 2021—2023 年金融产品（不含单一资管计划）子类资产配置规模及增速

注：理财公司理财产品 2023 年投资规模增速 6 191%，故未在图中显示。

从境外资产配置来看，2023 年末，境外普通股占比 17.41%，规模下降 31.59%；境外直接股权投资占比 26.29%，境外私募股权基金占比 16.14%，境外债券占比 17.48%，四类资产合计占比超过 77%（见图 3-1-20、图 3-1-21）。

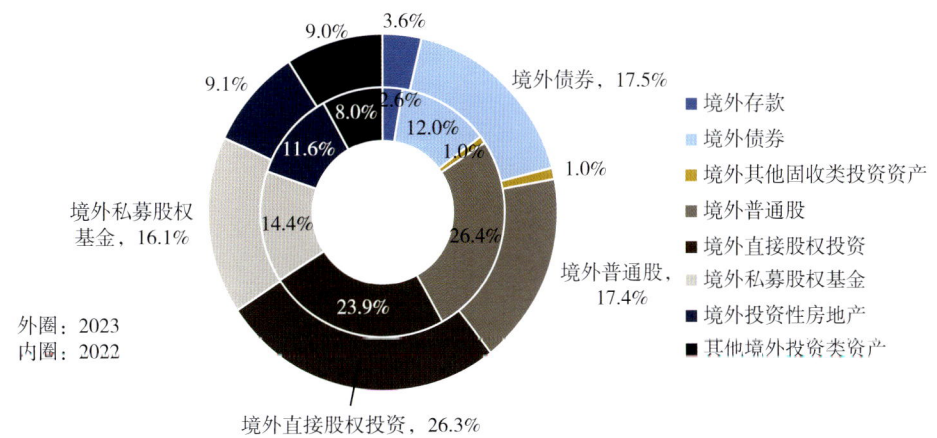

图 3-1-20 2022—2023 年境外投资资产配置比例

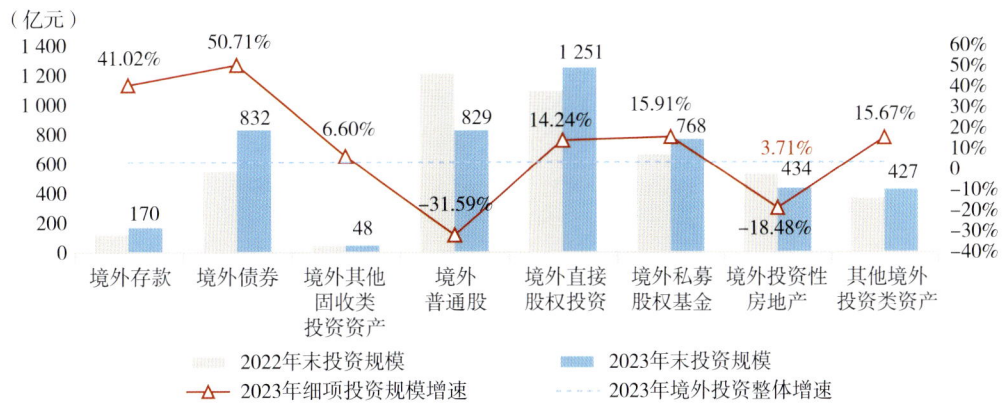

图 3-1-21 2022—2023 年境外投资资产配置规模及增速

5. 单一资管计划管理人管理保险资金情况。

2023年，共有95家境内单一资管计划管理人[①]管理保险资金，规模合计[②]8 390.71亿元。其中，公募基金公司管理保险资金规模7 892亿元，同比上升8.16%；券商及券商资管管理保险资金规模499亿元，同比下降16.18%。

2014—2023年，境内单一资管计划管理人管理保险资金规模整体呈增长趋势，2014—2023年复合增长率为28.80%，其中2023年公募基金公司管理规模增速为8.16%，券商及券商资管管理规模下降16.18%（见图3－1－22）。

图3－1－22 2014—2023年境内单一资管计划管理人管理保险资金规模及增速

2023年，平均每家保险公司投资单一资管计划规模88亿元（同比下降约3亿元），其中保险集团平均投资158亿元，人身险公司平均投资132亿元，财产险公司平均投资10亿元，再保险公司平均投资64亿元。

从投资单一资管计划规模占比来看，2023年，人身险公司投资规模占比87%，财产险公司占比4%，保险集团占比7%，再保险公司占比2%。2020—2023年，人身险公司投资规模占比逐年增加（见图3－1－23）。

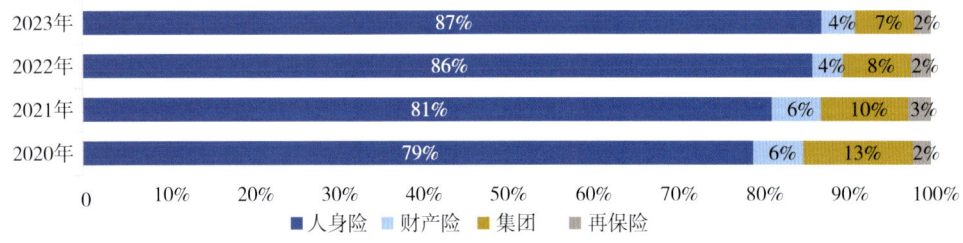

图3－1－23 2020—2023年保险公司投资单一资管计划规模占比情况

---

① 单一资管计划管理人即为2022年前保险公司业外管理人，因此2022年前保险公司委托业外管理人（券商及券商资管、公募基金）的投资规模调整为单一资产管理计划投资规模。
② 本专题统计口径为境内单一资管计划管理人管理的保险资金规模。

### (二)资产配置结构差异

1. 不同类型保险公司资产配置差异。

一是人身险公司[①]资产配置结构与行业总体结构趋同。人身险公司投资资产规模占行业总投资资产规模的87%，因此行业整体资产配置结构受人身险公司影响较大。此外，因人身险资金的长期性及其资产负债匹配要求，其配置利率债比例相比财产险公司、保险集团和再保险公司显著较高（35.8%），配置信用债、股票也相对较高（分别为13.3%、7.4%）。从年间对比来看，人身险公司配置利率债较上年末上升4.7个百分点，相对变化显著（见图3-1-24）。

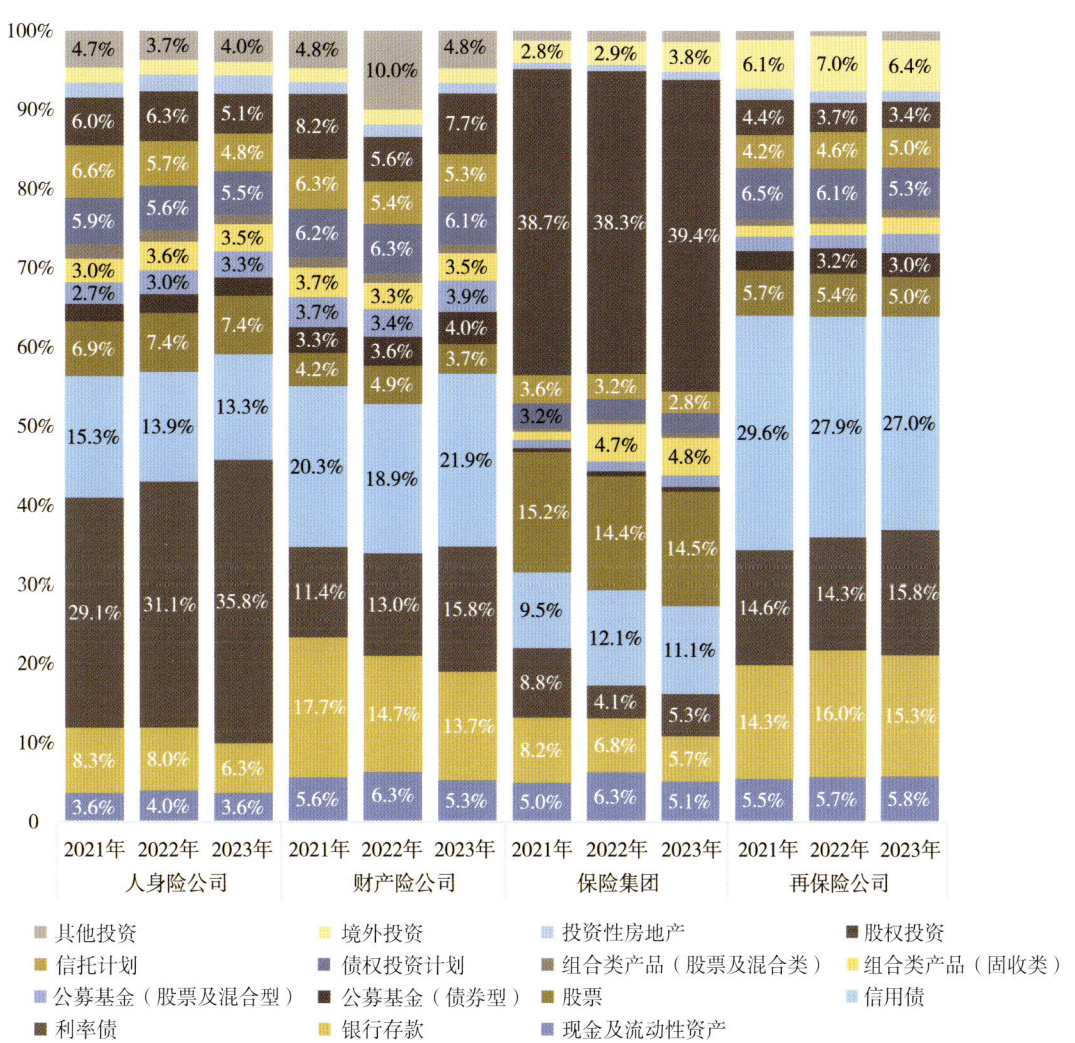

图3-1-24 2021—2023年不同类型保险公司资产配置结构

---

① 为统一数据口径，选取的数据样本为同时参与2021年、2022年和2023年综合调研的81家人身险公司。

二是财产险公司①配置信用债和银行存款的比例较人身险公司更高,利率债相对较低。2023年末,信用债、利率债和银行存款是财产险公司配置比例最高的三类资产,占比分别为21.9%、15.8%和13.7%,三者合计占比超过51%。从年间对比来看,财产险公司配置利率债和信用债分别较上年末上升2.8个百分点和3个百分点(见图3-1-24)。

三是保险集团②配置股权类资产大幅高出其他类型的保险公司,主要因为保险集团持有保险子公司股权,且本级资金投资一般以实现集团整体战略规划、资本管理为目标。2023年末,股权投资、股票和信用债仍然是保险集团配置比例最高的三类资产,占比分别为39.4%、14.5%和11.1%。从年间对比来看,保险集团配置股权投资比例较上年末上升了1.1个百分点(见图3-1-24)。

四是再保险公司③债券投资和银行存款投资合计占比将近六成,股票和基金配置比例较低。2023年末,信用债、利率债和银行存款是再保险公司配置比例最高的三类资产,占比分别为27.0%、15.8%和15.3%。从年间对比来看,再保险公司配置利率债比例较上年末上升了1.5个百分点(见图3-1-24)。

2. 不同规模人身险公司资产配置差异。

从不同规模人身险公司各类资产的配置比例来看,超大型、大型人身险公司配置利率债和股票比例更高;中型人身险公司配置利率债和信用债比例更高;小型人身险公司配置利率债、信用债、现金及流动性资产、银行存款比例更高。具体来看,超大型人身险公司配置债券的比例保持较高水平,其中2023年末利率债的配置比例(38.7%)较上年末上升4.9个百分点,连续三年利率债配置比例上升显著。此外,配置股票比例(8.0%)与上年末基本保持一致,配置信托计划和股权投资的比例有所下降,较上年末分别下降0.7个百分点和1.5个百分点。大型人身险公司配置比例最高的资产是利率债,占比27.1%,较上年末上升3.6个百分点,上升最为显著,配置信用债和信托计划的比例较上年末分别下降1.3个百分点和1.7个百分点。中型人身险公司配置利率债较上年末占比有所提高,上升4.9个百分点,配置信用债和股权投资的比例较上年末分别下降2.1个百分点和1.2个百分点。小型人身险公司配置利率债比例最高,占比17.3%,较去年上升9个百分点,信用债占比14.3%,较上年末下降15.3个百分点,配置银行存款和债权投资计划的比例相对较高,占比分别为13.0%、9.5%(见图3-1-25)。

---

① 为统一数据口径,选取的数据样本为同时参与2021年、2022年和2023年综合调研的81家财产险公司。
② 为统一数据口径,选取的数据样本为同时参与2021年、2022年和2023年综合调研的12家保险集团。
③ 为统一数据口径,选取的数据样本为同时参与2021年、2022年和2023年综合调研的11家再保险公司。

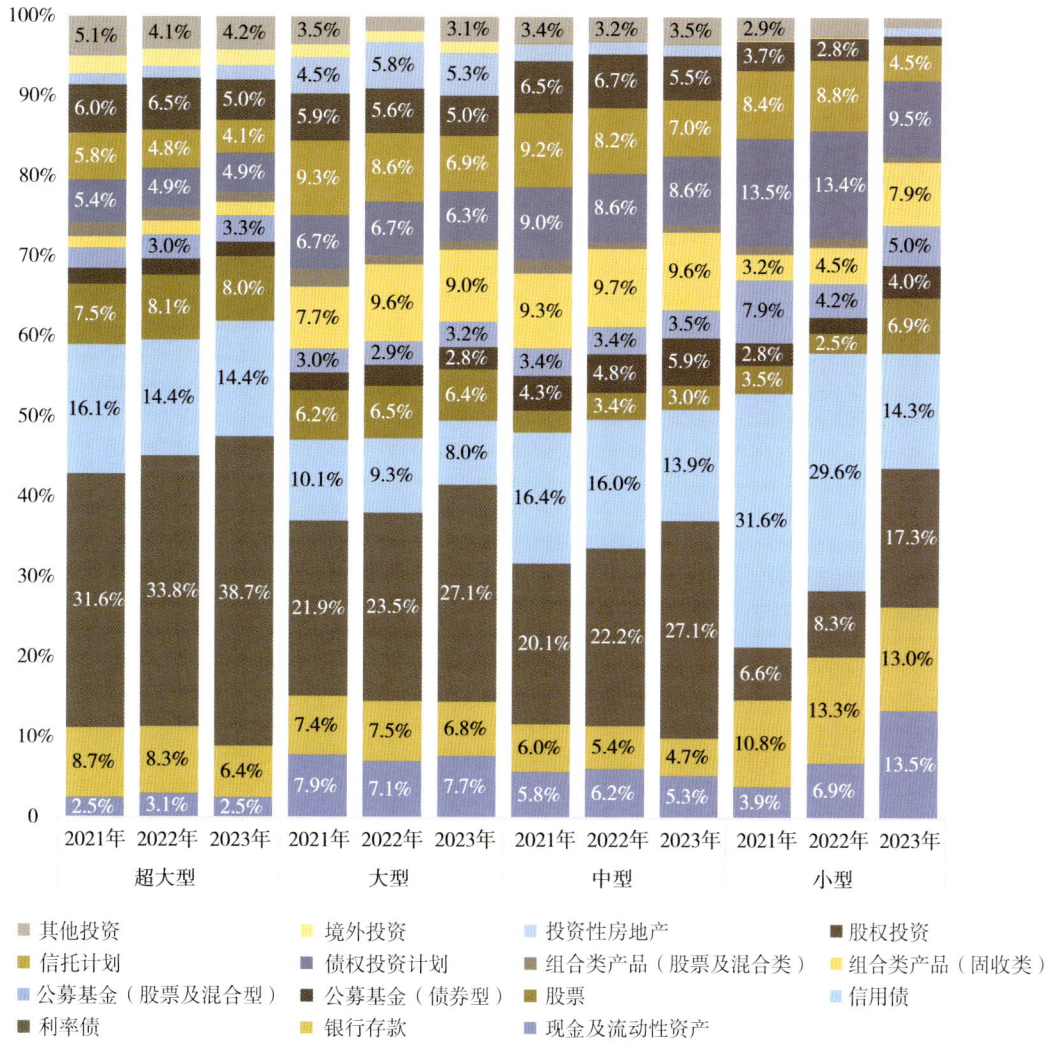

图 3-1-25 2021—2023 年不同规模人身险公司资产配置结构

3. 不同规模财产险公司资产配置差异。

从不同规模财产险公司各类资产的配置比例来看，整体配置信用债占比超过利率债，大型财产险公司配置利率债更高（大型投资规模占财产险的68%），中型财产险公司配置信用债、股票、债权投资计划更高，小型财产险公司配置银行存款（含流动性资产）和固收类组合类产品更高。具体来看，大型财产险公司配置比例最高的资产是信用债（21.2%）、利率债（19.0%），从年间对比来看，信用债和利率债配置比例分别较上年末上升了3.6个百分点和3.2个百分点；中型财产险公司配置比例最高的资产是信用债（27.6%）、利率债（8.5%），从年间对比来看，信托计划较上年末下降了1.3个百分点，银行存款配置比例较上年末下降了1.3个百分点；小型财产险公司配置比例最高的资产是银行存款（23.4%）和信用债（17.1%），从年间对比来看，银行存款和组合类固收类产品配置比例分别较上年末上升了1.4个百分点和2个百分点（见图3-1-26）。

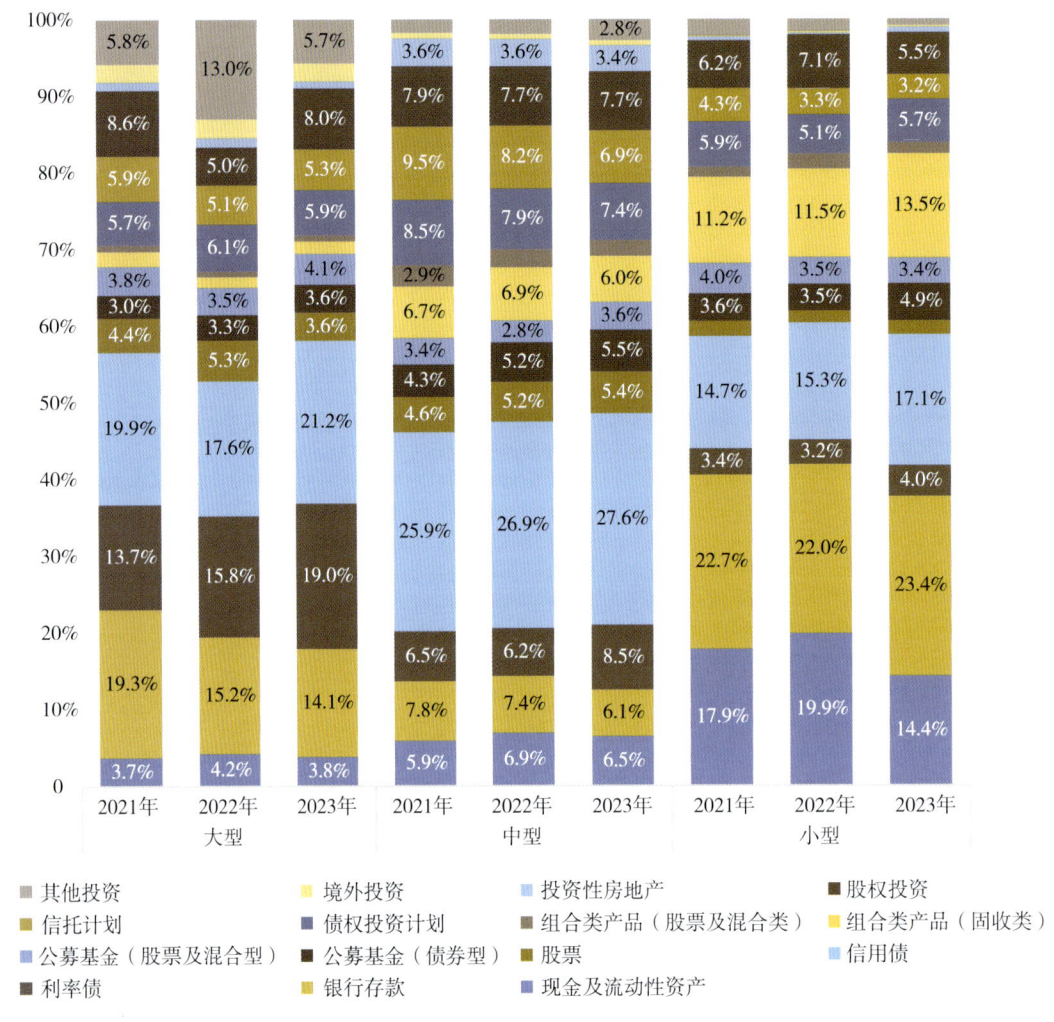

图3-1-26　2021—2023年不同规模财产险公司资产配置结构

## 二、投资收益情况

### （一）整体情况

2023年，保险公司综合投资收益率①集中区间较2022年有所上升，财务投资收益率集中区间较2022年有所下降，且综合收益率集中区间整体高于财务收益率集中区间（见图3-2-1、图3-2-2）。综合收益率方面，2023年行业综合收益率分布整体集

---
① 本小节在历年同比时，使用有效数据为同时参加2022年和2023年调研且反馈收益率数据的181家机构。

中于2.5%以上，机构数量合计占比72%（2022年综合收益率在2.5%以上的机构数量占比约为38%），其中综合收益率中位数位于2.75%~3%之间；位于2.75%~3%之间的机构数量最多，达到26家。财务收益率方面，2023年行业财务收益率中枢相对下移，整体集中于0~4%之间，机构数量合计近73%（2022年74%的机构财务收益率超过2.5%），其中财务收益率中位数位于3%~3.25%之间；位于3.25%~3.5%之间的机构数量最多，达到20家。

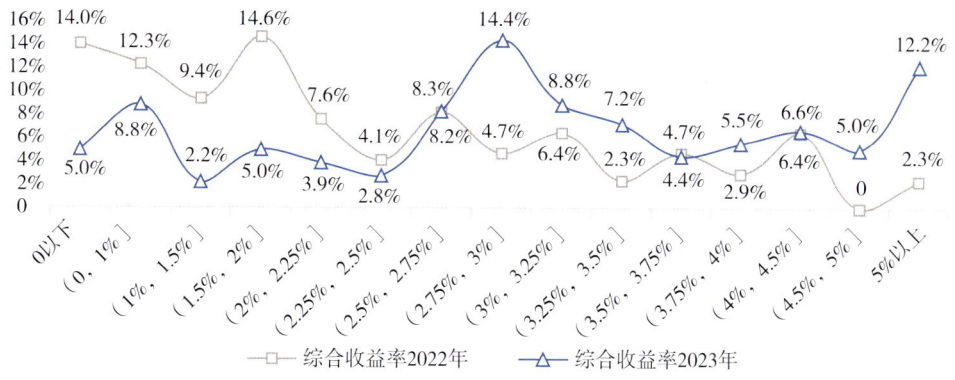

图3-2-1 2022—2023年保险公司综合收益率分布区间

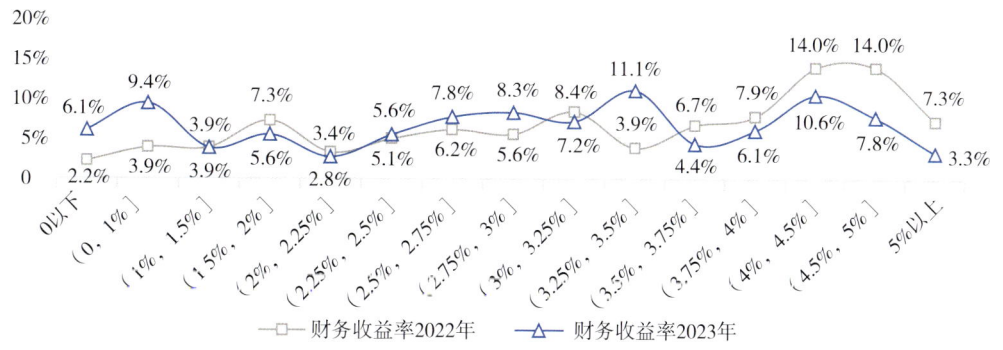

图3-2-2 2022—2023年保险公司财务收益率分布区间

### （二）具体情况

1. 综合投资收益率与投资资产规模、配置结构的关系。

从投资规模看，2023年综合投资收益率在3%~4%之间的机构，合计投资资产规模最高，占比45.6%（2022年综合投资收益率在2%~3%之间的机构投资资产规模最高，占比58.3%）；2023年财务投资收益率在2%~3%之间的机构，合计投资资产规模最高，占比43.3%（2022年财务投资收益率在4%~5%之间的机构投资资产规模最高，占比49.5%）（见图3-2-3、图3-2-4）。从配置结构看，综合收益率在4%以上的43家保险公司配置利率债、信用债比例相对更高（见图3-2-5）。

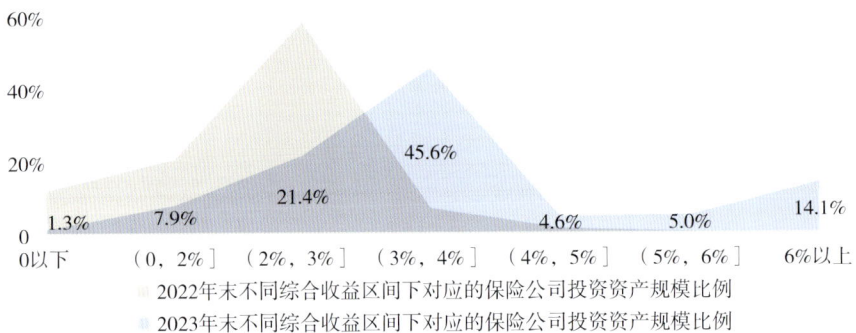

图 3-2-3　2022—2023 年不同综合收益率区间对应的各保险公司投资规模

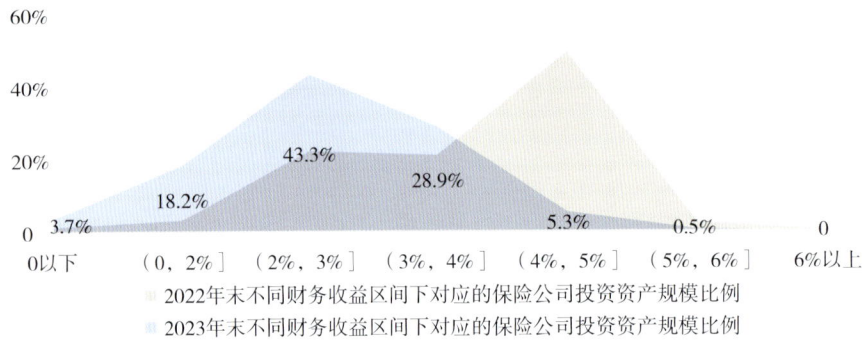

图 3-2-4　2022—2023 年不同财务收益率区间对应的各保险公司投资规模

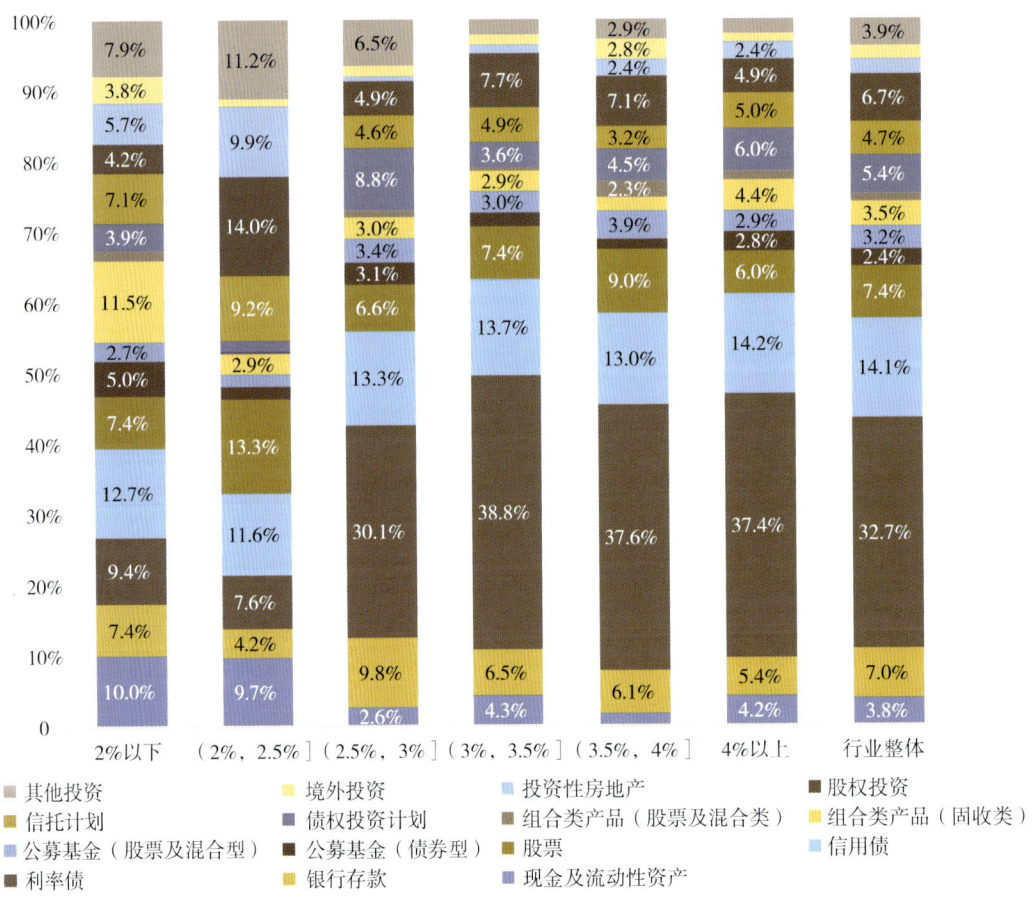

图 3-2-5　2023 年不同综合投资收益率区间对应的保险公司配置结构

2. 各类资产的综合投资收益率分布。2023年，债券、其他固收产品（含债券型基金、固收类组合类产品）收益率中枢上移，其他资产收益率中枢下移。具体来看，固收类资产中，定期存款及协议存款收益率中位值在3.5%~4%（2022年存款收益率中位值在4%~4.5%）；利率债、信用债和其他固收产品（含债券型基金、固收类组合类产品等）收益率分布在3.5%以上的机构数量显著上升，收益率中位值分别为4%~4.5%、4.5%~5%和2.5%~3%。权益类资产中，93家机构反馈境内上市权益收益率在0以下（与2022年比例基本持平），36家机构反馈境外上市权益收益率在0以下（与2022年比例基本持平），长期股权投资（未上市）、其他未上市股权（含私募股权基金、股权投资计划）收益率中位值分别为0~2%、3.5%~4%。金融产品中，债权投资计划、信托计划收益率中位值均为4.5%~5%，同比保持一致（见图3-2-6）。

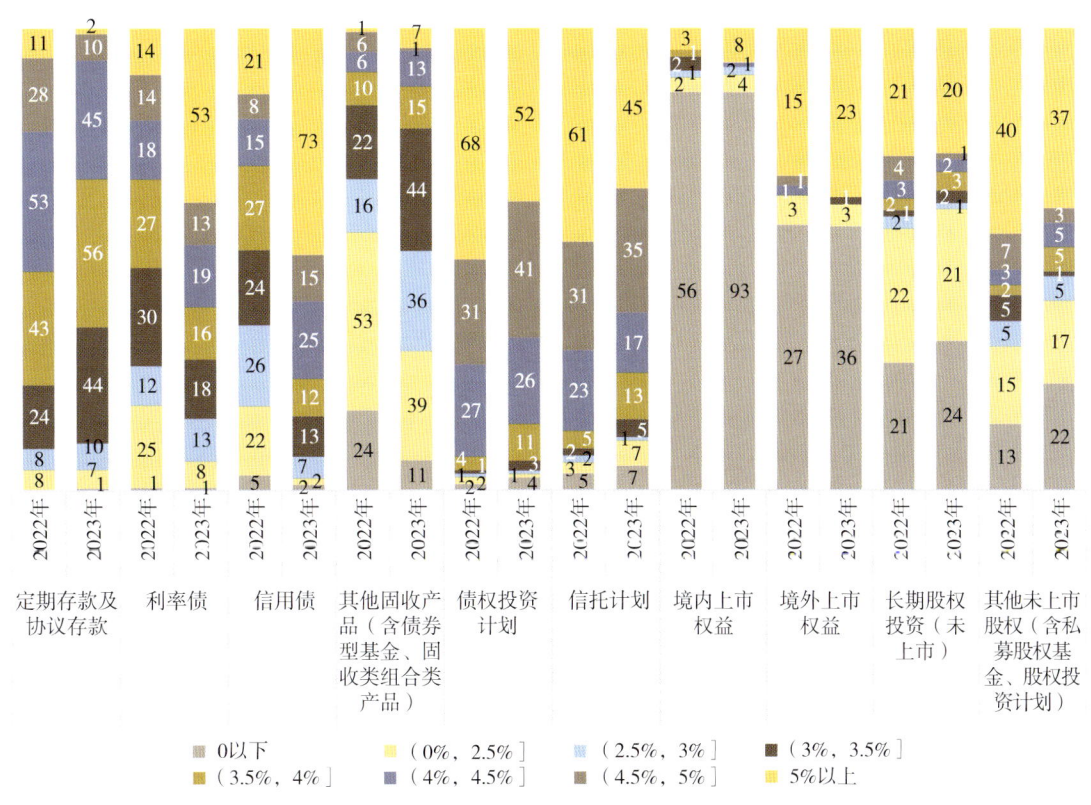

图3-2-6 2022—2023年保险公司不同资产综合投资收益率区间分布（机构数量）

3. 不同规模保险公司的投资收益率。从不同规模来看，超大型、大型保险公司的收益率水平相对集中且稳健，中型人身险公司、小型财产险公司的财务收益率水平较高且相对分散（见图3-2-7、图3-2-8、图3-2-9、图3-2-10）。综合收益率方面，超大型人身险公司峰值出现在2.5%~3%之间（3家机构），大型人身险公司峰值出现在1%以下（4家机构），中型人身险公司峰值出现在2.5%~3%之间（8家机构），小型人身险公司峰值出现在3%~3.5%之间（4家机构）。综合收益率方面，大型财产险公司峰值出现在3.5%~4%之间（2家机构），中型财产险公司峰值出现在2.5%~3%之间（3家机构），小型财产险公司峰值出现在2.5%~3%之间（18家机构）。

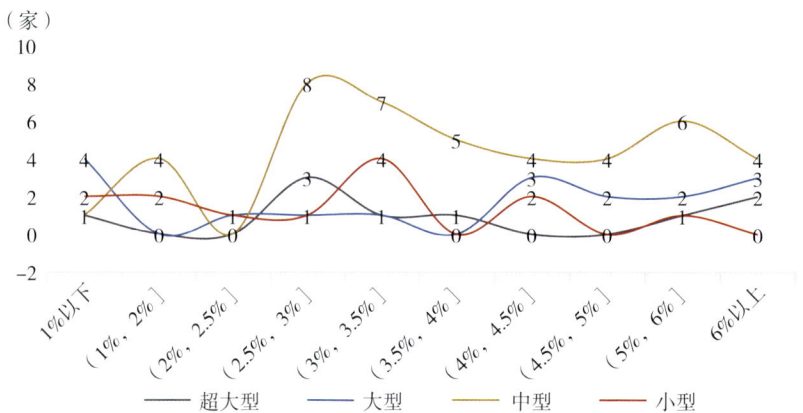

图3-2-7　2023年不同规模人身险公司综合投资收益率区间分布

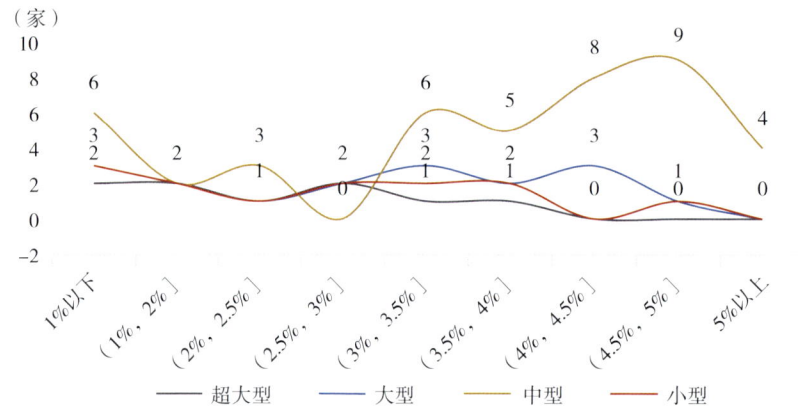

图3-2-8　2023年不同规模人身险公司财务投资收益率区间分布

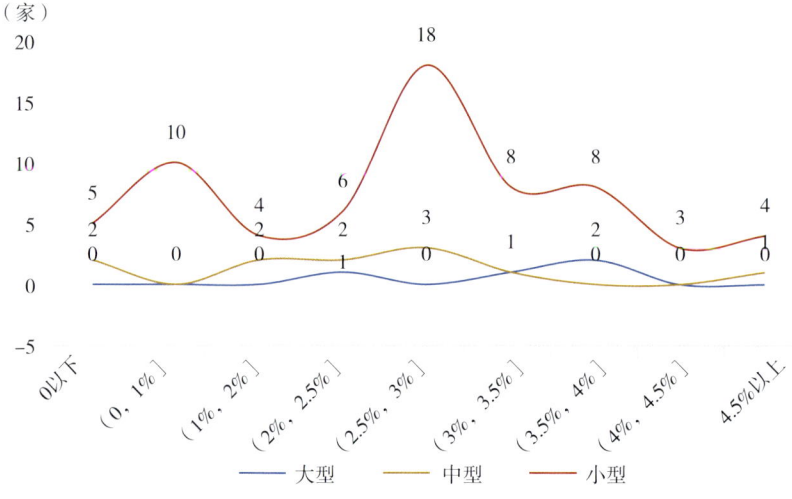

图3-2-9　2023年不同规模财产险公司综合投资收益率区间分布

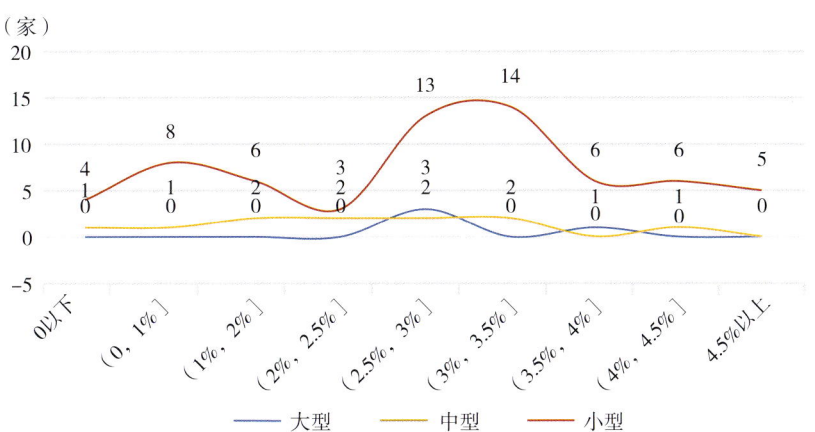

图 3-2-10 2023 年不同规模财产险公司财务投资收益率区间分布

## 三、股权投资情况

### （一）整体情况

截至 2023 年末，参与调研的保险公司股权投资资产①规模为 1.75 万亿元，占总投资资产的 6.75%，规模同比下降 5.91%。股权投资资产配置比重排在利率债、信用债和银行存款、股票之后，为第五大资产配置类别。

从各类股权投资资产的规模占比来看，未上市企业股权中保险类企业和非保险类企业投资规模分别为 3 040.46 亿元和 6 604.93 亿元，占股权投资资产比例分别为 17.36% 和 37.71%；股权投资基金中保险系股权投资基金和非保险系股权投资基金规模分别为 1 395.67 亿元和 4 549.55 亿元，占比分别为 7.97% 和 25.97%；股权投资计划规模为 1 925.47 亿元，占比为 10.99%（见图 3-3-1）。

从各类股权投资资产的规模增速来看，保险系的股权投资基金增长最为突出，同比增长 45.11%；第二为保险类未上市企业，同比增长 17.53%；第三为非保险系股权投资基金，同比增长 7.34%；第四为股权投资计划，同比增长 2.33%；非保险类未上市企业股权的规模出现负增长，同比减少 26.19%（见图 3-3-2）。

---

① 此章节股权投资统计口径与保险公司大类资产配置数据保持一致，不包含境外股权投资数据。调研所涉及的股权投资资产包括：未上市企业股权（保险类企业）、未上市企业股权（非保险类企业）、股权投资基金（非保险系）、股权投资基金（保险系）和股权投资计划。

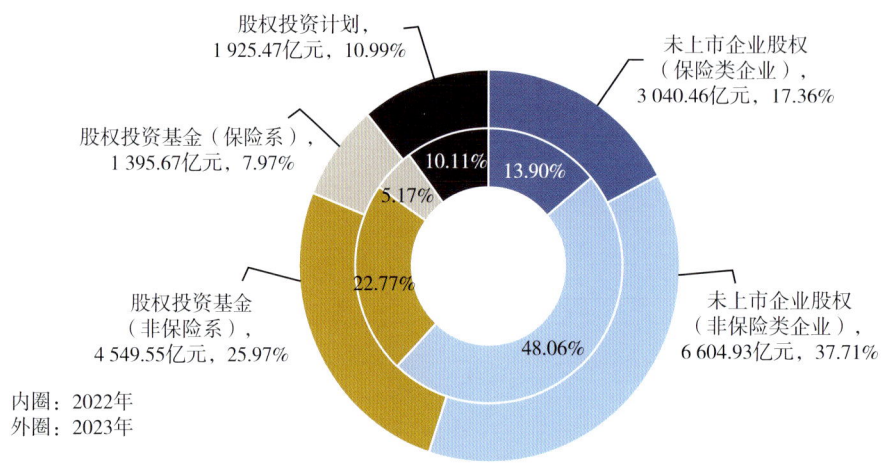

图 3-3-1 2022—2023 年保险公司股权投资结构

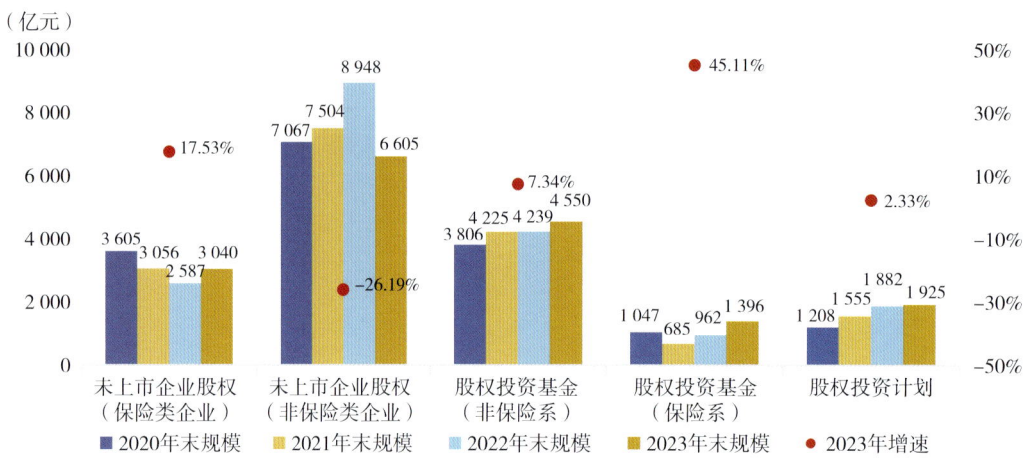

图 3-3-2 2020—2023 年保险公司股权投资各类资产规模及增速

不同类型保险公司在股权投资方式上存在不同倾向。人身险公司的配置以非保险类未上市企业股权和非保险系股权投资基金为主，占比分别为32.82%和37%；财产险公司以非保险类未上市企业股权为主，占比61.20%；保险集团几乎全部配置于未上市企业股权，占比达95.66%，其中保险类未上市企业股权占比过半；再保险公司配置非保险类未上市企业股权比较突出，占比达43.03%（见图3-3-3）。

从人身险公司股权投资细分情况看，不同规模的人身险公司，其股权投资配置结构存在一定差异。超大型人身险公司以未上市企业股权（非保险类企业）为主，占比达到36.27%；大型、中型以及小型人身险公司的股权投资基金（非保险系）占比较高，分别为56.60%、76.16%和82.60%（见图3-3-4）。

从财产险公司股权投资细分情况看，不同规模公司的股权投资配置结构存在差异。大型财产险公司以未上市企业股权（非保险类企业）为主，占比74.62%；中型财产险公司本年配置未上市企业股权的比例有所增长，占比57.52%，其他占比均有所下降；小型财产险公司以未上市企业股权（保险类企业）为主，占比58.73%（见图3-3-5）。

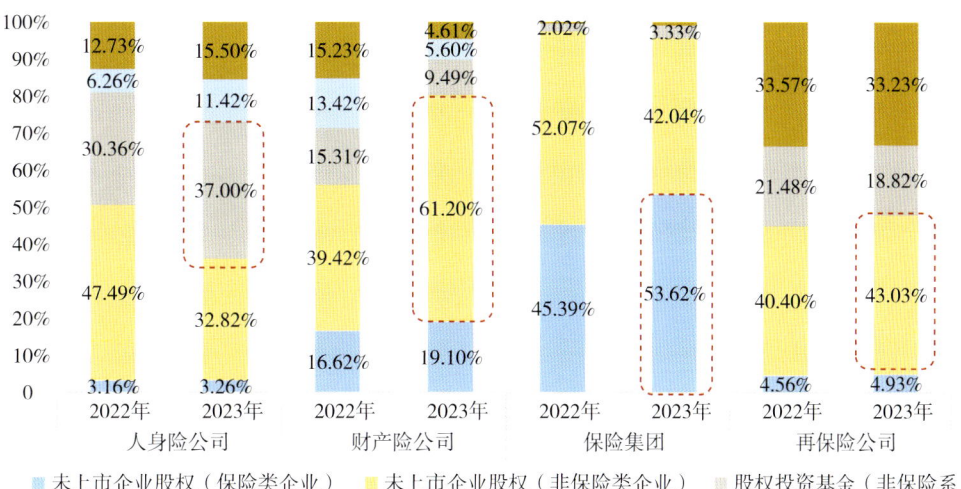

图 3-3-3　2022—2023 年保险公司各类股权投资资产配置比例 - 按机构类型划分

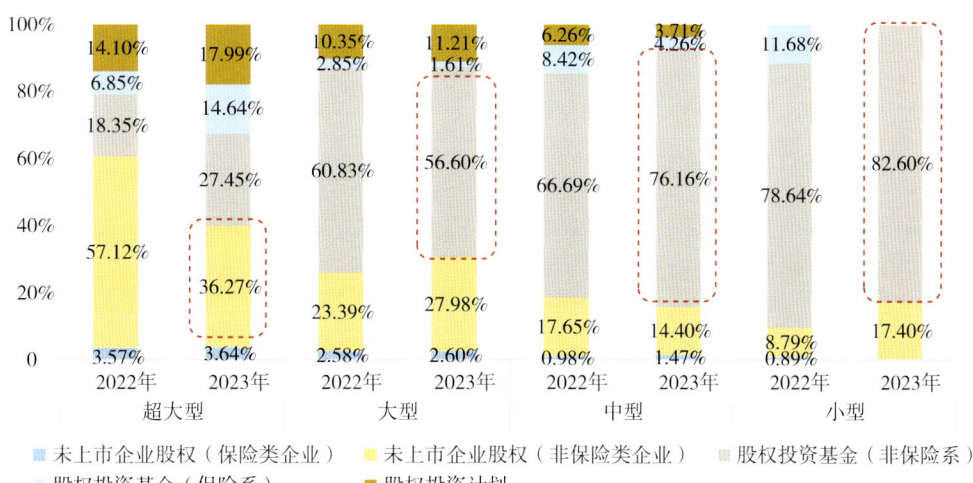

图 3-3-4　2022—2023 年不同规模人身险公司股权投资配置结构

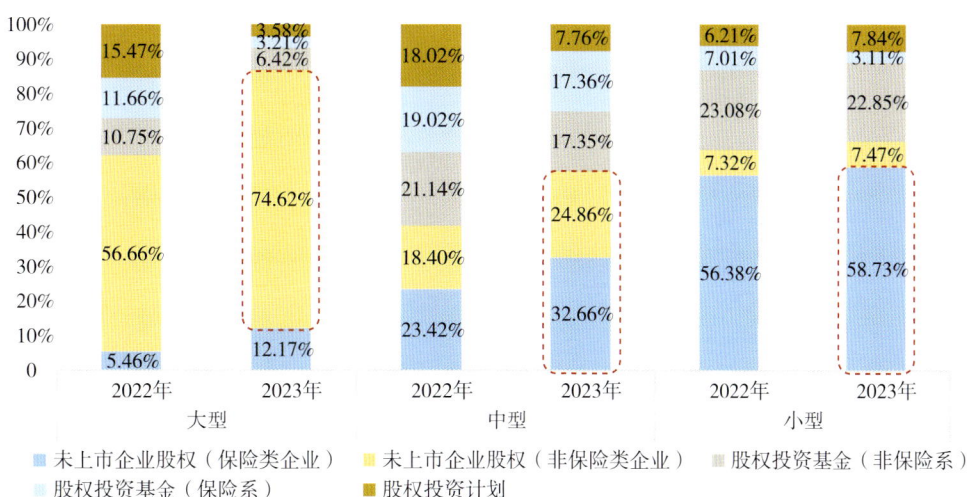

图 3-3-5　2022—2023 年不同规模财产险公司股权投资配置结构

## （二）直接股权投资[①]

1. 整体情况。截至 2023 年末，行业直接股权投资规模 1 万亿元，同比减少 12%（见图 3－3－6）。其中，财务性股权投资规模 2 594 亿元，同比微增 1.50%。

图 3－3－6　2020—2023 年保险公司直接股权投资规模及增速

2. 从不同类型保险公司直接股权投资来看。人身险公司和保险集团规模较大，投资规模分别为 5 456.49 亿元和 3 295.56 亿元，占比分别为 54.49% 和 32.91%；财产险公司规模为 1 173.38 亿元，占比 11.72%；再保险公司规模为 87.86 亿元，占比 0.88%（见图 3－3－7）。

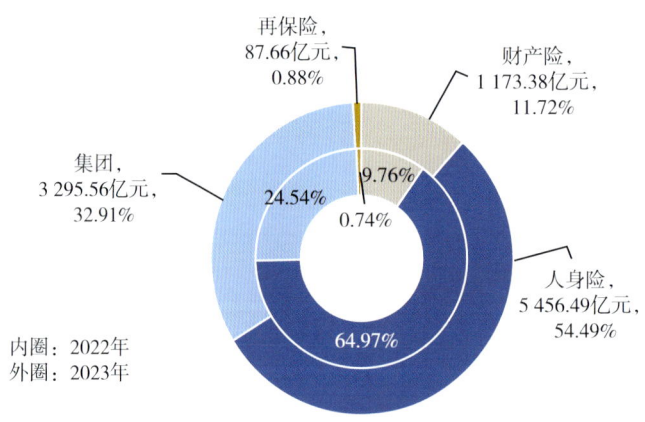

图 3－3－7　2022—2023 年各类型保险公司直接股权投资占比情况

3. 人身险公司和财产险公司直接股权投资情况。一是从不同规模人身险公司直接股权投资规模及增速来看，超大型与中型人身险公司规模下降较为明显。截至 2023 年末，超大型人身险公司直接股权投资规模 4 648.90 亿元，同比减少 28.73%；大型人身险公司直接股权投资规模 664.75 亿元，同比减少 2.91%；中型人身险公司 161.36 亿元，同比减少 20.77%；小型人身险公司 1.47 亿元，同比增长 38.96%（见图 3－3－8）。

---

① 本节直接股权投资统计口径包含境外股权投资数据。

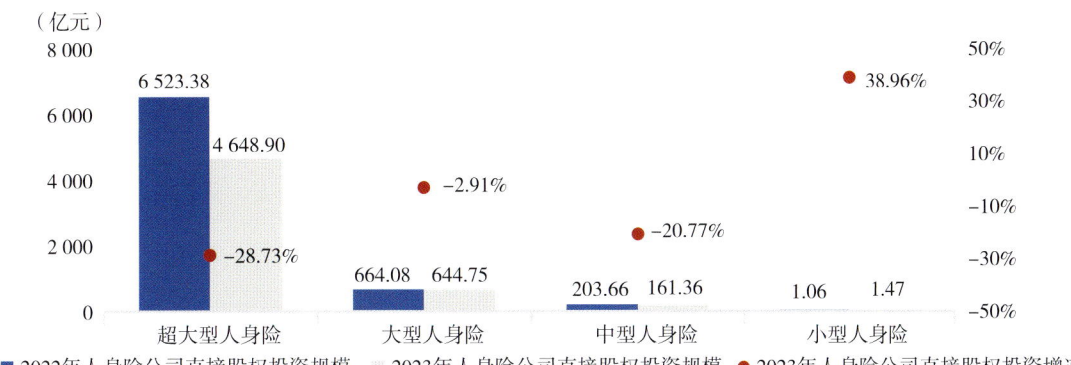

图 3-3-8　2022—2023 年人身险公司直接股权投资规模及增速

二是从不同规模财产险公司直接股权投资规模来看，直接股权投资规模均有小幅增长。截至 2023 年末，大型财产险公司直接股权投资规模为 945.33 亿元，同比增长 5.41%；中型财产险公司规模为 149.18 亿元，同比增长 9.49%；小型财产险公司规模为 78.88 亿元，同比增长 1.72%（见图 3-3-9）。

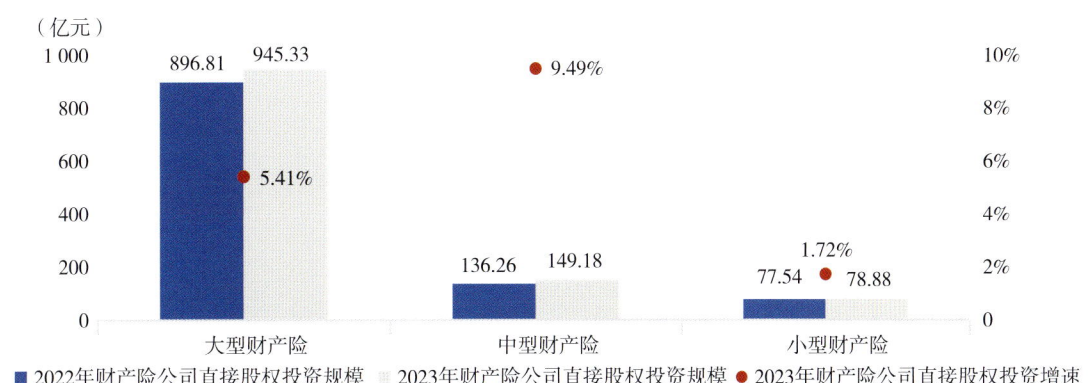

图 3-3-9　2022—2023 年财产险公司直接股权投资规模及增速

## （三）间接股权投资

1. 整体情况。间接股权投资规模稳定增长，截至 2023 年末，间接股权投资规模为 7 870.49 亿元，同比增长 11.14%。其中，私募股权基金规模 5 945.22 亿元（占比 76%），规模同比增长 14.32%；股权投资计划规模 1 925.47 亿元（占比 24%），规模同比增长 2.33%（见图 3-3-10）。

从不同类型保险公司间接股权投资规模来看，人身险公司与保险集团（控股）公司出现增长，财产险公司与再保险公司出现下降。其中，人身险公司规模 7 316.60 亿元，同比增长 8.58%；财产险公司规模 304.20 亿元，同比下降 11.83%；保险集团规模 191.94 亿元，同比增长 163.57%；再保险公司规模为 57.95 亿元，同比下降 4.49%（见图 3-3-11）。

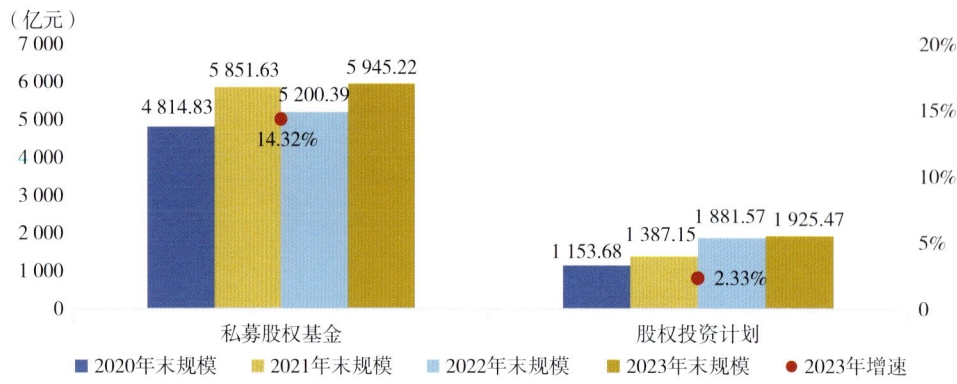

图3-3-10 2020—2023年保险公司间接股权投资规模及增速

图3-3-11 2022—2023年各类型保险公司间接股权投资规模及增速

2. 人身险公司间接股权投资具体情况。从不同规模人身险公司私募股权基金投资规模来看，超大型人身险公司投资私募股权基金规模3 539.38亿元，同比增长22.39%；大型人身险公司投资规模1 154.08亿元，同比下降23.23%；中型人身险公司投资规模842.11亿元，同比增长3.89%；小型人身险公司投资规模7亿元，同比下降29.27%（见图3-3-12）。

图3-3-12 2022—2023年不同规模人身险公司私募股权基金投资规模及增速

从不同规模人身险公司股权投资计划投资规模来看，超大型人身险公司股权投资计划投资规模1 512.81亿元，同比增长15.41%；大型人身险公司投资规模222.32亿元，同比增长50.34%；中型人身险公司投资规模38.90亿元，同比下降39.57%（见图3-3-13）。

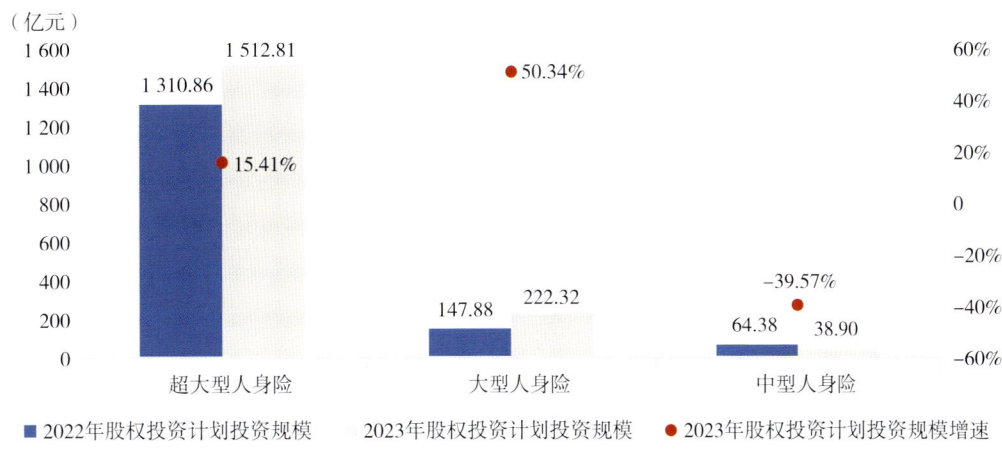

图3-3-13　2022—2023年不同规模人身险公司股权投资计划投资规模及增速

3. 财产险公司间接股权投资具体情况。从不同规模财产险公司私募股权基金投资规模来看，大型财产险公司投资私募股权基金规模112.47亿元，同比下降21.02%；中型财产险公司投资规模90.75亿元，同比下降10.89%；小型财产险公司投资规模29.81亿元，同比下降15.75%（见图3-3-14）。

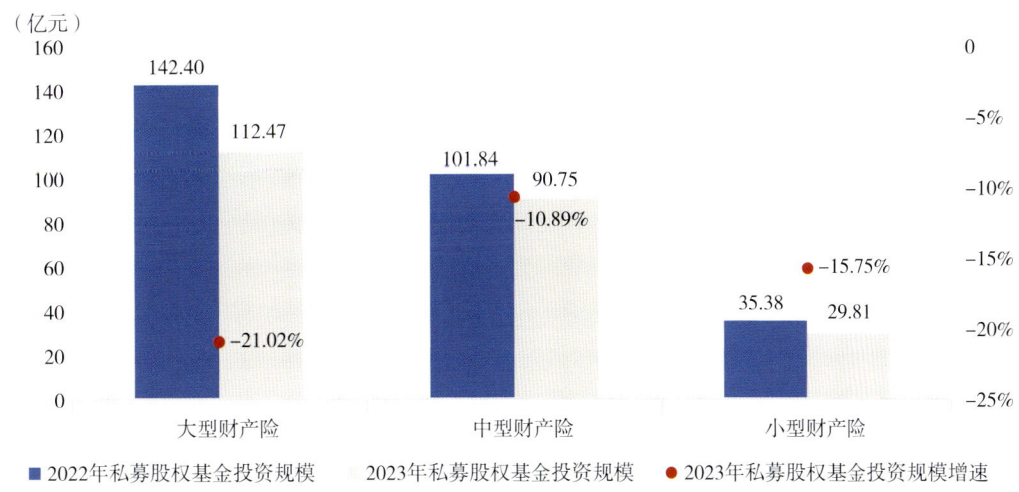

图3-3-14　2022—2023年不同规模财产险公司私募股权基金投资规模及增速

从不同规模财产险公司股权投资计划投资规模来看，大型财产险公司股权投资计划投资规模41.86亿元，同比增长355.51%；中型财产险公司规模20.30亿元，同比下降58.49%；小型财产险公司规模9.01亿元，同比增长23.36%（见图3-3-15）。

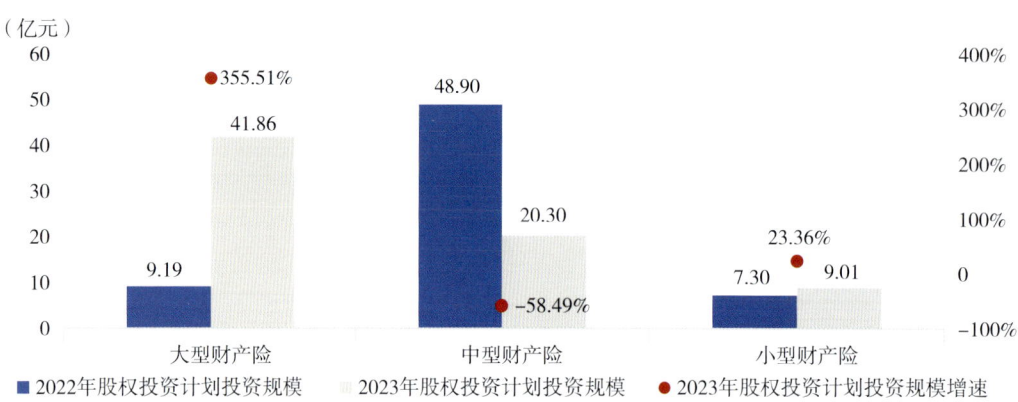

图 3-3-15　2022—2023 年不同规模财产险公司股权投资计划规模及增速

## 四、人才建设情况

一是行业投资人员数量与上年度基本持平。人才总量方面，2022—2023 年有两年同比数据的机构共 186 家，截至 2023 年末人员合计 3 569 人，增速为 1.44%，其中，人身险公司人员增速 2.62%，财产险和保险集团公司人员数量均有下降，分别为 -0.26%、-3.67%，再保险公司人数基本保持不变。在人才分布方面，2023 年参与调研的 194 家保险公司中，保险集团、人身险公司、财产险公司、再保险公司人员占比分别为 6.65%、68.57%、22.83%、1.96%（见图 3-4-1）。

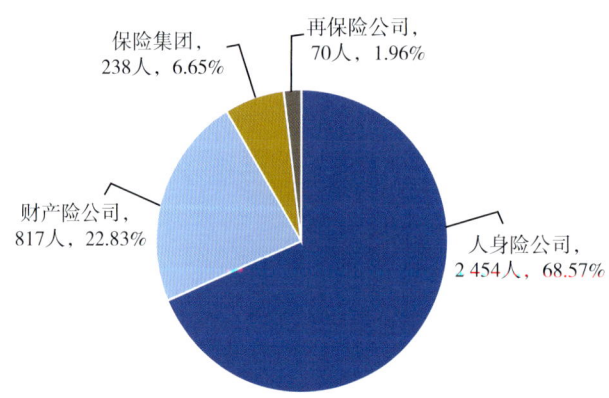

图 3-4-1　2023 年保险公司投资人才分布情况（194 家）

二是大型公司和保险集团的中台人员配置相对充足。超大型人身险公司、保险集团中台人员比例更高，且超大型人身险公司的中台人员比例上升 9 个百分点；大、中型保险公司前台人员比例更高（见图 3-4-2）。

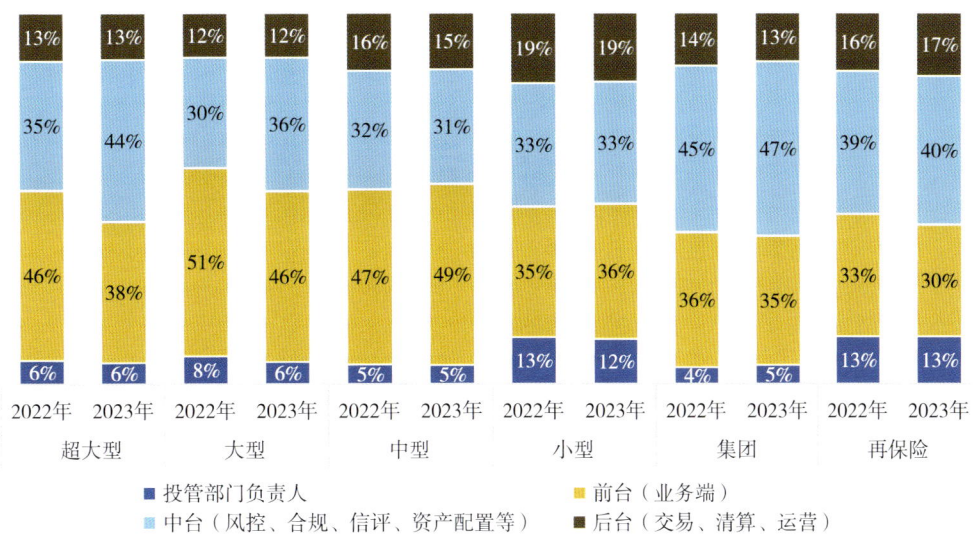

图 3-4-2 2022—2023 年不同类型保险公司投资人才分布结构（186 家）

三是全行业人均投资资产规模稳步增长。2022—2023 年，有同比数据的 186 家机构人均投资资产规模逐年提升，增速为 8.7%，较上年末增速略有下降。从 2023 年参与调研的 194 家保险公司口径看，人均投资资产规模为 75.31 亿元，较上年末增加约 10 亿元。

从机构类型看，除小型人身险公司、大型财产险公司和小型财产险公司外，其他类型公司人均投资资产规模均有所增长，且增速较上一年度有所提升。从机构规模看，超大型机构人均投资资产规模涨势最为强劲（见图 3-4-3）。

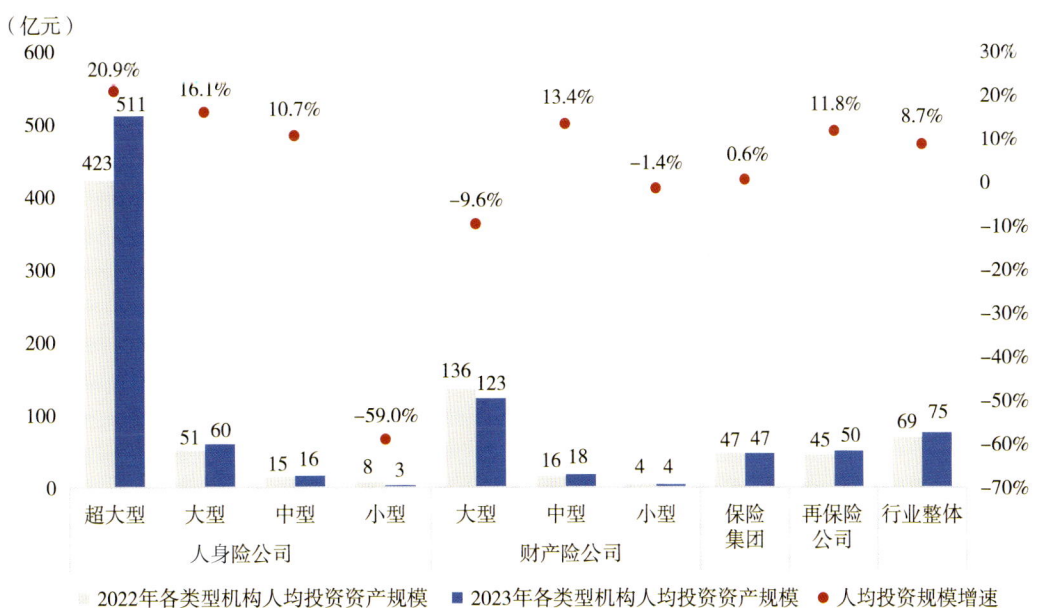

图 3-4-3 2022—2023 年不同类型保险公司人均投资资产规模情况（186 家）

# 第四章
# 2023 年保险资产管理行业专题报告

# 【专题一】保险资产管理公司产品登记情况

## 一、整体情况

2023 年，中国保险资产管理业协会（以下简称协会）坚持以习近平新时代中国特色社会主义思想为指导，在国家金融监督管理总局（以下简称金融监管总局）的正确领导下，深入学习党的二十大精神，认真落实金融监管总局重点工作部署，紧紧围绕"做好科技金融、绿色金融、普惠金融、养老金融、数字金融五篇大文章"总体目标，以更好满足实体经济高质量发展的金融需求为出发点，平稳有序高效开展产品登记工作。一是持续依法合规开展债权投资计划、股权投资计划及保险私募基金的登记工作，从思想理念、工作机制、系统建设、人员配置等方面全面贯彻落实产品登记有关要求，深化改革，落实登记制内涵，压实受托人职责，提升工作质效，引导保险资产管理产品多层次、多维度支持国家战略和重大工程。二是加大事中事后风险监测力度，及时、快速总结行业风险现状和风险敞口情况。在稳步开展登记工作的同时，切实发挥产品风险报警职能，加强风险预警效能。三是围绕数据化、科技化、产品化目标，提升数据服务质效，进一步优化提高数据分析报告质量。

## 二、2023 年产品登记基本情况

### （一）产品登记情况

2023 年 1—12 月，协会共登记债权投资计划、股权投资计划、保险私募基金 479 只，同比减少 9.45%，登记规模 8 545.72 亿元，同比减少 18.67%。其中，债权投资计划 444 只，规模 7 356.61 亿元，数量、规模同比分别减少 8.45%、15.56%（见图 4-1-1）；股权投资计划 21 只，规模 661.85 亿元，数量同比减少 8.70%，规模同比增长 14.68%（见图 4-1-2）；保险私募基金 14 只，规模 527.27 亿元，数量、规模同比分别减少 33.33%、56.72%（见图 4-1-3）。

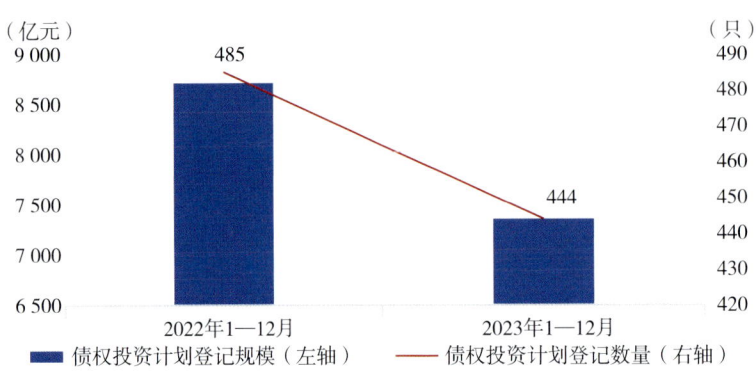

图4-1-1 债权投资计划登记情况

资料来源：中国保险资产管理业协会

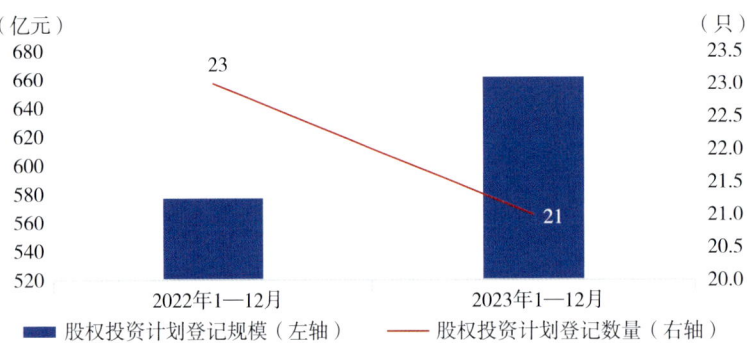

图4-1-2 股权投资计划登记情况

资料来源：中国保险资产管理业协会

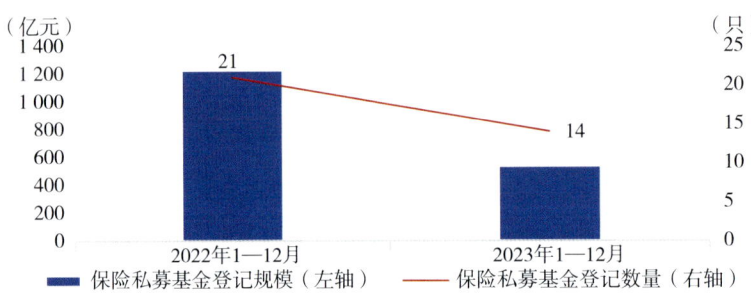

图4-1-3 保险私募基金登记情况

资料来源：中国保险资产管理业协会

截至2023年末，债权投资计划、股权投资计划和保险私募基金共登记（注册）3 361只，登记（注册）规模7.19万亿元。其中，债权投资计划登记（注册）3 142只，规模6.08万亿元，占登记（注册）产品的84.52%；股权投资计划登记（注册）130只，规模5 109.04亿元，占登记（注册）产品的7.11%（见图4-1-4）；保险私募基金登记（注册）89只，规模6 018.85亿元，占登记（注册）产品的8.37%。

图 4-1-4 截至 2023 年末保险资产管理产品登记（注册）数量及规模情况

资料来源：中国保险资产管理业协会

## （二）产品发行及存续情况

2023 年 1—12 月，协会共登记债权投资计划 444 只，规模 7 356.61 亿元（见图 4-1-5）。新发行缴款债权投资计划共 408 只[①]，发行缴款规模 3 489.91 亿元（见图 4-1-6），发行缴款规模与去年同期相比下降 14.7%。[②] 其中 2023 年登记的债权投资计划发行设立 236 只，发行缴款规模 2 272.51 亿元，分别占当年登记数量的 53.15% 和规模的 30.89%。截至 2023 年末，债权投资计划存量 1 462 只，存量规模 19 597.23 亿元，余额较 2022 年增加 3.49%。

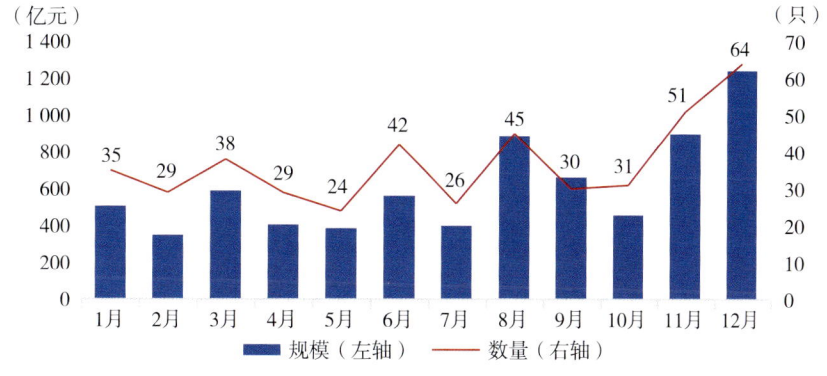

图 4-1-5 2023 年债权投资计划登记情况

资料来源：中国保险资产管理业协会

---

① 同一债权投资计划于不同月份分别缴款的，数量不重复计算。
② 2022 年 1—12 月，新发行缴款债权投资计划共 433 只，发行缴款规模 4 093.17 亿元。

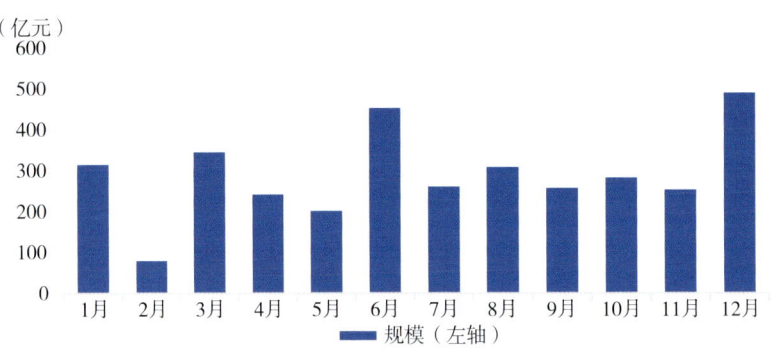

图 4-1-6　2023 年债权投资计划月度发行缴款情况

资料来源：中国保险资产管理业协会

2023 年 1—12 月，协会共登记股权投资计划 21 只，规模 661.85 亿元（见图 4-1-7）。新发行缴款股权投资计划 19 只[①]，发行缴款规模 323.66 亿元（见图 4-1-8）。截至 2023 年末，股权投资计划存量 73 只，余额 2 065.42 亿元，较 2022 年增加 8.05%。

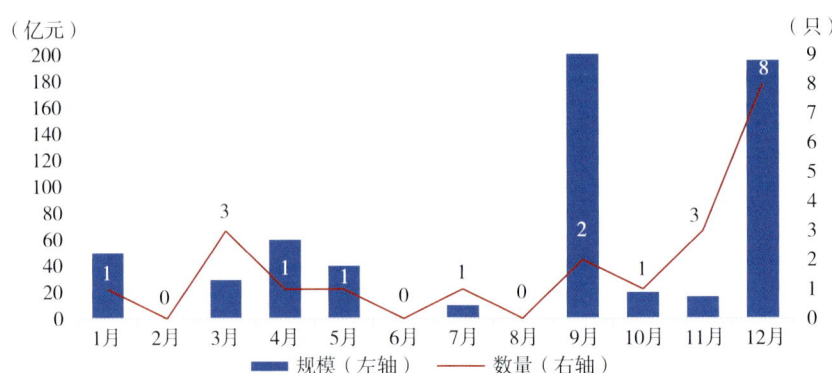

图 4-1-7　2023 年股权投资计划登记情况

资料来源：中国保险资产管理业协会

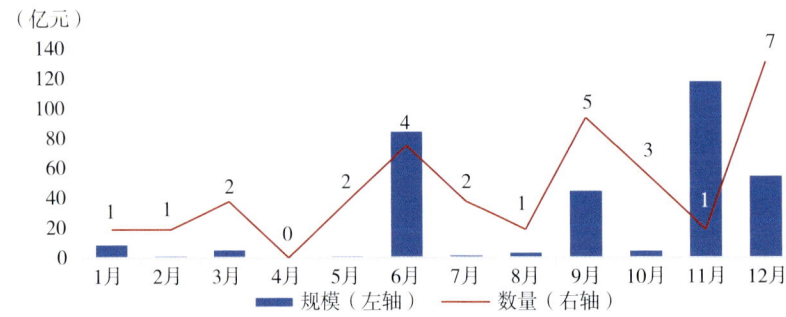

图 4-1-8　2023 年股权投资计划月度发行缴款情况

资料来源：中国保险资产管理业协会

2023 年，协会共登记保险私募基金 14 只，规模 527.27 亿元。新发行缴款保险私

---

① 同一股权投资计划于不同月份分别缴款的，数量不重复计算。

募基金 19 只，认缴规模 413.32 亿元。截至 2023 年末，保险私募基金存量 64 只，管理资产余额 1 677.36 亿元，较 2022 年增加 15.20%。

### （三）市场主体

2023 年共 31 家受托人登记债权投资计划，共 10 家管理人登记股权投资计划，共 8 家保险私募基金管理人登记保险私募基金。

### （四）协会登记工作情况

2023 年，协会持续依法合规开展债权投资计划、股权投资计划及保险私募基金的登记工作，从思想理念、工作机制、系统建设、人员配置等方面，全面贯彻落实产品登记有关要求，深化改革，落实登记制内涵，压实受托人职责，提升工作质效，引导保险资产管理产品多层次、多维度支持国家战略和重大工程。

一是积极落实保险资产管理公司分类监管工作要求，深化保险资产管理业务市场化改革，优化产品登记管理工作机制。在监管部门的有力指导下，协会于 2023 年 5 月发布《中国保险资产管理业协会关于建立债权投资计划分类登记工作机制的通知》，对债权投资计划实施分类登记，并及时优化登记系统，完善登记流程，确保分类登记工作的有效落实。

二是进一步规范债权投资计划登记工作，落实公司主体责任。按照监管部门的指导精神，协会于 2023 年 5 月发布《债权投资计划登记业务指引（第 1 号）》（2023 版），明确了基础设施项目投资范围，引导行业加大对新型基础设施、国家重点领域项目的支持和投入，进一步提升保险资金服务实体经济质效。

三是持续优化制度供给，发布《产品管理指引第 3 号：通过产权市场参与企业资产交易及参与上市公司定向增发类的股权投资计划登记材料规范》，完善股权投资计划产品登记材料披露体系，辅助相关产品落地。2023 年，债权投资计划平均登记用时 2.88 个工作日，股权投资计划平均登记用时 2.74 个工作日，保险私募基金平均登记用时 3.70 个工作日。

## 三、债权投资计划产品特点及变化趋势

### （一）整体看，债权投资计划登记规模和发行规模同比均呈现下降趋势

在登记及发行规模方面，2023 年，债权投资计划登记、发行规模继续呈下降趋

势，不动产类产品存量规模近5个月持续下降。同时，本年度登记情况呈现前低后高、逐步回升趋势，自8月开始当月登记数量同比均呈现增长态势，尤其10月同比增幅接近22%（见图4-1-9）。

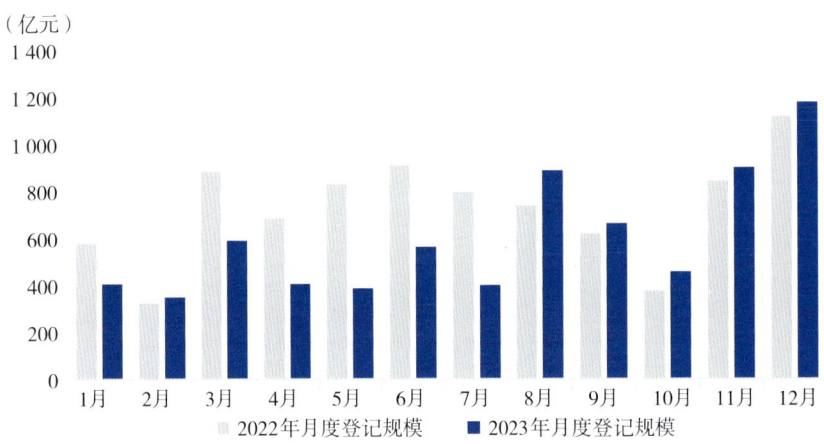

图4-1-9　2022年、2023年债权投资计划月度登记规模

资料来源：中国保险资产管理业协会

### （二）产品收益率继续下降，产品期限小幅增加

2023年登记的债权投资计划，其登记时点的平均投资收益率为4.63%，较2022年降低了23个基点，投资收益率连续三年呈现下降趋势。行业方面，收益率排名前三位为保障房类、市政类和水利类（见图4-1-10）。登记产品平均投资期限为7.27年，同比增加0.18年；截至2023年末，债权投资计划平均投资期限6.63年。基础设施类产品期限长于非基础设施类，基础设施类平均投资期限为7.52年，非基础设施类平均投资期限为6.58年。基础设施类期限排名前三为交通、水利、市政行业，最长期限可达到21年（见图4-1-11）。

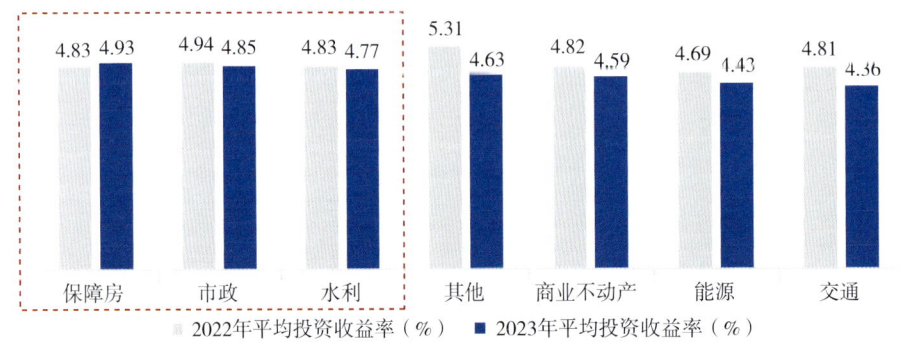

图4-1-10　债权投资计划平均投资收益率

资料来源：中国保险资产管理业协会

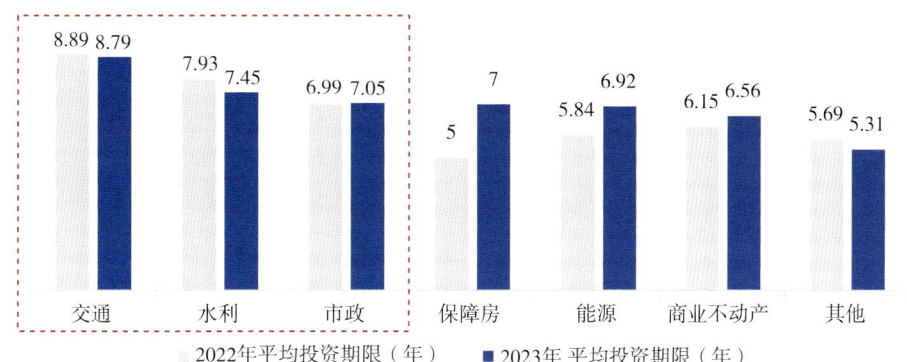

图 4-1-11 债权投资计划平均投资期限

资料来源：中国保险资产管理业协会

### （三）资金投向基本保持稳定，积极助力实体经济高质量发展

2023年，债权投资计划主要投向交通、市政、商业不动产领域，其中投向交通行业规模约 2 408 亿元，投向市政行业规模约 2 176 亿元，投向商业不动产规模约 1 291 亿元。占比方面，市政占比 29.58%，与去年相比上升约 3.59 个百分点；交通占比为 32.74%，商业不动产占比为 17.55%，与去年相比分别下降约 4.04 个、5.27 个百分点；其他类投向占比 7.95%，同比上升 5.97 个百分点（见图 4-1-12）。

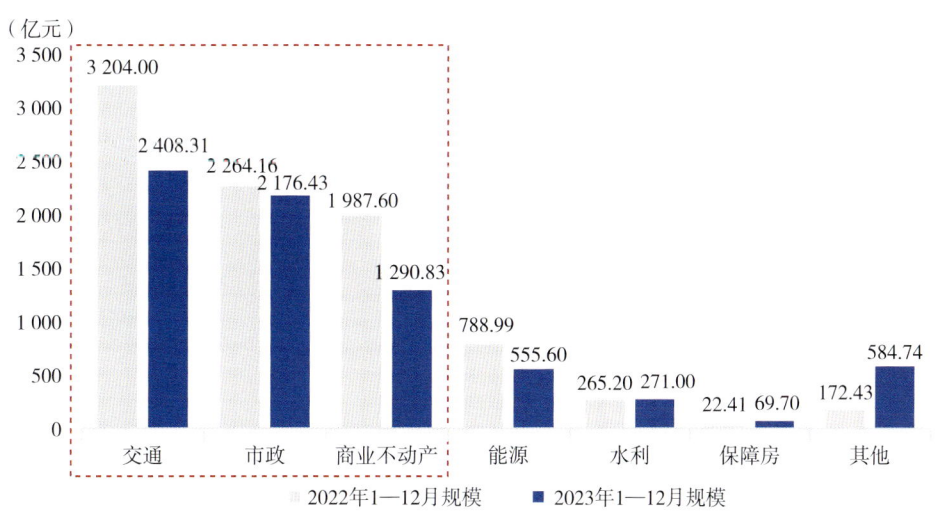

图 4-1-12 2023 年 1—12 月债权投资计划分投向登记规模

资料来源：中国保险资产管理业协会

### （四）产品风控措施良好，机构风险偏好程度存在差距，行业整体风险可控

在增信措施方面，增信以保证担保为主，数量占比 61.50%，同比下降 0.15 个百

分点；免增信为辅，数量占比38.04%，同比上升0.1个百分点；个别产品为抵质押增信，数量占比0.46%，与去年相比基本持平（见图4-1-13）。在融资主体及产品信用评级方面，融资主体为AAA级的产品数量占比为38.72%，同比下降1.69个百分点（见图4-1-14）；信用评级为AAA级的产品数量占比约80.87%，同比下降6.79个百分点；另有6只产品在登记时未进行产品外部评级。不同机构产品风险偏好差距较大，部分机构登记的产品中，外部评级为AA+级的产品占全部产品数量比例较高。

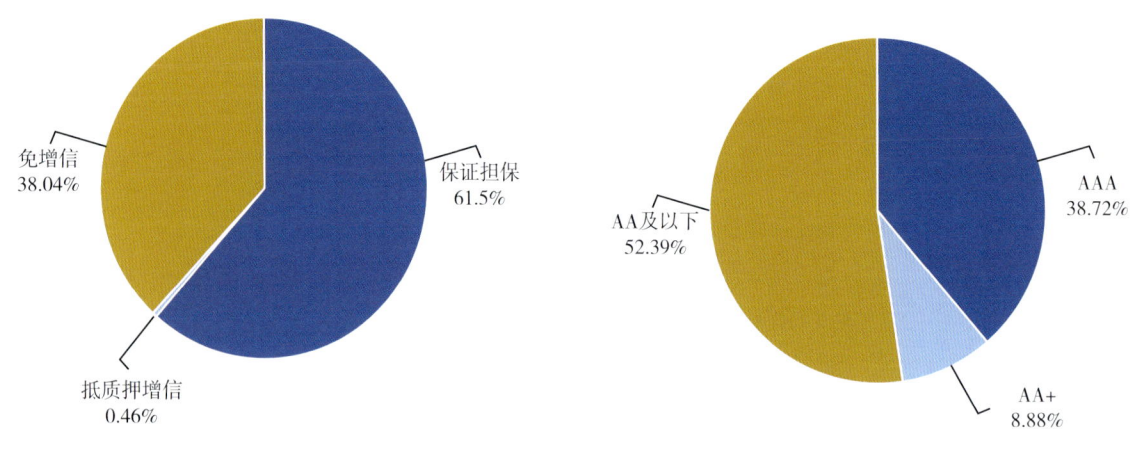

图4-1-13 各类增信方式数量占比　　图4-1-14 融资主体信用评级数量占比

资料来源：中国保险资产管理业协会

### （五）投资区域集中度略有下降

从投资项目所属区域来看，2023年登记债权投资计划投向地区前五大省份依次为浙江、江苏、广东、湖北、山东，登记规模合计3 385.98亿元，占比46.03%，集中度较2022年略有下降（见图4-1-15）。

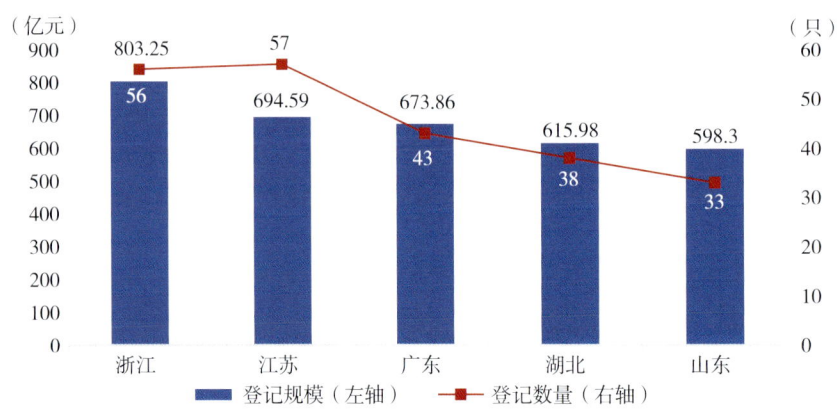

图4-1-15 2023年债权投资计划登记规模前五位投资区域

资料来源：中国保险资产管理业协会

## （六）受托人集中度小幅上升，受托管理费降幅明显

从发行主体来看，债权投资计划登记规模前五大机构为招商信诺资管、安联资管、华泰资产、泰康资产、平安资管（见图4-1-16），登记规模合计3 026.85亿元，占比41.14%，集中度同比小幅上升1.66个百分点；2023年度登记产品的平均受托管理费为24.12BP，同比下降4.88BP。

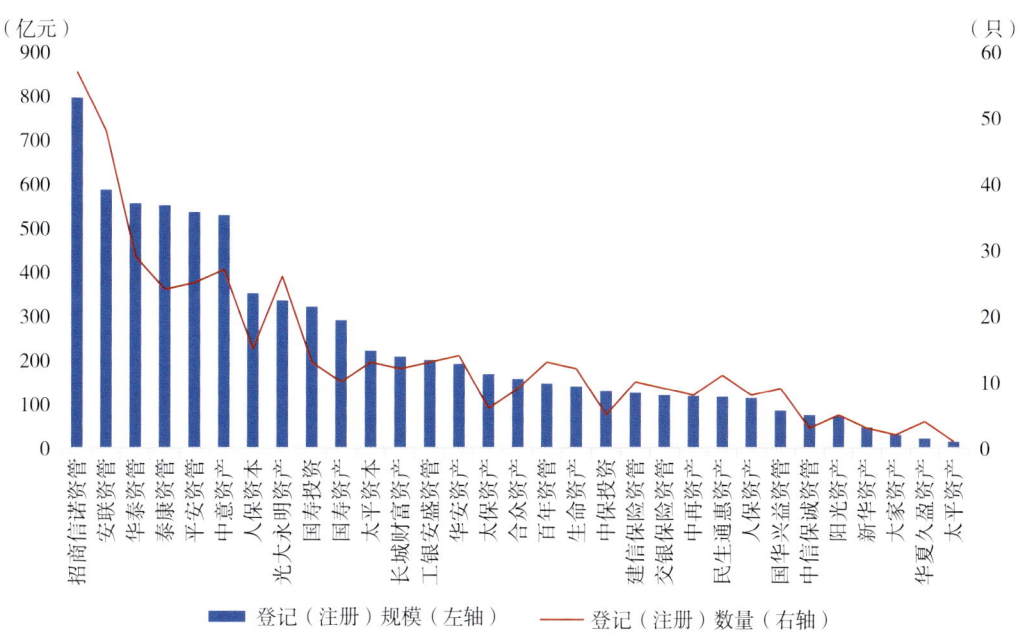

图4-1-16 2023年受托人情况——按债权投资计划登记数量和规模

资料来源：中国保险资产管理业协会

# 【专题二】保险机构投资管理能力情况

## 一、监管要求

根据《关于优化保险机构投资管理能力监管有关事项的通知》（银保监发〔2020〕45号，以下简称《通知》），投资管理能力是保险机构开展债券、股票、股权、不动产等投资管理业务的前提和基础。保险机构自行或受托开展各类投资管理业务，应具备相应的投资管理能力。

保险机构投资管理能力包括以下七类：（1）信用风险管理能力；（2）股票投资管理能力；（3）股权投资管理能力；（4）不动产投资管理能力；（5）衍生品运用管理能力；（6）债权投资计划产品管理能力；（7）股权投资计划产品管理能力。其中，（1）~（5）项适用于保险集团（控股）公司和保险公司，（1）、（2）、（5）、（6）、（7）项适用于保险资产管理机构。

保险资产管理机构具备债权投资计划产品管理能力的，可以提供不动产投资咨询服务和技术支持；具备股权投资计划产品管理能力的，可以提供股权投资咨询服务和技术支持。保险机构购置自用性不动产、投资保险类企业股权、设立从事专项资产管理业务的子公司，应当按照有关监管规定履行相应程序，不作投资管理能力要求。

## 二、保险机构投资管理能力建设情况[①]

### （一）保险资产管理公司

根据《通知》规定，保险资产管理公司适用五类共6项投资管理能力（即"信用风险能力""股票投资能力""衍生品—股指期货能力""衍生品—国债期货能力""债权投资计划能力""股权投资计划能力"）。截至2024年1月31日，共34家保险资产管理公司完成年度披露160项，无年度披露不及时情况。

---

[①] 根据《通知》及《关于修改保险资金运用领域部分规范性文件的通知》（银保监发〔2021〕47号）要求，保险机构投资管理能力年度披露时间为每年1月31日前，本专题相关数据截至2024年1月31日。

从投资管理能力类型上看，34家全部披露信用风险能力，占比100%；31家披露股票投资能力，占比91.18%；28家披露衍生品—股指期货能力，占比82.35%；11家披露衍生品—国债期货能力，占比32.35%；32家披露债权投资计划能力，占比94.12%；24家披露股权投资计划能力，占比70.59%（见图4-2-1）。

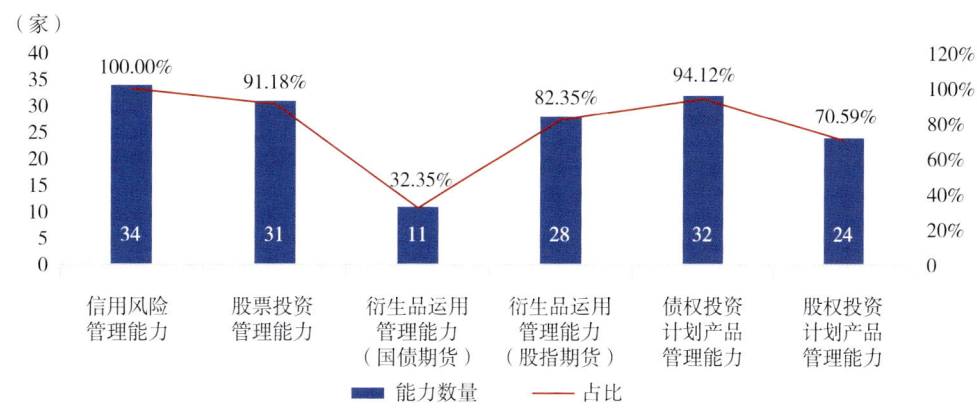

**图4-2-1　2023年保险资产管理公司具备的投资能力（34家）**

资料来源：中国保险资产管理业协会

从各公司投资管理能力建设情况来看，披露全部五类6项投资管理能力的公司有11家，占比32.35%；披露全部五类5项投资管理能力的公司10家，占比29.41%；披露四类投资管理能力的公司6家，占比17.65%；合计79.41%的保险资产管理公司披露四类及以上投资管理能力（见图4-2-2）。

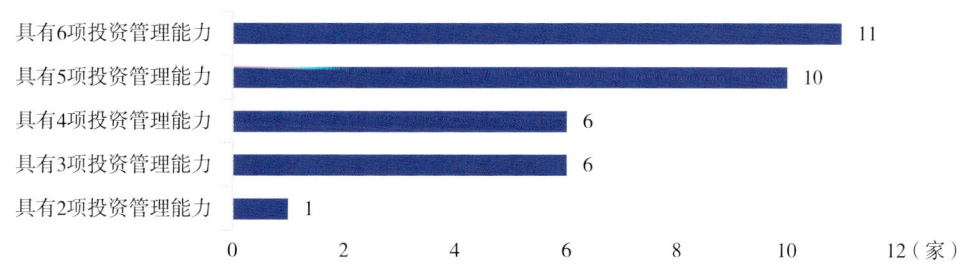

**图4-2-2　2023年保险资产管理公司具备的投资能力数量分布（34家）**

资料来源：中国保险资产管理业协会

## （二）保险集团（控股）公司

从投资管理能力数量来看，具有4项投资管理能力的公司有1家，具有2项投资管理能力的有6家（见图4-2-3）。

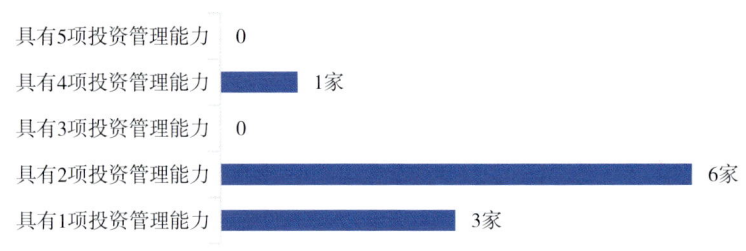

图 4－2－3　2023 年保险集团（控股）公司具备的投资能力数量分布（10 家）

资料来源：中国保险行业协会

从投资能力分布来看，具备信用风险管理能力的保险集团（控股）公司有 3 家，具备股票投资管理能力的有 1 家，具备股权投资管理能力的有 9 家，具备不动产投资管理能力的有 6 家（见图 4－2－4）。

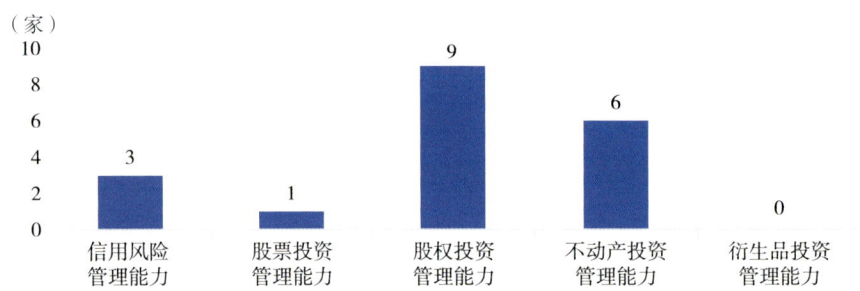

图 4－2－4　2023 年保险集团（控股）公司具备的不同投资能力数量分布（10 家）

资料来源：中国保险行业协会

### （三）财产险公司

从投资管理能力数量来看，具有 4 项投资管理能力的财产险公司为 2 家，具有 3 项投资管理能力的有 5 家，具有 2 项投资管理能力的有 12 家（见图 4－2－5）。

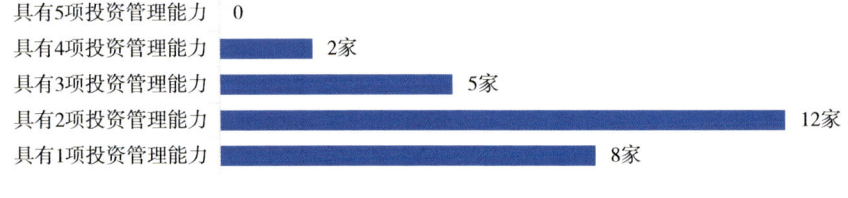

图 4－2－5　2023 年财产险公司具备的投资能力数量分布（27 家）

资料来源：中国保险行业协会

从投资能力分布来看，具备信用风险管理能力的财产险公司有 17 家，具备股票投资管理能力的有 5 家，具备股权投资管理能力的公司有 19 家，具备不动产投资管理能力的公司有 14 家（见图 4－2－6）。

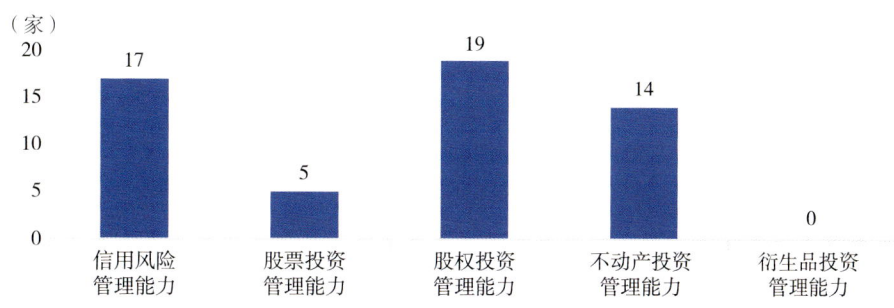

图 4-2-6　2023 年财产险公司具备的不同投资能力数量分布（27 家）

资料来源：中国保险行业协会

### （四）人身险公司

从投资管理能力数量来看，具备 2 项及以上的投资能力的人身险公司有 60 家。其中，具有 5 项和 4 项投资管理能力的人身险公司分别为 1 家和 13 家，具有 3 项投资管理能力的有 19 家，具有 2 项投资管理能力的有 27 家（见图 4-2-7）。

图 4-2-7　2023 年人身险公司具备的投资能力数量分布（76 家）

资料来源：中国保险行业协会

从投资能力分布来看，具备信用风险管理能力的人身险公司有 54 家，具备股票投资管理能力的公司有 27 家，具备股权投资管理能力的公司有 60 家，具备不动产投资管理能力的公司有 40 家，具备衍生品投资管理能力的公司有 3 家（见图 4-2-8）。

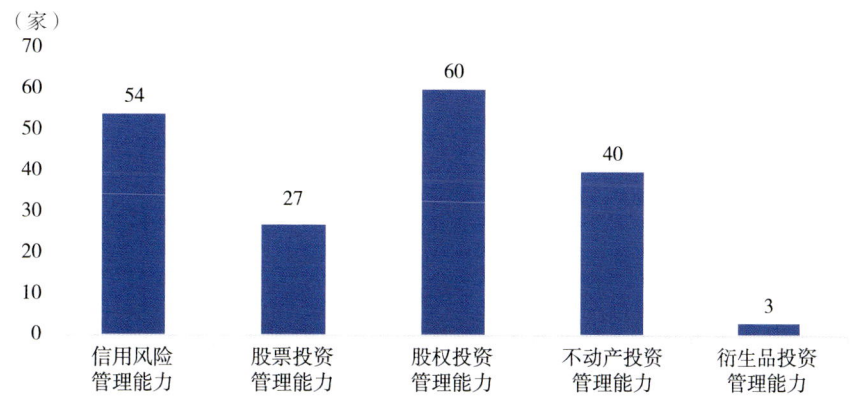

图 4-2-8　2023 年人身险公司具备的不同投资能力数量分布（76 家）

资料来源：中国保险行业协会

# 【专题三】保险资产管理行业服务实体经济情况

2023年，在国家金融监督管理总局（以下简称金融监管总局）的领导下，中国保险资产管理业协会（以下简称协会）坚持以习近平新时代中国特色社会主义思想为指导，认真贯彻党的二十大和中央金融工作会议、中央经济工作会议精神，落实金融监管总局关于精准高效服务经济社会高质量发展任务目标的战略部署，立足协会职责定位，从行业发展和市场需求出发，注重打好自律、服务、创新、发展的行业服务"组合拳"，构建保险资产管理行业服务实体经济新格局，推动保险资金精准、有效、全面支持实体经济高质量发展。

## 一、着力服务国家战略，真抓实干引领行业发展

2023年，协会积极推动保险资产管理产品参与供给侧结构性改革、"碳达峰碳中和"等国家重大战略，支持"一带一路"、京津冀、长三角、大湾区、长江经济带建设，以多元化的产品模式为实体经济提供长期稳定的保险资金。从产品登记情况来看，2023年全年登记债权投资计划444只，规模7 356.61亿元；登记股权投资计划21只，规模661.85亿元；登记保险私募基金14只，规模527.27亿元。其中，债权投资计划中有108只投向于交通领域，登记规模共计2 408.31亿元；159只投向于市政领域，登记规模共计2 176.43亿元；25只投向于能源领域，登记规模共计555.60亿元；20只投向于水利领域，登记规模共计271.00亿元；5只投向于保障性住房领域，登记规模共计69.70亿元。

截至2023年末，登记（注册）债权投资计划、股权投资计划和保险私募基金中，支持基础设施类建设登记（注册）规模4.40万亿元，支持新基建超1 600亿元，战略性新兴产业近5 200亿元，"双碳"目标及绿色产业超1.32万亿元，服务区域协调发展超2.62万亿元，支持乡村振兴超680亿元。

## 二、深化战略合作机制，因地制宜支持地方建设

2023年以来，我国宏观经济持续复苏、发展动能不断释放，为主动融入地方经济

发展格局、提升保险资金供给质效，协会不断深化与地方政府合作，推动出台一系列支持政策，引导保险资金加大对实体经济及区域经济发展支持力度。浙江省发布《推进"险资入浙"行动方案》，河南省发布《关于印发河南省金融业发展专项奖补资金管理办法的通知》，广州市发布《2023年广州金融支持实体经济高质量发展行动方案》，杭州市发布《关于建设现代金融创新高地助力经济高质量发展的实施意见》，有力推动了央地合作、重大项目对接、保险资金支持实体经济等工作，实现了深化行业发展与落实国家战略部署紧密协同，实现保险资金支持实体经济、助力国家战略发展的双赢局面。截至2023年末，协会先后与浙江省、河北省、广西壮族自治区、福建省、湖北省、江西省、贵州省、云南省、湖南省、安徽省、山西省、河南省、广东省、海南省、山东省、四川省、重庆市、广州市、大连市、嘉兴市、宁波市、温州市、福州市、襄阳市、湖北高新区、成都高新区等30个省市（地区）政府机构建立战略合作关系，通过畅通投融资对接、搭建信息共享渠道等方式，引导保险资金投向实体经济关键领域。

2023年，协会以开展主题教育为契机，重点围绕"京津冀协同发展"、雄安新区建设以及成渝经济圈、长江经济带、中部崛起、西部大开发、西部陆海新通道等国家战略和区域发展战略，组织召开"险资入川""险资入晋""险资入豫""险资入冀"等一系列服务实体经济活动。4月，围绕股权、数字、科技创新等重点投资领域，协会在四川召开数字中国背景下的保险资金股权投资对接活动，促进保险资金更多投向数字经济、科技创新企业。5月，为推动中部崛起战略实施，协会在山西、河南先后召开推动可持续、高质量发展等服务实体经济活动，支持中西部地区经济转型升级和城市群高质量发展。8月，为推动加快构建河北新发展格局，协会举办"保险资金燕赵行'冀'往开来建雄安"投融资对接会，推进高标准高质量建设雄安新区，助力雄安疏解北京非首都功能工作提速增效。为增强西藏自治区发展能力，8月，协会组织行业专家赴西藏自治区为政府部门、金融机构和实体企业培训保险资金运用政策和典范案例，支持民族地区、边疆地区建设，激发自治区发展动力和创新活力。

### 三、搭建创新工作引擎，提升服务实体经济质效

2023年，协会优化整合创新发展部与服务实体经济办公室职能，将推动业务发展与服务实体经济工作有机融合、一体推进。

发挥保险资产管理产品优势，围绕金融机构服务实体经济总目标，协会根据区域

产业特点和保险资产管理产品发行业务需要，多措并举提升服务行业本领，创新推出一系列针对性、组合性、协同性强的服务实体经济工作举措。灵活运用国家战略主旨演讲、区域政策解读、行业专家授课、项目路演、企业推介、产品路演和实地考察等活动形式，打造在服务国家战略中引领行业寻找长期稳定的基础资产、在协调保险资金支持实体经济时助力国家战略发展的双引擎。通过股权、债权和股债结合的多种业务场景，推动资金端向实体项目前端靠拢，深化项目、企业、产品、资金等要素良性循环流动，构筑"险资——资管——企业"全链条稳定生态，实现"项目对接——产品登记——缴款发行"业务闭环。通过服务实体经济活动，聚拢股权、债权两类业务资源，达成项目对接、产品发行和投资缴款三种工作成效，实现精准有效、因地制宜地支持区域实体经济。

2023年，协会累计收集实体项目共计562个，融资项目需求4 754亿元，为425家实体企业和192家机构提供投融资对接服务，参与活动人员突破1 400人次，推动保险资金投资实体经济意向规模达493亿元，引领行业在新形势新机遇中，履行保险资金服务实体经济的使命和责任，精准高效推动长期资金支持区域经济发展。

# 【专题四】保险资产管理行业人工智能与大数据应用情况

当前，由人工智能引领的新一轮科技革命和产业变革方兴未艾。在各项新理论新技术驱动下，人工智能呈现深度学习、跨界融合、人机协同、群智开放、自主操控等新特征，正在对经济发展、社会进步、全球治理等方面产生重大而深远的影响。近期以 ChatGPT 为代表的大模型技术又在全球掀起了新一轮人工智能创新热潮，被公认为后续推动各行各业创新发展的重要引擎。随着人工智能（AI）技术的快速发展，保险资产管理行业供应商和机构逐渐引入 AI 和大模型，目前正处于早期探索阶段。

## 一、政策动向

当前，以大模型为代表的新一代人工智能技术正加速金融数字化和金融智能化的发展，重塑现有业务流程，改变产业格局。人工智能与大模型在国家层面得到了高度重视，并体现在多个方面的政策支持和战略规划中。

### （一）国家层面高度重视为大模型发展创造了良好环境

2023 年 2 月，中共中央、国务院印发《数字中国建设整体布局规划》，明确提出将实现金融行业全面数字化转型，让数字经济赋能金融服务，为金融大模型发展创造了良好的环境和土壤。2023 年 10 月，工信部等六部委联合印发《算力基础设施高质量发展行动计划》（工信部联通信〔2023〕180 号），政策上强调算力基础设施的高质量发展，提出到 2025 年，算力规模超过 300EFLOPS，智能算力占比达到 35%。2023 年 12 月 31 日，国家数据局等 17 部门联合印发《"数据要素 ×"三年行动计划（2024—2026 年）》（征求意见稿），支持开展通用人工智能大模型和垂直领域人工智能大模型训练。

### （二）行业积极拥抱大模型技术为行业应用场景提供指导

在《金融科技发展规划（2022—2025 年）》（银发〔2021〕335 号）、《关于银行业保险业数字化转型的指导意见》（银保监办发〔2022〕2 号）等一系列政策的引导下，银行、保险、券商等金融机构陆续将科技发展、数字化提升到战略层面，纷纷建立了适应金融科技发展的组织架构、激励机制和运营模式。

2023 年 10 月中央金融会议明确提出做好科技金融、绿色金融、普惠金融、养老金融、数字金融五篇大文章，加快建设金融强国。随着"十四五"规划进入关键实施期，金融管理部门加快推动我国金融业数字化进程，鼓励持续关注金融领域新技术发展和应用情况，提升快速安全应用新技术的能力，释放数据价值。这些政策为金融业集成生成式人工智能提供了可预期、可操作的基本准则。

## 二、发展现状

伴随着金融机构数字化转型的日渐深化，金融行业被认为是大模型与 AIGC 应用的主战场。拥抱人工智能大模型平台、大模型的科技浪潮，积极规划探索相关技术，抢占金融科技战略先机已经成为各金融机构的发展共识。

### （一）大模型应用场景管理办法及标准逐步完善

2023 年 8 月由国家网信办联合国家发展改革委、教育部、科技部、工业和信息化部、公安部、广电总局七部门联合发布实施《生成式人工智能服务管理暂行办法》，规范生成式人工智能服务的发展，确保其安全、合规，并鼓励技术创新。政策明确了生成式 AI 在金融行业的应用场景。

中国信息通讯研究院牵头组织众多企业机构发布国内首个专为金融行业制定的大模型标准，规范和引导行业大模型的发展，并从金融场景适配性、金融领域 AI 能力支持度、应用成熟度三大方面评估考量。

### （二）行业供应商逐渐探索出大模型能力落地解决方案

2023 年，在科技发展和实际需求的推进下，行业内各科技供应商在大模型能力接入和实际落地上，逐渐探索确定自身的发展路线和解决方案。

恒生电子推出了金融行业大模型 LightGPT，以行业大模型训练的方式介入金融领域的具体场景，成功推出金融智能助手光子和智能升级后的投研工具平台 WarrenQ。携宁科技聚焦大模型能力的灵活调用，推出 SiniAgents 智能体整体解决方案，以"数据+模型+算法+应用"的模式、以功能应用的方式整装,对大模型 Agent 智能体进行一体化部署。

### (三)行业内机构积极引入大模型技术尝试赋能业务场景

太保资管积极引入 AI 与大模型技术,解决公司内部知识获取流转的效率问题。通过先行建设大模型基础能力,汇集整理内部知识,实现信息便捷共享,优先落地了内部规章制度快速触达和数据便捷提取两个场景。

平安资管针对 FOF 投研下的风险监测、基金经理访谈、路演纪要归纳等业务场景研发了 PinganGPT 统一大模型平台,从信息处理、沟通交互等切入点赋能内部的 FOF 投研团队。在固收投研领域,支持宏观报告、政策解读等工作报告"咬文嚼字";在风控领域,嵌入企业风险预警系统,加强财务异动、舆情、关联风险传导的监控。

人保资本积极拥抱前沿科技,持续探索 AIGC、大模型等技术落地成果,并携手人保科技建立"科技创新实验室"创新机制,围绕公司实际工作需要,已经落地会议录音转会议记录并自动生成会议内容摘要,以及资产支持计划专项监管制度问答两个业务场景,助力公司提升业务效率、高效把握政策规定。

泰康资产依托优秀的开源大模型能力,聚焦大模型应用层建设,围绕大模型赋能因子挖掘、策略构建、舆情总结、会议助理等典型场景做深做透;进一步地,打造资产公司统一 AI 大模型平台,基于助手(Copilot)与智能体(Agent)两大模式,分别赋能知识交互场景与复杂任务场景,在研究、投资等核心价值链的具体应用方面稳步推进"+AI"建设的探索。

国寿投资通过对大模型技术的跟踪和应用自主搭建应用中台,通过多重安全机制统一大模型的接入,实现了可视化应用编排、智能知识库分析等基础功能,为灵活构建大模型应用提供了基础底座;同时,在支持通识域问答的基础上,与公司内部文档和数据充分融合,形成了领域级知识理解能力,目前已具体应用在客户全景洞察、文档智能分析、公司制度问答、AI 搜索等多个日常工作场景。

## 三、主要挑战

AI 大模型可以通过分析大量的金融数据,实现风险管理、投资决策优化、精准预测等功能。然而,金融行业作为强监管的行业,涉及业务敏感数据极多,对数据等要素流通、算法可解释性与可信度要求极高,这也给大模型实际应用带来一定的挑战。

### (一)科技与业务的深度融合不足

数字化理念在公司层面已全面融入投资业务的日常工作流程。对于提升投资业务流程效率,已有一定成效。但业务整体对 AI 赋能的认同感仍不高,同时由于缺乏复合型人才,业务对数字化/AI 赋能入心入脑仍需过程。业务层面要积极主动,思考如何利用信息科技、数据科技赋能和改造业务,实现创新发展;科技层面要能力匹配,吸引数据科学的人才、搭建敏捷研发的体系、塑造主动创新的意识、实现和业务密切的互动,都还需要一个过程。

### (二)数据质量与安全合规的挑战

行业对数据的准确性、合规性、及时性都有较高的要求。不同投资品种、不同投研领域对于数据的要求多元而精细。而市面上,符合质量要求的数据较少、各类不同源的数据标准不统一、爬取等形式的数据采集还可能存在合规不确定性,这些都是对于各类金融机构在应用 AI 技术及模型时,绕不开的"原材料"问题。

### (三)大模型开发使用成本门槛高

大模型开发和使用的高成本也是阻碍其在金融业应用的主要挑战。高性能 GPU 一片难求、大规模参数带动的高耗电、大模型人才匮乏、数据安全下的本地化部署是当前金融业生成式应用高成本的主要来源。大模型投入数据量大、算力成本高、算法难度大,机构由于资金和技术储备有限,实难承担大模型建设。

## 四、相关建议

以大模型为代表的人工智能技术目前仍处于早期阶段,技术迭代速度飞快。在这样的背景下,保持对新技术的了解并将其与自身业务场景结合应用变得尤为重要。

### (一)结合自身业务场景确定 AI 优先级

当前行业机构受到严格的监管,面临准确性、安全性和隐私标准的审查,而且通用人工智能能力的发展程度高度依赖市场情况，应用大模型技术尚处于探索应用的早期。因应用场景多且复杂，需要确定 AI 大模型应用的优先级，发挥业务最大价值，关注公司内部知识的汇集和梳理同时结合外部技术支持，以确保行业整体智能化水平提升。

### （二）共建共享行业基础设施生态

随着科技公有云、混合云等技术不断成熟，数据安全、网络安全、信息安全技术能力不断提高，行业内逐步实现共建共享公共产品和公共服务的基础设施服务，创新探索过程中基础科技使用成本有望进一步降低。应逐步建立覆盖行业、机构、科技厂商的联盟，机构和科技公司联合创新，营造良好的创新生态。强化业务与技术的深度融合，把科技公司的技术能力和机构的应用场景、业务能力有效结合起来，确保各项创新能发挥业务价值。

### （三）加快行业创新人才队伍培养建设

关注金融、科技复合型人才的引进及培养。通过行业指导、政府引导、高校培训方式，加快创新人才队伍的建设，通过类似行业人才库的方式，从行业层面引导科技金融人才的管理和引进。在人才建设上，健全数字化人才的培养体系和激励机制，积极探索适应金融行业的金融科技人才培养体系、职业发展体系等，持续提升传统金融行业的数字化人才吸引力。

行稳致远，进而有为。人工智能和大模型在保险资产管理行业的应用正逐步深入，只有不断推动创新和技术的业务应用，在积极拥抱 AI 技术的同时，不断"破圈"探索，不断协同解决伴随而来的问题，才能实现保险资产管理业的可持续蓬勃发展。随着技术的不断进步和市场的逐步成熟，未来保险资产管理业将迎来更加智能化和高效化的时代。

# 【专题五】保险资产管理行业自律评价

## 一、基本情况

2023 年是中国保险资产管理业协会（以下简称协会）启动行业自律评价工作的第 10 年，也是保险资产管理行业自律评价品牌化扎根之年。在监管部门的指导下，协会按照完善金融风险防范、预警机制的总体要求，以风险识别和业绩评估为导向，进一步优化了评价指标；组织行业稳步推进了信用评级机构、单一资产管理计划管理人（管理保险资金的基金、证券和证券资产管理公司）、私募股权投资基金管理人 3 项年度行业自律评价工作。同时，在评价工作 10 周年之际，协会召开了评价结果发布会，通过信息平台发布了信用评级机构评价回顾及展望（2014—2023 年）。

## 二、信用评级机构评价

2023 年参评的信用评级机构共 12 家，其中 1 家首次参评。评价结果显示，总分平均分 64.19、综合素质平均分 67.88、减分项平均扣分 3.69。在近 3 年减分项扣分逐渐减少的情况下，总分和综合素质的平均分已连续 3 年下降，参评机构间的差距呈现加大的趋势。

具体表现为，从监管处罚、自律处分、机构业务运行及合规情况通报来看，部分参评机构在内部控制、评级质量管理及合规管控等方面仍有待改进。从评级报告质量来看，部分参评机构的报告分析深度和广度不足、风险揭示明显不够充分。同时，共性问题仍较为突出，大部分参评机构对债券评定等级仍集中于 AA 至 AAA，评级结果区分度和前瞻性不足的情况未见显著改善。参评机构人员流动性仍偏高、评级经验不足、评级流程管控不严等情况仍然较为普遍。投资者服务质量仍有待进一步提升。

在监管部门逐步取消强制评级等要求、信用评级市场对外开放程度提高、市场竞争加剧、外部环境不确定性因素增多的情况下，结合评价过程中发现的情况，建议信用评级机构在以下几个方面继续采取有效措施，提升评级质量和改进服务：一是进一步加强内部控制和合规管理，加大对违规行为的惩戒力度；二是进一步加强评级方法和模型的研究，提升评级序列合理性和评级质量；三是继续加强对评级报告质量的管理和后续跟踪管理;四是继续加强评级从业人员的队伍建设;五是继续提高评级机构的投资人服务能力。

本次评价结合相关监管要求和市场形势,对部分指标进行了优化。一是对于行业重点关注的债券违约率指标,进一步明确"违约"的定义为:"在债券发行文件中约定的到期兑付日,债券本金或利息未能得到按时足额偿付,以及因破产等法定或约定原因导致债券提前且债券本金或利息未能得到按时足额偿付的情形",提升了该指标数据统计的一致性和可比性。二是对评价结果影响较大的违规事项减分项指标,由3档扣分类别细化为4档,新增的"自律组织、交易所等重大管理措施(如:停业经营等)"情形,更为充分合理地反映评价期内合规问题。此外,对于服务类指标,提升了专家评分的权重。

## 三、单一资产管理计划管理人评价

2023年参评的管理保险资金的单一资产管理计划管理人共70家,较2022年减少4家。评价结果显示,5星管理人21家,占比30%;4星管理人40家,占比57%;3星管理人8家,占比11%,2星管理人1家,占比1%[①]。5星管理人占比较2022年的42%有所减少,4星和3星管理人占比较2022年均有所增加,参评机构间的差距整体呈收敛态势,但部分参评机构未能满足一些基本的评价标准。

从公司治理看,存在无独立董事制度的情况。从投资管理看,存在投资专业人员配备不满足监管规定的情况,个别中小参评机构的投研实力相对薄弱。风控合规方面,个别机构在1年内受到监管部门或行业自律组织的警示、责令改正等措施,风险管理流于形式,不够具体完备。

评价结果显示,尽管参评机构的投资管理整体表现优于2022年,但从保险机构投资者评分细项(经风险调整后的投资业绩指标)来看,参评机构整体投资业绩表现弱于2022年。此外,未采用有效措施促进股东与代理人利益一致化的情况较为普遍。

结合评价过程中发现的情况,建议管理人在以下方面进一步改进提升:一是管理人应严格依法合规开展业务,加强内控措施、尽职调查和风险管理,避免对保险资金运用造成负面影响。二是管理人应提升公司治理水平,探索推进员工持股计划等措施,吸引和留住人才,从而更好地防控风险,维护保险资金安全。三是管理人应加强风控

---

① 列示占比数据未保留至百分位,实际占比合计为100%。

制度体系建设，完善风险控制机制，特别是在风险敞口统计、投资限制监测和会计估值核算方面，要建立完备的系统进行实时监测和管理。四是管理人应提高对债券投资信用风险的防范，加强对公募REITs领域的研究，并加强对资产管理行业的精细化管理，建立良好的体制机制保障投研文化的沉淀。五是加强投委会的宏观指导和示范作用，关注基金长期投资业绩，适当提高长期业绩考核占比，鼓励长期投资、价值投资，强化产品投资风格的稳定性，实现策略的多元化覆盖。

本次评价在方法方面，为进一步提升投资业绩表现评价的风险防控导向，将原投资表现指标项下的"固定收益类组合投资业绩表现""权益类组合投资业绩表现"的"投资业绩表现"调整为"风险调整后收益率"，并新增"混合类组合风险调整后收益率"指标，并相应提升投资表现指标的权重。

## 四、保险资金投资的私募股权投资基金管理人评价

2023年参评的私募基金管理人共187家，较2022年增加16家。评价结果显示[①]，A类120家，B类51家，C类5家，D类3家，不具备分类条件的5家，较2022年分别减少6家、增加34家、增加2家、减少2家、减少9家。

评价中发现管理人存在以下情况：一是信息披露要求随着监管的趋严，对管理人提出了更高的要求，中小型管理人的信息披露质量有待提升，个别管理人无法满足保险资金的信息披露要求；二是部分管理人对资本市场的变化反应不足，易错过最佳投资时机，基金的DPI偏低、IRR表现一般；三是部分管理人投后管理工作以赋能被投企业为主，与保险资金注重单个项目风险管理的偏好有所不同，且应对突发、应急风险事件处理能力偏弱；四是国内私募股权基金发展时间相对较短，行业专注和深入程度有待提升，易受外部环境影响，较多管理人的投资管理能力没有经历完整经济周期的考验；五是评价年度管理人业绩整体不如预期，波动较大，退出速度较慢。

结合评价过程中发现的情况，建议管理人在以下方面进一步改进提升：一是要优化激励机制，提升业绩表现，加强中台建设、强化内控，提高信息披露质量；二是加大投后管理力度，增加投后管理人员数量，加大与投资人的沟通，增强应急事件处理能力；三是加强公司治理，注重退出阶段的风险管理；四是加强对保险资金私募股权投资监管要求的学习贯彻，积极配合保险资金的信息填报和合规审查。

---

① 6家管理人合并为3家参评，实际取得评价结果的管理人184家。

本次评价在方法方面，主要加强了合规性指标要求：一是增加"合规性指标"内容及其扣分上限；二是将原"合法合规经营"中的"最近三年或成立以来管理人或主要人员是否有过重大违法违规行为或涉及重大诉讼或最近三年或成立以来管理人或主要人员是否因违规行为受到监管处罚或自律惩戒（自律处罚）"扩充为"重大涉诉（扣2分）""处罚及惩戒（扣4分）""重大违法违规（扣6分）"3项；三是明确了私募基金管理人存在违法违规、涉诉、受到行政、监管、自律处罚或惩戒、列入监管关注名单、参评资料不真实等负面影响的，评审委员会基于审慎原则审议后，可调整其评价结果级别。

# 【专题六】保险资产管理行业最受欢迎投资业务合作机构推介情况

自 2014 年中国保险资产管理业协会（以下简称协会）成立以来，坚持秉承"竭诚服务监管、贴身服务会员"宗旨和"依法合规、审慎严谨"理念，组织开展了"IAMAC 推介——保险资产管理行业最受欢迎投资业务合作机构"（以下简称 IAMAC 推介）。IAMAC 推介现已开展 9 届，一直致力于协助保险机构发现、发掘、发展优秀的合作伙伴和交易对手，鼓励支持保险资产管理行业发展的机构，共同推动资产管理行业高质量发展。

## 一、推介机制

按照公平、公正、非营利的原则，IAMAC 推介由相关市场机构自愿报名，保险机构主要就报名机构的投资、研究、服务情况等参与调查投票。协会通过统计机构报名信息、保险机构投票情况和协会调研数据等，多维度加权产生最终结果，并向全行业推介优秀机构。

## 二、推介构成

协会面向与保险机构在公开市场和境外投资领域有业务往来的合作伙伴和交易对手开展推介活动。目前，主要涵盖四类机构推介：证券机构推介、公募基金公司推介、期货公司推介和境外投资机构推介（见图 4-6-1）。

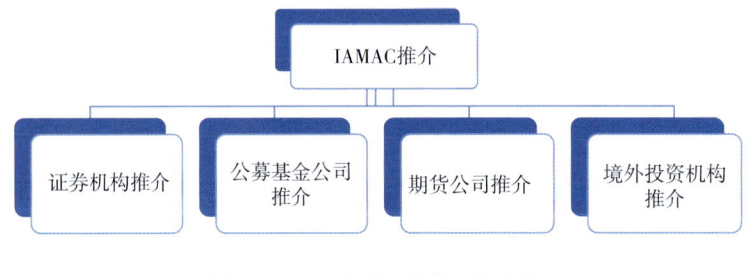

图 4-6-1 IAMAC 推介构成图

资料来源：中国保险资产管理业协会

## 三、2023 年推介情况

2023 年，是保险资产管理行业发展的第二十个年头，协会通过 IAMAC 推介鼓励更多为保险资产管理行业发展作出贡献的机构，面向证券机构、公募基金公司、期货公司和境外投资机构共设置 21 个推介项目。其中，5 个证券机构推介项目，6 个公募基金公司推介项目，4 个期货公司推介项目，5 个境外投资机构推介项目，1 个险资 20 年特别合作机构推介项目（见图 4－6－2）。

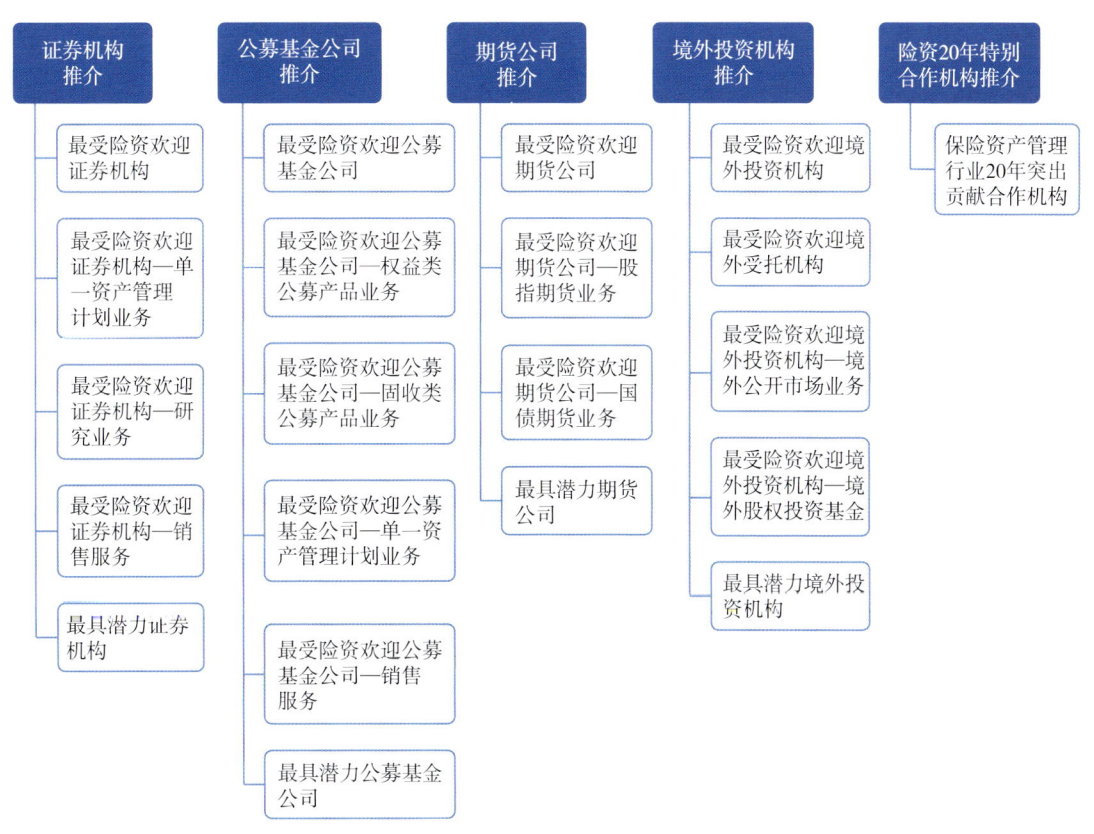

**图 4－6－2　2023 年 IAMAC 推介项目图**

资料来源：中国保险资产管理业协会

2023 年，共有 104 家证券机构、公募基金公司、期货公司和境外投资机构报名参加，超过 160 家大型保险集团、保险公司和保险资产管理公司参与调查，参与推介、路演等活动的业界精英超 1 000 人次，得到行业和市场的广泛认可。

# 四、2023 年推介结果

## （一）证券机构推介

### 1. 最受险资欢迎证券机构
- 中信建投证券股份有限公司
- 中信证券股份有限公司
- 广发证券股份有限公司
- 华泰证券股份有限公司
- 天风证券股份有限公司

### 2. 最受险资欢迎证券机构——单一资产管理计划业务
- 中信证券股份有限公司
- 中信建投证券股份有限公司
- 华泰证券（上海）资产管理有限公司

### 3. 最受险资欢迎证券机构——研究服务
- 广发证券股份有限公司
- 中信建投证券股份有限公司
- 长江证券股份有限公司

### 4. 最受险资欢迎证券机构——销售服务
- 广发证券股份有限公司
- 中信建投证券股份有限公司
- 中信证券股份有限公司

### 5. 最具潜力证券机构
- 开源证券股份有限公司
- 财通证券资产管理有限公司
- 华创证券有限责任公司

## （二）公募基金公司推介

### 1. 最受险资欢迎公募基金公司
- 易方达基金管理有限公司
- 富国基金管理有限公司
- 广发基金管理有限公司
- 景顺长城基金管理有限公司
- 汇添富基金管理股份有限公司
- 华夏基金管理有限公司
- 中欧基金管理有限公司
- 华泰柏瑞基金管理有限公司
- 嘉实基金管理有限公司
- 鹏华基金管理有限公司

2. 最受险资欢迎公募基金公司——权益类公募产品业务

- 富国基金管理有限公司
- 广发基金管理有限公司
- 中欧基金管理有限公司
- 华泰柏瑞基金管理有限公司
- 大成基金管理有限公司
- 易方达基金管理有限公司
- 华夏基金管理有限公司
- 景顺长城基金管理有限公司
- 嘉实基金管理有限公司
- 华商基金管理有限公司

3. 最受险资欢迎公募基金公司——固收类公募产品业务

- 易方达基金管理有限公司
- 广发基金管理有限公司
- 招商基金管理有限公司
- 华夏基金管理有限公司
- 嘉实基金管理有限公司
- 富国基金管理有限公司
- 鹏华基金管理有限公司
- 景顺长城基金管理有限公司
- 博时基金管理有限公司
- 工银瑞信基金管理有限公司

4. 最受险资欢迎公募基金公司——单一资产管理计划业务

- 易方达基金管理有限公司
- 平安基金管理有限公司
- 中欧基金管理有限公司
- 景顺长城基金管理有限公司
- 工银瑞信基金管理有限公司
- 汇添富基金管理股份有限公司
- 富国基金管理有限公司
- 广发基金管理有限公司
- 银华基金管理股份有限公司
- 博时基金管理有限公司

5. 最受险资欢迎公募基金公司——销售服务

- 广发基金管理有限公司
- 华泰柏瑞基金管理有限公司
- 中欧基金管理有限公司
- 富国基金管理有限公司
- 景顺长城基金管理有限公司

6. 最具潜力公募基金公司

- 建信基金管理有限责任公司
- 国联基金管理有限公司
- 南方基金管理股份有限公司
- 融通基金管理有限公司
- 浦银安盛基金管理有限公司

## （三）期货公司推介

1. 最受险资欢迎期货公司

- 中信期货有限公司
- 国泰君安期货有限公司
- 中粮期货有限公司
- 上海东证期货有限公司
- 银河期货有限公司

### 2. 最受险资欢迎期货公司——股指期货业务

- 上海东证期货有限公司
- 国泰君安期货有限公司
- 中信期货有限公司

### 3. 最受险资欢迎期货公司——国债期货业务

- 中信期货有限公司
- 国泰君安期货有限公司
- 上海东证期货有限公司

### 4. 最具潜力期货公司

- 华泰期货有限公司
- 方正中期期货有限公司
- 申银万国期货有限公司

## （四）境外投资机构推介

### 1. 最受险资欢迎境外投资机构

- 中国平安资产管理（香港）有限公司
  ［Ping An of China Asset Management（Hong Kong）Company Limited］
- 中国人保香港资产管理有限公司
  ［PICC Asset Management（Hong Kong）Company Limited］
- 高盛资产管理（香港）有限公司
  ［Goldman Sachs Asset Management（Hong Kong）Limited］
- 摩根资产管理（J. P. Morgan Asset Management）
- 中国人寿富兰克林资产管理有限公司
  （China Life Franklin Asset Management Co., Limited）
- KKR 投资集团（KKR & Co. Inc.）
- 黑石集团（香港）有限公司（Blackstone Inc.）
- 贝莱德资产管理北亚有限公司
  （BlackRock Asset Management North Asia Limited）
- 施罗德投资管理（香港）有限公司
  ［Schroder Investment Management（Hong Kong）Limited］
- 摩根士丹利投资管理（Morgan Stanley Investment Management）

### 2. 最受险资欢迎境外受托机构

- 中国平安资产管理（香港）有限公司
  ［Ping An of China Asset Management（Hong Kong）Company Limited］

- 中国人保香港资产管理有限公司

  ［PICC Asset Management（Hong Kong）Company Limited］

- 高盛资产管理（香港）有限公司

  ［Goldman Sachs Asset Management（Hong Kong）Limited］

- 中国人寿富兰克林资产管理有限公司

  （China Life Franklin Asset Management Co.，Limited）

- 景顺投资管理有限公司（Invesco Hong Kong Limited）

3. 最受险资欢迎境外投资机构——境外公开市场业务

- 中国平安资产管理（香港）有限公司

  ［Ping An of China Asset Management（Hong Kong）Company Limited］

- 中国人保香港资产管理有限公司

  ［PICC Asset Management（Hong Kong）Company Limited］

- 中国人寿富兰克林资产管理有限公司

  （China Life Franklin Asset Management Co.，Limited）

- 摩根资产管理（J. P. Morgan Asset Management）

- 景顺投资管理有限公司（Invesco Hong Kong Limited）

4. 最受险资欢迎境外投资机构——境外股权投资基金

- 黑石集团（香港）有限公司（Blackstone Inc.）

- KKR 投资集团（KKR & Co. Inc.）

- 安佰深私募股权投资集团（Apax Partners）

- 高盛资产管理（香港）有限公司

  ［Goldman Sachs Asset Management（Hong Kong）Limited］

- 橡树资本（香港）有限公司

  ［Oaktree Capital（Hong Kong）Limited］

5. 最具潜力境外投资机构

- 惠理基金管理香港有限公司（Value Partners Hong Kong Limited）

- 威灵顿管理香港有限公司（Wellington Management Hong Kong Ltd.）

- 普徕仕集团（T. Rowe Price）

- 易方达资产管理（香港）有限公司

  ［E Fund Management（Hong Kong）Co.，Limited.］

- 野村资产管理公司（Nomura Asset Management）

### (五)险资 20 年特别合作机构推介

- 广发证券股份有限公司
- 中信证券股份有限公司
- 易方达基金管理有限公司
- 华夏基金管理有限公司
- 鹏华基金管理有限公司
- 中信建投证券股份有限公司
- 富国基金管理有限公司
- 广发基金管理有限公司
- 南方基金管理有限公司
- 博时基金管理有限公司

随着市场不断发展和业务需求变化,协会将对推介设置和推介项目不断优化、创新,更好地契合保险资金特点和保险机构个性化需求,并将继续通过推介路演、业务交流等活动,持续推动各机构间深度沟通与合作。

# 【专题七】保险资产管理行业定点帮扶情况

2023年是贯彻党的二十大精神的开局之年，是我国全面建设社会主义现代化国家开局起步的重要一年，也是全面推进乡村振兴、进一步提高农业现代化水平、推动绿色高效农业发展的关键之年。中国保险资产管理业协会和中国精算师协会联合委员会（以下简称联合党委）按照国家金融监督管理总局党委（以下简称总局党委）定点帮扶工作的总体要求，坚持以习近平新时代中国特色社会主义思想为指导，认真学习领会习近平总书记关于"三农"工作的重要论述，全面贯彻落实党的二十大精神、中央农村工作会议精神，切实把主题教育成果转化为推动落实乡村振兴各项重点工作的强大动力，积极推动"资金下乡""人才下乡""技术下乡""知识下乡"等十余项举措，直接投入帮扶资金40万元，参与并引导20余家行业机构实现各类消费帮扶79万元，引进帮扶资金46万元，提前并超额完成上级部署的工作目标，获得定点帮扶地区高度认可。

## 一、坚持以新发展理念引领乡村振兴工作不断向前

一是深化理论武装，强化思想引领。持续深化"第一议题"制度，认真学习贯彻习近平总书记在陕西、河北、内蒙古、四川、浙江、江西等地考察调研时就"三农"工作以及推动乡村振兴作出的一系列重要指示，通过党委会议、理论学习中心组学习研讨"三农"工作、乡村振兴、"千万工程"等专题内容7项，深入贯彻落实党中央、国务院的决策部署，深入领会、准确把握总局党委关于乡村振兴工作的总体要求，坚定执行定点帮扶工作各项目标任务。二是加强组织保障，夯实工作机制。持续巩固以主要领导亲自抓、分管领导具体抓，一级抓一级、层层抓落实的帮扶工作格局，进一步扛起政治责任、凝聚发展合力、拓宽发展思路，围绕以增加农民收入为核心、以发展壮大村集体经济为突破口、以加快农业农村现代化为着力点制定实施方案，不断推进定点帮扶工作精细化、常态化、长效化，始终以高度的政治责任感、使命感、紧迫感，全力以赴促进各项工作任务高质量协同落实。三是发挥引导作用，践行责任担当。连续第六年发布"中国保险资产管理业助力乡村振兴定点帮扶工作倡议书"，倡导会员

单位围绕拓宽农民增收致富渠道、培育壮大乡村新产业新业态、建设宜居宜业和美丽乡村等方面探索帮扶路径和模式，超过 20 家行业机构积极响应。

## 二、坚持以调查研究推动定点帮扶举措更加精准

一是深入实地、研用结合。联合党委书记带队深入定点帮扶地区开展调查研究分析，通过座谈、走访、实地考察等多种方式，全面了解帮扶干部、农村产业带头人、农牧民等不同访谈对象的观点和意见，紧密结合当地农村发展现状和存在问题，实地考察农村社会服务保障体系、产业发展、生态环境等多方面的情况，推动调查研究成果转化为更加符合帮扶政策、符合发展需要、符合群众期盼的帮扶举措。二是聚焦民生、服务群众。引导行业机构重点关注"银发经济"、多支柱养老保障体系建设，筹措保险资产管理行业帮扶资金 38 万元参与"乌兰哈达苏木养老院适老化改造项目"，重点对院内房屋基础设施进行修缮，并为养老院食堂、党员活动室和图书阅览室购置相关设施设备，改善幸福院老人及困难户生活条件，提高老年人生活品质，持续增强群众幸福感和获得感。三是培育产业、厚植优势。聚焦"数商兴农"工程，直接投入帮扶资金 40 万元参与乌兰哈达苏木电商直播间项目建设，帮助配置直播专业设备、货物储存仓库等基础性运营设施，发挥数字技术对现代农业产业体系、生产体系、经营体系的促进作用。截至目前，电商直播间已上线产品 20 种，有效拓展农产品销售渠道，不断夯实产业增收基础，进一步提升本土品牌竞争力、影响力、带动力。

## 三、坚持以能力建设带动乡村治理能力和水平持续提高

一是精准对接需求，优化帮扶措施。积极与乌兰察布市委、市政府、旗委旗政府、乌兰哈达党委政府有关负责同志以及驻村工作队员围绕当地乡村振兴工作情况和定点帮扶工作需求，深度聚焦农村牧区空心化老龄化、产业链条短、产品附加值低、增收渠道不稳定等农村发展问题开展座谈交流，共同研究帮扶工作新思路、新对策，因地制宜探索适合当地特色的产业发展模式。二是加强人才支持，提升治理能力。选派优秀帮扶干部赴察右中旗挂职，紧密联系帮扶地区，用心用情助力当地村集体经济发展，取得明显成效。与察右中旗黄羊城镇广昌隆村党支部开展结对共建，转拨总局机关党

委 10 万元专项帮扶资金，围绕党建引领、改善党员教育办公设施等方面进行补助修缮。向定点帮扶地区党员干部捐赠党建学习书籍 1 500 册，进一步提升帮扶干部专业知识和综合素质。三是推进信息化建设，提升基层服务效能。向定点帮扶地区政府及察右中旗政府捐赠办公电脑 50 台，提升定点帮扶地区政务信息化办公和信息化服务水平；引导行业机构筹措 8 万元用于定点帮扶地区党群服务中心网络和监控设备设施维护升级，建强党群服务中心，进一步提升服务群众能力。

## 四、坚持以行业协同促进帮扶综合成效不断凸显

一是搭建帮扶联动平台。持续推广定点帮扶地区特色农牧产品和文化旅游资源，配合节假日礼包等促销形式，动员行业机构购买和帮助销售定点帮扶地区特色农牧产品金额 79 万元，持续巩固拓展脱贫攻坚成果。二是搭建宣传推介平台。开展行业帮扶实践宣传推介，通过自媒体平台专题推送报道行业优秀帮扶案例、ESG 实践、践行社会责任等内容超过 30 篇，彰显行业担当，形成业内外良好示范效应。三是搭建资源对接平台。发挥专业优势，积极探索债权投资计划、股权投资计划和保险私募基金登记注册服务乡村振兴绿色通道机制。截至 2023 年 10 月末，涉及乡村振兴、脱贫攻坚项目的债权投资计划等保险资产管理产品登记注册 42 个，规模 669.67 亿元，为四川、云南、贵州等多个省份欠发达地区的基础设施建设和特色产业发展提供有力支持。

## 五、下一步工作计划

联合党委将按照总局党委部署的工作任务，在围绕新阶段巩固拓展脱贫攻坚成果同乡村振兴有效衔接工作的总体思路上，持之以恒把主题教育引向深入，坚持在对标看齐中狠抓贯彻落实，坚定信心、踔厉奋发、埋头苦干，为全面推进乡村振兴、加快建设农业强国贡献保险资产管理业的坚实力量。

一是聚焦守底线。坚持用党的创新理论指导定点帮扶地区乡村振兴高质量发展，着力通过主题教育提高运用党的新理论分析新情况、解决新问题的能力，持续加强防止返贫监测帮扶，切实做到早发现、早干预、早帮扶，把返贫致贫风险消除在萌芽状态。二是聚焦抓发展。着力增强脱贫地区和脱贫群众内生发展动力，培育加大产业，

因地制宜培育脱贫地区特色优势主导产业，发展高质量庭院经济，提高消费帮扶力度。三是聚焦促振兴。扎实推进宜居宜业和美丽乡村建设，加强农村基础设施建设，集中力量优先抓好普惠性、基础性、兜底性民生建设，优先建设既方便生活又促进生产的项目。四是聚焦提能力。坚持把行业力量作为助力乡村振兴强有力的工作抓手，推动强宣传、重引导、抓落实，着力建设一支政治过硬、本领过硬、作风过硬的乡村振兴干部队伍，形成团结协作、敢于担当、善作善成的生动局面，促进各项工作提质增效。

# 【专题八】保险资产管理行业清廉文化建设情况

2023年，是全面贯彻党的二十大精神的开局之年，也是实施"十四五"规划承前启后的关键一年，深入推进全面从严治党使命光荣、意义重大。在永不停歇的反腐败斗争道路上，加强新时代清廉金融文化建设，是金融系统一体推进"三不腐"的基础性工程，也是促进金融行业稳定持续健康发展的必然要求。中国保险资产管理业协会（以下简称协会）认真践行"监管引领、协会搭台、机构推进、社会共建"的清廉金融文化建设模式，持续3年开展行业清廉文化建设，汇聚行业智慧、凝聚行业力量，有力有序扎实推动清廉金融文化建设在保险资产管理行业落地生根。

## 一、监管引领，开创行业清廉文化建设新局面

习近平总书记强调，全面从严治党，既要靠治标，猛药去疴，重典治乱；也要靠治本，正心修身，涵养文化，守住为政之本。党的二十大报告明确提出"加强新时代廉洁文化建设，教育引导广大党员、干部增强不想腐的自觉"。中共中央办公厅印发的《关于加强新时代廉洁文化建设的意见》（中办发〔2022〕3号）要求，把加强廉洁文化建设作为一体推进不敢腐、不能腐、不想腐的基础性工程抓紧抓实抓好，对指导金融行业纵深推进全面从严治党、防范化解金融风险、培育金融新质生产力、提升金融软实力具有重要意义。金融监管总局党委、驻总局纪检监察组深入贯彻落实习近平总书记关于全面从严治党的重要论述精神和党中央决策部署，制定发布《关于深入推进银保监会系统清廉金融文化建设的指导意见（试行）》（银保监党发〔2022〕26号），将清廉金融文化建设纳入系统全面从严治党、党风廉政建设和反腐败工作整体布局，在2022年初原银保监会系统全面从严治党和党风廉政建设暨纪检监察工作会议上，特别提出"要全面落实清廉金融文化建设指导意见，以良好的监管之风带动形成清新的金融行业风气"。

## 二、协会搭台，推动行业清廉文化建设纵深发展

协会积极发挥自律服务的能力优势、资源优势和平台优势，推动保险资产管理行

业清廉文化建设成为协会又一靓丽品牌。2023 年 5 月，协会以"清风领航廉润资管——共建行业清廉生态"为主题，举办保险资产管理行业清廉文化建设征文活动成果发布暨经验交流座谈会，邀请监管部门、行业机构、高校专家等近 100 人，共同交流探讨行业清廉文化建设价值理念、经验成果以及未来工作设想等，发布保险资产管理行业清廉文化建设主题征文活动成果，推出优秀作品 30 篇，编制印发《联合党委廉政教育摘报》优秀作品集专刊，还深入宣导解读了《中国保险资产管理行业清廉文化建设倡议书》和《联合党委党员干部廉洁从业规范》。12 月，组织上海片区 13 家保险资产管理机构召开行业清廉文化建设工作调研座谈会，全面了解廉洁自律要求融入公司治理、内控合规、业务经营管理等情况。与此同时，积极发挥行业清廉文化建设交流平台作用，与中国人寿资产管理有限公司、中保投资有限责任公司和长江养老保险股份有限公司纪委等，分别开展内容丰富、形式多样的主题共建交流活动，积极打破行业交流壁垒，巩固拓展清廉文化交流渠道。协会严格落实大兴调查研究之风工作要求，由党委委员、纪委书记牵头，深入开展"保险资产管理行业清廉文化建设工作思考"专题调查研究。通过组织召开座谈会、实地走访调研等与 35 家行业机构、49 名相关工作人员进行深入交流探讨，全面梳理行业清廉文化建设现状，深入分析工作难点和挑战，撰写 1 万余字的《关于保险资产管理行业清廉文化建设工作情况的调研报告》，深入思考纵深推进行业清廉文化建设的对策与建议，为持续拓展延伸行业清廉文化建设的广度与深度提供可操作的实践思路。

## 三、机构推进，培育行业清廉文化"软实力"

保险资产管理机构作为金融市场的重要参与者，资产管理规模超 27 万亿元，肩负着服务实体经济、防范化解金融风险、助力乡村振兴等重要职责和重大使命，发挥着经济"减震器"和社会"稳定器"功能。在行业改革发展实践中，基于公司发展目标、经营规模、人员构成、领导者风格等，形成各具特色的企业文化，其中蕴含着深厚的廉洁基因。综合调研情况来看，2019 年以来，35 家保险资产管理机构积极响应协会组织的行业清廉文化建设工作，通过完善制度机制、加强廉政宣导、做好廉洁风险防控、构建监督合力、开展特色主题活动、科技赋能风险防控等，多措并举探索行业清廉文化建设，大力推动清廉文化落实到各层级组织、各业务条线、各业务环节之中。目前，保险资产管理行业风气良好且整体向好，行业从业人员自我约束意识较强，科技赋能清廉文化建设效果明显，行业清廉文化需求强烈，崇廉尚洁氛围逐渐浓厚，"市场主体清朗、从业人员清廉、行业风气清正、政治生态清明"成为行业清廉文化的主要特征，逐步实现以清廉文化建设实效，聚人心、树新风、扬正气，为行业及整个金融业高质量发展提供强大精神动力和思想保证。

## 四、久久为功，激活行业高质量发展"廉动力"

清廉文化建设是一项系统工程、长期任务，需要久久为功、持续发力。保险资产管理行业清廉文化建设工作虽然取得了一些初步成效，但还处于起步探索阶段，在突出行业特点特色、打造靓丽品牌活动、深化成果运用等方面仍面临一些困难和挑战。进一步加强新时代保险资产管理行业清廉文化建设，必须坚持系统观念，积极发挥协会自律组织引领带动作用，强化对行业清廉文化建设工作的研究规划，从"强化顶层设计，促进行业交流""打造清廉品牌，树立行业标杆""加深融合融入，夯实管理根基"等方面持续发力，让行业清廉文化在形式上"亮"起来，在内容上"立"起来，在实践中"活"起来，实现清廉文化建设与行业高质量发展贯通融合、协同推进，为行业高质量发展提供重要文化支撑，努力营造保险资产管理行业风清气正的良好环境。

协会将认真落实中国特色金融文化"五要五不"要求，深入贯彻落实金融监管总局党委、驻总局纪检监察组决策部署和清廉金融文化建设工作要求，持续发挥协会自律组织引领带动作用，推动行业清廉文化建设纳入行业协会服务高质量发展"十个一批"专项行动。让清廉文化在新时代新征程行业改革发展进程中蔚然成风，更好地助力保险资产管理行业的高质量发展。

# 第五章
# 2023 年中国保险资产管理业协会专项工作情况

# 【专项一】中国保险资产管理业协会风险监测情况

为深入贯彻落实党中央、国务院关于防范化解重大经济金融风险的决策部署、国家金融监督管理总局党委相关会议及文件工作要求，积极配合监管部门有效防控保险资金运用风险，下好风险前瞻防控"先手棋"，保障广大投保人切实利益，中国保险资产管理业协会（以下简称协会）组织开展风险监测相关工作，切实辅助监管部门做好行业风险监测。

一是持续监测行业风险情况，牢牢守住风险底线。组织开展信用风险监测、登记产品监测、舆情监测以及债券投资、金融衍生品投资、境外投资、投资者信心和投资信心指数等专题调研。2023年，围绕行业风险监测工作，累计向监管部门报送风险监测报告1份、IAMAC参考1份、信用风险周报及专项报告53期、产品监测报告18期、舆情日报及专报259期、投资者信心调查及信心指数7期。

二是加强交易对手风险监测，自律评价提质增效。2013年以来，在监管部门指导下，协会已连续10年开展自律评价工作。评价对象覆盖保险资金运用相关信用评级机构、证券投资基金公司、证券公司、证券资产管理公司、私募基金管理人等交易对手。10年来，协会不断优化评价指标，持续提升自律评价工作的专业性、规范性、可操作性，为规范引导行业健康发展、防范金融风险提供助力。2023年评价工作在风险监测排查方面加大力度，进一步提高评价的准确性和全面性。全年参与协会自律评价的市场机构包括12家信用评级机构、70家单一资产管理计划管理人（其中证券投资基金公司47家、证券公司16家、证券资产管理公司7家）和187家私募基金管理人。

三是紧盯重点领域风险监测，不断提升报送质效。持续开展债权投资计划产品违约和违约处置情况监测，全年新增监测23项重大风险事项。在监管部门指导下，开展保险公司股权投资情况穿透排查，探索建设保险资金穿透底层资产的股权投资风险监测体系。协助监管部门持续完善保险公司资金运用风险监测课题研究，对170余家保险公司资金运用风险进行监测，向监管报送1套监测报告。

四是创新优化风险监测机制，专业委员会协同联动。协会信用风险管理专业委员会（以下简称信用专委会）通过组织行业机构开展信用风险调研、专题研讨、座谈会议等，为监管部门政策研究、行业机构风险防范提供支持。2023年召开2次会议，研判信用风险形势、研讨行业热点事件和应对思路。此外，2023年信用专委会对107家保险机构和12家信用评级机构分别开展专项调研，形成并发布《信用评级机构投资者服务调研报告（2023）》。该报告是我国首份以保险机构投资者为代表，从信用评级机构视角梳理境内外投资者服务情况的报告，进一步夯实协会作为信用评级机构向保险机构提供投资者服务的平台作用，推动行业提升信用风险管理水平。

五是培育审慎风险管理文化，助力行业高质量发展。以监管政策与行业发展需要为导向，2023年协会推出"新发展格局下保险资金运用风险管理"系列培训2期，通过对风险管理全面剖析，提升行业保险资金运用风险管理能力，培育构建稳健审慎的风险管理文化，促进行业健康发展。

# 【专项二】中国保险资产管理业协会服务会员情况

中国保险资产管理业协会（以下简称协会）自成立以来，深入贯彻落实党中央、国务院及国家金融监督管理总局相关指示精神和工作部署，积极践行"服务监管、服务会员"理念，切实履行自律、服务、创新、维权四大职能，致力于成为提升行业能力、推动行业发展的重要力量。截至2023年末，协会会员超过852家，构建了以保险资产管理和保险资金运用为核心的生态圈。同时，围绕保险主业需求，积极探索建立沟通联动机制，优化服务举措，提升服务质效。

一是强化规范产品登记。发布登记业务指引、产品管理指引，完善产品登记材料体系和登记后续管理，加强产品登记与相关自律规则的配合实施，定期梳理产品登记中发现的合规问题，向行业提示产品合规风险。持续推进登记系统建设并系统梳理产品登记和存续期管理信息管理方案，提升登记工作质效。2023年，共登记（注册）债权投资计划、股权投资计划和保险私募基金479只，规模8 545.72亿元。其中债权投资计划444只，规模7 356.61亿元；股权投资计划21只，规模661.85亿元；保险私募基金14只，规模527.27亿元。

二是聚焦优化会员服务。精细化开展日常会员服务工作，做好会员入会、信息变更、会费交纳等日常咨询答疑；做好新版会员服务系统上线及维护，以专题培训、微信群等形式全面加强系统应用推广、问题答疑及故障反馈，持续推进系统优化；连续8年开展保险资产管理业综合调研，全面记录年度保险资产管理和保险资金运用的全景图，召开行业分享会，发布《2022—2023年中国保险资产管理行业运行调研报告》（超8万字）；开展年度会员服务评价，积累服务数据82万余条，创新开展2022年度会员单位支持评价，表彰优秀会员单位；组织召开行业改革发展20周年座谈会，联合主流媒体开展行业20周年系列专访宣传报道活动，累计刊发稿件28篇，推动营造主旋律强劲、正能量充沛的行业氛围。

三是持续深化行业研究。协会坚持以行业研究赋能业务创新，围绕保险资产管理全业务领域，形成"行业年报、杂志刊物、综合调研、监管内参专报、课题征文活动、各类成果专著"等六大研究品牌，为监管决策和行业发展提供扎实的研究基础。2023年，协会开展保险资金运用季度形势分析会3次、资管百人问卷调查2期、资管百人共话两会活动3期；举办IAMAC年度课题活动，共计37家机构、63项课题顺利完成结题；完成2期保险资产管理业投资者信心调查、6期保险资产管理业投资信心指数；出版行业发展报告和《展望未来：中国保险资产管理行业高质量发展之路》，推动《行业发展史》《保险问道之黄金投资》《保险资产管理行业教材》撰写工作。全年出版发行杂志6期、合订本1期，共刊发文章125篇、总字数近100万字，累计向监管和会员赠阅27 500册。定期向会员机构发布产品登记动态、中介机构服务等报告，推动行业专题研究与共享。

四是着力推进跨业交流。开展行业20周年纪念活动，梳理总结行业20年改革发展成效和经验，激发行业助力高质量发展的时代共鸣。围绕险资运用、资管科技、国债期货、不动产、公募REITs、境外投资、双向开放等主题，举办投研圆桌、领行计划、投资业务交流、大视野、精英实验室等IAMAC品牌活动54期。开展第9届"IAMAC推介"，推出20个常规推介项目和险资20年特别推介项目。吸引104家机构参与推介，152家保险机构参与调查，促进多领域跨业合作。举办第三届IAMAC资产管理发展论坛，聚焦全球资产管理行业发展趋势、ESG、养老金融等方面，有效提升中国保险资产管理行业影响力。参与支持北京绿色金融与可持续发展研究院、中国责任投资论坛等单位共同发起成立"中国气候联合参与平台"，并与联合国负责任投资原则组织（PRI）合作开展三期尽责管理系列研讨会，积极推动行业探索尽责管理实践。

五是扎实开展教育培训。2023年，协会聚焦政策形势与行业需求，累计举办线上线下培训30余场，服务行业3 000余人次，上线50门线上课程。培训内容逐步向风险管理领域、数字化领域发力，新领域培训占全年培训近80%。聚焦低利率、资产荒背景下的信用风险、市场风险、资产负债错配风险以及金融产品投资风险等组织开展风险管理专题培训，针对风险管理领域的高管开展首席风险官系列培训与研讨；聚焦数字化前沿技术、数据标准与数据治理以及数字化领域的股权投资开展专题培训，组织高管交流活动；针对保险资产管理公司开展公募REITs业务试点，设计开发公募REITs线上系列课程，助力行业对公募REITs产品的学习理解；与北京大学经济学院建立战略合作关系，打造IAMAC博雅课堂培训品牌，开办首席风险官研修班。

六是积极推动科技创新。以资管科技专委会为依托，就科技赋能保险资产管理高质量发展和保险资产管理业科技创新、行业数字化转型、科技创新情况开展专题研讨。完成《保险资产管理产品债权投资计划数据元》《保险资产管理产品股权投资计划数据元》两项标准发布，稳步推进四项保险资产管理行业数据标准的编制工作。发起《保险资产管理行业投资术语》《保险资产管理债券投资类数据元》2项新行业标准立项申请，推进行业标准专项工作组组建工作，不断推升保险资产管理行业数据标准化和行业数据治理。积极推动行业科技创新，依托金融科技创新实验室体系，设立测试、评价、示范、标准四个项目组，组织实验室成员机构与科技创新服务商深度交流，助力保险资产管理行业科技创新生态圈的建设。组织投资交易系统、另类投管平台、注册登记系统、估值核算系统的信创化改造方案测试工作，减少中小机构试错成本。

# 【专项三】中国保险资产管理业协会自律管理情况

自律是中国保险资产管理业协会（以下简称协会）的核心主业，是规范市场秩序、提升行业竞争力的重要抓手。2023年，协会积极落实党的二十大、中央金融工作会议及监管工作会议精神，不断完善自律规则体系、深化行业自律管理、提升自律服务质效，推动行业持续稳步发展。

## 一、自律职能落深落实，自律规则体系更加健全

2023年，在监管部门指导下，协会根据监管工作要求，结合市场变化与行业反馈，发布了《中国保险资产管理业协会产品管理指引第3号：通过产权交易机构参与企业资产交易及参与上市公司定向增发类的股权投资计划登记材料规范》《中国保险资产管理业协会关于建立债权投资计划分类登记工作机制的通知》《关于印发〈债权投资计划登记业务指引（第1号）（2023年版）〉的通知》等3项业务类自律规则，进一步丰富自律管理工具，保障登记工作规范有序运行。根据监管政策调整以及相关业务实践，组织修订了《保险资金运用内部控制审计指导意见》，完成行业征求意见。响应行业需求，开展保险资产管理机构公司治理指引研究，就保险资产管理公司党的建设有关情况开展调研。

同时，协会持续推进保险资产管理业"规范化、数据化、信息化"。一是进一步促进保险资金委托投资规范运作，推动《保险资金委托投资管理协议》范本研究制定工作，目前已向行业征求意见；二是为贯彻落实党中央、国务院关于推动绿色发展的决策部署，配合落实《银行业保险业绿色金融指引》相关要求，推进《中国保险资产管理业尽责管理准则》落地；三是深度参与行业数据治理和数据标准制定，完成《保险资产管理产品债权投资计划数据元》《保险资产管理产品股权投资计划数据元》两项标准发布，稳步推进四项保险资产管理行业数据标准的编制工作；组织行业编撰了首个数据治理方面的实践指引《保险问道之保险资产管理数据治理》；发起《保险资产管理行业投资术语》《保险资产管理债券投资类数据元》两项新行业标准立项申请。

## 二、高效服务监管，发挥桥梁沟通作用

一是深度参与相关监管法规政策研究制定。根据监管部门委托，协会组织机构专家参与讨论，完成《保险资金运用内部控制指引（4－6号）》行业反馈意见的梳理工作；组织39家保险机构及6家律所开展保险资金运用比例监管制度调研，并上报调研报告；协助监管部门就《保险资产风险分类办法》向10家保险机构专家征求意见，并组织开展资产风险分类测试工作。

二是完成各项监管交办工作。按照监管部门要求完成关联交易专项调研；深入股权投资、境外投资、监管评级、保险公司互投交易等业务领域开展情况摸排，提高行业风险防范化解能力。及时上报股权投资计划拟投标的基金涉及关联关系情况，开展债权投资计划信用增级口径梳理；梳理协会健全行业自律公约、制定行业标准、实施自律惩戒等工作，形成自律管理情况报告报送监管部门。

三是按照监管要求强化风险监测。将非标资产风险信息统计、相关主体风险信息纳入日常风险监测范围，组织信用评级机构开展境内外非标资产相关研究。搭建产品链和资金链全覆盖的常态化产品风险监测体系，加强产品相关主体、产品所属行业、地域等风险监测，持续维护产品违约及风险处置高质量动态数据库，跟踪监测49只债权投资计划违约处置进展、67项重大风险事项及相关产品存续期信息披露情况，探索建设保险资金穿透底层资产的股权投资风险监测体系。组织开展风险管理专题培训7期。跟踪监测资金运用、产品、信用、舆情、专项违约等风险信息，输出各类风险监测报告316期。

## 三、发挥行业协同效应，建立自律服务长效机制

一是加强行业自律文化建设，引导会员机构加强保险资金运用的内控合规管理。2023年，协会召开内控专委会年度会议，就"行业内控良好实践"等专题进行探讨；响应中央金融工作会议精神，以"法律合规建设促进行业高质量发展"为主题，召开法律合规专委会年度会议。根据近三年来保险资金运用相关法律法规及规范性文件的新订、修订和废止情况，形成《保险资金运用相关法律法规及规范性文件汇编（2023

版)》并寄送各会员单位，助力会员机构提升法律合规工作水平。

二是规范产品登记。协会不断完善产品登记材料体系和登记后续管理，加强产品登记与相关自律规则的配合实施，定期梳理产品登记中发现的合规问题，向行业提示产品合规风险。持续推进登记系统建设并系统梳理产品登记和存续期信息管理方案，提升登记工作质效。

三是自律评价体系精益求精。在监管部门的指导下，协会按照完善金融风险防范、预警机制的总体要求，以风险识别和业绩评估为导向，进一步优化了评价指标；组织行业稳步推进了信用评级机构、单一资产管理计划管理人（管理保险资金的基金、证券和证券资产管理公司）、私募股权投资基金管理人3项年度行业自律评价工作。同时，在评价工作10周年之际，协会召开了评价结果发布会，通过信息平台发布了信用评级机构评价回顾及展望（2014—2023）。

四是做好信息披露。高质效开展保险资产管理公司投资管理能力自评估年度信息披露持续跟踪查验，持续开展首次、年度及存续期披露查验，完成3家公司4项首次披露自律查验、104项风险责任人变更查验、出具问询函8件，重点查验监管评级C类和D类保险资产管理公司年度披露19项；报送投资能力自律管理工作周报43期，形成投资管理能力年度披露专项查验情况报告；组织行业培训，指导机构规范开展年度投资能力建设自评估和信息披露工作；对首次披露能力的机构开展"一对一"政策解读及信息披露指导。

五是强化交流协作，推动联动机制建设。协会与中国证券投资基金业协会建立数据和信息沟通机制，加强私募基金管理人评价指标研究与数据校验合作；积极参与中国国际经济贸易仲裁委员会、北京仲裁委员会、北京金融街商会等组织的相关活动，探索行业多元化争议解决机制建设。

# 【专项四】保险资产管理行业标准化建设情况

标准是经济活动和社会发展的技术支撑，是国家基础性制度的重要组成部分，标准化在推进国家治理体系和治理能力现代化中发挥着基础性、引领性的作用。标准引领也是一个国家步入高质量发展、参与高质量竞争的重要特征。保险资产管理业标准化是促进行业有效发挥经济"减震器"和社会"稳定器"作用的重要保障。中国保险资产管理业协会（以下简称协会）梳理了保险资产管理行业标准化的政策动向和行业举措，结合自身标准化工作实践经验，以期对未来保险资产管理行业标准化工作的开展提供更好的思路和建议。

## 一、政策动向

党的二十大报告指出，强化经济、重大基础设施、金融、网络、数据、生物、资源、核、太空、海洋等安全保障体系建设。中央金融工作会议指出，要做好科技金融、绿色金融、普惠金融、养老金融、数字金融五篇大文章，科学回答了金融事业发展等一系列重大理论和实践问题，为新时代新征程推动金融高质量发展提供了根本遵循和行动指南。

国家金融监督管理总局贯彻落实党中央决策部署，指出要推动监管流程数字化再造，推进智能分析工具研发，推进监管大数据建设，建设智慧监管平台，打造专业化的数据分析团队。近年来相应出台《保险业标准化"十四五"规划》（银保监发〔2022〕11号）、《保险业监管数据标准化标范（保险资产管理公司版）》（银保监办发〔2023〕9号）和《关于银行业保险业数字化转型的指导意见》（银保监办发〔2022〕2号）等文件。

《保险业标准化"十四五"规划》明确提出，制定保险资产管理产品的要素标准、产品分类标准，促进银行、证券、保险等各类行业资产管理业务统一标准；夯实保险资产管理数据基础，推动业务数据、风险数据、信息披露等领域标准化；统筹建立保险资产管理统计标准，建设资产管理业标准人才队伍，强化保险资产管理标准化能力。

2023年发布的《保险业监管数据标准化规范（保险资产管理公司版）》是推行银行保险数据标准一体化的最新要求，制定了监管报送相关的数据采集技术、数据结构、检核规则、业务代码等一系列规范要求。此外，监管部门还明确了数据报送的标准化要求，推动各监管数据口径逐步趋同，确保监管数据报送的一致性。

金融标准作为实现信息系统互联互通互操作、降低生产成本的基础条件，是保证产品和服务质量、保护消费者权益的重要手段，也是金融主管部门进行行业管理、规范市场秩序以及防范金融系统性风险的重要抓手，在引导社会资源整合、推动企业自主创新、促进产业转型升级方面，不断推动金融业健康有序发展。

## 二、行业举措

协会根据党中央政策精神和国家金融监督管理总局的相关工作部署，深刻领悟数据资源对于国家安全保障体系建设的重要意义和对于数字金融工作的重要作用，循序渐进推进数据标准工作，夯实保险资产管理领域的数据基础，助力做好机构监管、行为监管、功能监管、穿透式监管、持续监管，为防范发生系统性金融风险和实现中国金融的高质量发展贡献保险资产管理行业力量。

### （一）打造系统的行业标准体系

协会坚持行业标准系统供给观念，加强前瞻性思考和全局谋划，以重点标准为切入点，循序渐进推进标准建设工作，满足监管关注和行业急需，建立起结构合理、功能完善的保险资产管理标准体系，提升标准科学性、先进性和实用性。

2021 年，协会启动《保险资管产品股权投资计划数据元》和《保险资管产品债权投资计划数据元》的编制起草工作。在协会牵头推动和行业机构的积极参与下，两项行业标准于 2023 年 8 月由国家金融监督管理总局正式发布。以上两项标准的发布是我国保险资产管理业首批行业标准，填补了该领域的空白，也开辟了我国保险资产管理行业数据标准体系建设探索之路的先河，具有里程碑式意义。

2022 年，协会在两项标准编制工作经验基础上，启动《组合类保险资产管理产品数据元》《保险资金股票投资类数据元》《保险私募基金数据元》《资产管理产品介绍要素 第 4 部分：保险资产管理产品》四项行业标准编制起草，目前已完成征求意见稿正式提交全国金融标准化技术委员会保险分技术委员会（以下简称保标委），进入征求意见稿审查修订阶段。

2024 年 4 月，协会积极响应保标委关于行业标准立项及征集起草单位的相关文件精神，结合行业发展需求，成功新增立项《保险资产管理行业投资术语》《保险资金债券投资类数据元》2项行业标准，"投资术语"旨在统一保险资产管理投资类名称和描述，夯实行业标准基础架构。"债券投资类数据元"进一步完善保险资金投资标准体系。未来将逐步建立结构合理，适应保险资产管理行业业务发展需要且全面覆盖数据类标准、业务类标准和技术类标准的标准体系，不断推升保险资产管理行业数据标准化和行业数据治理水平。

### （二）谋划全局，打造多层次标准体系的共同发展

协会从行业标准入手，逐步打造"国家标准、行业标准、团体标准和企业标准"四位一体的多层次标准体系。首先，在行业标准编制工作经验基础上，协会充分结合保险资产管理行业的发展趋势，动态优化保险资产管理行业标准体系框架，优化多层次标准体系布局，逐步形成行业标准、团体标准与企业标准协同发展、协调配套的标准体系。其次，协会致力于不断提高保险资产管理业标准间的兼容性，提高与其他相关产业标准和国际标准的衔接度，加强保险资产管理行业标准与相关法律法规的协调配套，有效提升标准体系的协调性和实用性。同时，鼓励行业机构建立企业标准，完善企业标准体系，提升自身的竞争力和市场地位；加强企业标准向团体标准、团体标准向行业标准、行业标准向国家标准的转化，加强保险资产管理业的相关标准与同类国际标准接轨；促进不同层级标准之间的信息交流和资源共享，从而有效推动行业的健康发展和技术进步。

### （三）循序渐进，打造标准工作闭环管理模式

在制定标准和体系建设的同时，协会致力于打造"学标准、懂标准和用标准"的行业氛围。首先，协会加大保险资产管理行业标准的宣贯力度。在《保险资管产品债权投资计划数据元》和《保险资管产品股权投资计划数据元》两项标准发布后，协会运用媒体、网络、会议等平台，开展多层次、多角度的宣传、培训、研讨和解读工作，推进现有行业标准公开。其次，协会也加大了标准化培训力度，提高保险资产管理行业从业人员标准化意识和能力水平。再次，协会调研标准在行业机构实施情况，综合分析调研反馈成果，通过引导、示范、评估和监督机制，积极推动标准落地实践。最后，协会还将进一步完善标准立项、制定、修订、审查和报批的具体要求和流程，对保险资产管理行业标准化管理工作涉及的各个环节和程序进行规范和要求，推动行业标准化工作机制进一步完善，形成工作闭环。

### （四）打造立体的标准化管理体系

协会从四个方面推进保险资产管理行业标准化管理体系：

组织管理上，秉持监管领导、协会落实、行业共建的思路，由协会领导和行业机构一把手共同组建领导决策层、协会和机构分管领导组建管理层，以及业务骨干组成的执行层，统筹行业机构共同制定并颁布行业数据标准，依托行业机构，通过落标、贯标和培训等方式，持续优化标准执行质量。

流程管理上，根据《行业标准管理办法》要求，结合保险资产管理行业实际情况，建立适用行业标准化建设工作的编制管理流程，严格规范行业标准制定、实施和监督环节，包括数据标准立项、制定、修订、发布和培训等流程。

人才队伍管理上，目前已初步建立保险资产管理行业标准专家库，储备和培训近百余名高水平的专业人才，充分调动行业机构的积极性和参与度，为持续推动行业标准建设和后续贯标工作打好坚实基础，也加大了标准工作成果的转化力度。

数据管理工具上，目前已积累数据标准范式管理、监管政策数据管理、基础业务指标管理、系统流程数据管理、元数据管理等标准化全生命周期管理工具，着手规划开始搭建标准化指标数据仓库和知识库。

### （五）打造多样化的理论研究成果转化方式

目前保险资产管理行业存在的共性问题是数据碎片化、不成体系，为进一步强化数据治理，提高数据质量，统一明确标准和定义，协会以行业标准建设工作为抓手，尝试通过不同渠道，将行业标准工作的前期经验成果转化为行业高质量发展的解决方案。

2023年，标准化工作团队围绕"标准化建设对保险资产管理行业的重要意义""保险资产管理行业标准化建设实践"以及"保险资产管理行业标准的工作与探索"等主题开展了一系列研究，相关研究成果陆续在《中国保险资产管理》《中国标准化》等刊物上发表。

协会以《保险资管产品股权投资计划数据元》和《保险资管产品债权投资计划数据元》两项行业标准发布为契机，通过行业机构内部学习和行业培训等方式指导行业机构在业务开展、数据治理和系统建设等方面落实数据标准，致力于实现数据标准化、数据一体化以及数据场景化，推动数字化投研平台、投资平台、运营平台、风险控制平台、产品发行平台的建设，带动行业通过数字化支撑高效运营，提升服务实体经济和保险资产管理行业高质量发展的质效。

## 三、机构动向

随着保险资产管理行业管理规模的不断增大、业务条线和投资品类的不断丰富，投研、风控、产品、销售、客户、运营和经营管理等领域的数据交互频繁度越来越高，监管部门不断明确和强化数据报送标准化要求，在内外部因素共同作用下，行业对于数据质量和数据服务的需求不断提高，保险资产管理公司对企业级数据管控的必要性逐渐凸显。通过行业调研，市场机构结合自身实际情况，在建设完整数据治理体系或建设特定功能的治理体系，不断推动数据标准贯彻执行工作方面，主要动向如下：

行业代表性机构的数据治理体系基本建立并逐渐完善，中小保险资产管理机构根据业务需求，建设特定功能的数据治理体系，其中数据标准是数据治理工作的起点。数据标准从制定到落地的具体举措包括：明确数据治理目标、组建跨部门的执行团队、调研和借鉴业内最佳实践、广泛征求意见和参与、定期审查和更新、提供培训和支持以及强化监督和执行等。

数据标准的制定团队由决策层、管理层和执行层组成，分别负责数据标准的顶层设计、制定管理和制定执行等工作。管理层牵头推进数据标准的制定，为了获得不同利益相关者的反馈和意见，确保数据标准的可行性，业务团队和科技团队共同负责数据标准的制定和实施，并广泛征求公司内部意见，提交给决策层进行审批发布后执行。在执行的过程中不断审查和更新，适应不断变化的业务环境和技术要求。目前，数据标准执行层由业务团队和科技团队的不同人员组成，而业务部门的深度参与是行业统一的实践共识。

以数据标准为抓手，持续提升科技赋能保险资金运用的大类资产配置能力、稳定收益能力和风险管控能力。无论是针对已运行的系统还是新建的系统，行业市场机构均严格落实标准映射关系，根据客观需要和公司资源禀赋建立企业级数据平台或重要业务的数据平台，整合核心流程和应用系统中的数据资源，基于数据标准对数据进行清洗、处理和整合，帮助保险资产管理公司提升公司的资产配置、投资研究、产品发行、运营管理、风险控制等能力，进而帮助公司通过科技工具的运用、底座的建设和模型的使用实现投资管理能力的增长。

当前，数据资产已经成为保险资产管理业的重要生产要素。行业标准化建设需要各主体共同努力，挖掘数据资产的价值，做好数字化转型的相关工作，完善行业标准化工作机制，优化保险标准体系架构，推动标准落地实施，以高标准助力保险资产管理行业的高质量发展。

# 【专项五】IAMAC 资产管理百人问卷调查

## 一、调查背景及意义

建立宏观经济和资产配置景气度预测调查机制，是发挥中国保险资产管理业协会"IAMAC 资产管理百人"智库作用的积极探索，有助于引导资产管理行业专家关注宏观形势，倡导资产管理机构履行服务经济大局的社会责任。IAMAC 资产管理百人问卷活动每半年开展一次。问卷内容实现宏观经济、大类资产配置、权益市场、债券市场以及当前热点"全覆盖"。问卷调查对象为来自证券、基金、银行、保险、信托机构和高校智库的 100 余位"IAMAC 资产管理百人"，做到"三个面向"，即面向大资管、面向不同层级、面向专家个人，同时做到"六个兼顾"，即买方和卖方兼顾、研究和投资兼顾、权益和固收兼顾、中资和外资兼顾、学界和业界兼顾、理论与实践兼顾。截至 2023 年末，已连续开展 5 期问卷调查。

## 二、调查报告摘要

2023 年 11 月，中国保险资产管理业协会联合中国人寿保险股份有限公司共同开展第 5 期"资产管理百人问卷调查——2024 年宏观形势展望"，邀请到 101 位"IAMAC 资产管理百人"共同参与，征集大资管行业专家对 2024 年宏观经济金融形势的前瞻预测和资产配置建议。

调查显示：一是经济走势方面，受访者对于 2024 年宏观经济走势总体判断为中性，多数预期 2024 年 GDP 增速位于 4.5%～4.9%区间。二是驱动因素方面，受访者普遍对财政政策、基建投资和消费抱有较大的期待，但对房地产投资、地缘政治风险和出口存在一定担忧。三是物价水平方面，受访者普遍认为 2024 年通胀预期小幅回升，CPI、PPI 温和上行。四是货币政策方面，多数受访者预期基调维持稳健偏宽松，2024 年有望全面降准 25BP，政策利率、LPR 下调 5～10BP。五是财政政策方

资产管理百人问卷
调查报告（第 5 期）

面，多数受访者认为增加财政赤字、增加地方政府专项债额度或将成为财政政策发力的主要途径。六是资产配置方面，受访者倾向于看好 A 股、黄金和美债，预计中国 10 年期国债收益率将窄幅振荡或下行，人民币兑美元将小幅升值，美股宽幅振荡或振荡下行。七是风险挑战方面，重点关注地缘政治风险、主要经济体货币政策调整和海外大选等政治事件。

# 【专项六】中国保险资产管理行业投资管理人（CIO）调研

## 一、问卷简介

为增进中外资产管理机构的交流互动，提升双向开放下的行业国际化发展水平，中国保险资产管理业协会（以下简称协会）携手 IAMAC 国际专家咨询委员会（IEAC）主席单位摩根资产管理公司（以下简称摩根资产），连续两年发起中国保险行业投资负责人（CIO）调查。调查面向中国保险行业的投资负责人，围绕宏观经济与市场风险、保险资金资产配置与风险偏好、投管能力建设、ESG 投资等方面设置问卷。在比较分析调查数据以及欧美、亚太保险同业有关数据的基础上，协会联合摩根资产发布了《国际视角下中国保险 CIO 投资洞见（2023）》。2023 年的报告增加亚太保险 CIO 的调查结果，并通过两年数据的对比，增加了对趋势性和变化性的解读。报告数据更加丰富，研究更为深入，内容更加翔实，为中国保险行业拓展双向开放机会提供了重要的参考，也为国际机构了解中国保险行业提供了有益的视角。

## 二、调研报告摘要

一是全球积极关注经济增长放缓风险。经济增长放缓已取代 2022 年的通胀风险，成为全球各地区最为关注的宏观经济风险。其中，超过 70% 的美国和欧洲 CIO 将本国或全球经济的放缓视为首要宏观风险；73% 的美国 CIO 将本国房地产的下行趋势视为主要的市场风险。二是市场错位引领投资新趋势。全球资本市场的大幅波动在二级和一级市场中均发生了定价错配，从而产生了投资机会。美国和欧洲约有半数 CIO 表示，正计划抓住这些市场错位所带来的投资机会。三是私募信贷领域备受关注。美国、欧洲以及亚太地区的 CIO 均越发关注私募债和贷款领域的投资机会，分别有 45%、71% 和 46% 的 CIO 计划增加该领域的投资。在目前海外较高利率的环境下，私募信贷市场为保险资金提供了更有吸引力的投资机会和较高的资本效率。然而，如果高利率的环境持续，信贷的审批和定价的标准将面临严峻考验。四是另类资产吸引力依旧。短期来看，基础设施、交通运输以及私募信贷和私募股权二级市场，在另类资产类别中相对更有吸引力。中期来看，在全球经济放缓的预期下，机会型的私募债（例如不良债、特殊情境贷款）预计将获益。五是中国 CIO 将战略资产配置（SAA）和资产负债管理（ALM）作为重中之重。超过 70% 的中国 CIO 把 SAA 和 ALM 作为投资管理的首要任务。在市场波动和监管变化的背景下，拥有健全和多维度的 SAA 和 ALM 框架将赋予保险公司更显著的竞争优势。六是中国保险产品加速转型。面对中国人口发展趋势、消费者需求变化以及新实施的个人养老金，中国保险公司正在将产品重点转向保障型寿险、养老保险和重疾险等产品。七是受调研的 CIO 认可中国的长期投资机遇。尽管受调研的全球保险 CIO 目前对投资中国持谨慎态度，但长期仍保持建设性的观点，认可中国资本市场、高增长行业和战略合作伙伴关系等长期投资机会。八是中国保险业持续推进 ESG 投资。中国保险公司采纳 ESG 政策的比例从 38% 激增至 58%，显示出对可持续投资的关注和承诺正在不断深化。在 ESG 投资策略上，中国保险公司倾向于可持续主题投资，而欧洲保险公司已经发展至更为成熟的 ESG 整合和企业尽责管理阶段。100% 的欧洲 CIO 将减碳和实现净零排放作为 ESG 投资的首要目标。

《百川汇流　趋势同归　国际视角下中国保险 CIO 投资洞见（2023）——
中国保险资产管理业协会和摩根资产管理联合研究报告》

# 【专项七】保险资产管理公司参与金融衍生品业务情况调研

为全面深入了解保险资产管理机构参与金融衍生品业务情况，提高行业参与金融衍生品业务的有效性和便捷性，中国保险资产管理业协会（以下简称协会）面向 35 家保险资产管理公司开展 2023 年度金融衍生品业务情况调研。协会梳理金融衍生品监管政策和交易政策历程，总结业务情况，积极推动保险资金参与金融衍生品业务，助力保险资产管理机构增强风险管理能力。

## 一、金融衍生品监管政策历程

2010 年 7 月，原保监会发布《关于保险机构开展利率互换业务的通知》（保监发〔2010〕56 号），首次允许保险机构运用金融衍生品管理利率风险。2012 年 10 月，原保监会发布《保险资金参与金融衍生产品交易暂行办法》（保监发〔2012〕94 号），明确保险资金参与金融衍生品交易的目的、期限和方式等，规范金融衍生品的使用。此后，监管部门分别于 2012 年、2019 年和 2020 年发布《保险资金参与股指期货交易规定》（保监发〔2012〕95 号）、《关于保险资金参与信用风险缓释工具和信用保护工具业务的通知》（银保监办发〔2019〕121 号）和《保险资金参与国债期货交易规定》（银保监办发〔2020〕59 号），为保险公司风险对冲和资产负债管理提供更加多样化的选择。2020 年，为统一监管口径，监管部门同步修订《保险资金参与金融衍生产品交易办法》（银保监办发〔2020〕59 号）和《保险资金参与股指期货交易规定》（银保监办发〔2020〕59 号），进一步完善保险资金参与金融衍生品交易的监管规制体系，夯实保险机构风险管理主体责任，加强风险管理能力建设。

## 二、金融衍生品交易政策历程

为规范不同类型期货合约交易行为，中国金融期货交易所（以下简称中金所）以《中国金融期货交易所交易规则》为基础，详细制定了各类期货合约的交易细则。

股指期货业务方面，中金所于 2013 年和 2015 年发布《中国金融期货交易所沪深 300 股指期货合约交易细则》《中国金融期货交易所上证 50 股指期货合约交易细则》和《中国金融期货交易所中证 500 股指期货交易细则》。此后，中金所多次对股指期货细则进行修订，包括调整最低交易保证金标准、持仓限额和竞价时间，完善股指期货合约交易规则等。2022 年 7 月，中金所发布《中国金融期货交易所中证 1000 股指期货合约交易细则》，明确中证 1000 股指期货合约标的、合约月份、报价方式等，同步修订《中国金融期货交易所股指期权合约交易细则》，补充中证 1000 股指期货合约相关交易规定。

国债期货业务方面，中金所分别于 2013 年、2015 年和 2018 年发布《中国金融期货交易所 5 年期国债期货合约交易细则》《中国金融期货交易所 10 年期国债期货合约交易细则》和《中国金融期货交易所 2 年期国债期货合约交易细则》，并修订完善交易方式、持仓限额、竞价时间等。2023 年 4 月，中金所发布《中国金融期货交易所 30 年期国债期货合约交易细则》，明确 30 年期国债期货合约的面值、利率、报价单位、保证金和持仓规模等内容，同步修订相关交割细则和风险控制管理办法，补充 30 年期国债期货的强制减仓方法、交割单位和补偿金比例。

## 三、2023 年业务情况

2023 年，保险资产管理公司参与金融衍生品业务程度持续加深，金融衍生品业务整体呈现稳中有进的发展态势。

### （一）保险资产管理公司参与金融衍生品业务规模增加

调研结果显示，2023 年共有 24 家保险资产管理公司实际参与金融衍生品业务，相比 2022 年参与公司数量增加 3 家，合约名义价值共计约 638 亿元人民币，同比增加 29%。具体参与业务方面，有 24 家保险资产管理公司参与股指期货业务，7 家公司参与国债期货业务，3 家公司参与利率互换业务，3 家参与信用衍生品业务，2 家参与外汇衍生品业务（见表 5－7－1）。

表 5-7-1　　　　　　　保险资产管理公司参与金融衍生品业务情况　　　　　　（单位：家）

| 业务类型 | 2021年开展公司 | 2022年开展公司 | 2023年开展公司 |
| --- | --- | --- | --- |
| 股指期货 | 20 | 21 | 24 |
| 国债期货 | 7 | 6 | 7 |
| 利率互换 | 4 | 4 | 3 |
| 信用衍生品 | 1 | 3 | 3 |
| 外汇衍生品 | 3 | 2 | 2 |

资料来源：中国保险资产管理业协会

## （二）保险资产管理公司参与金融衍生品业务种类日益丰富

2023年，参与国债期货业务的保险资产管理公司中，5家参与30年期国债期货，5家参与10年期国债期货，2家参与5年期国债期货，2家参与2年期国债期货（见表5-7-2）。参与股指期货业务的保险资产管理公司中，21家参与沪深300股指期货，15家参与中证500股指期货，14家参与中证1000股指期货，12家参与上证50股指期货（见表5-7-3）。

表 5-7-2　　　　　　　保险资产管理公司参与国债期货业务情况　　　　　　（单位：家）

| 国债期货业务品种 | 2021年参与公司 | 2022年参与公司 | 2023年参与公司 |
| --- | --- | --- | --- |
| 2年期国债期货 | 2 | 3 | 2 |
| 5年期国债期货 | 2 | 3 | 2 |
| 10年期国债期货 | 6 | 5 | 5 |
| 30年期国债期货 | — | — | 5 |

资料来源：中国保险资产管理业协会

表 5-7-3　　　　　　　保险资产管理公司参与股指期货业务情况　　　　　　（单位：家）

| 股指期货业务品种 | 2021年参与公司数量 | 2022年参与公司数量 | 2023年参与公司数量 |
| --- | --- | --- | --- |
| 沪深300股指期货 | 17 | 19 | 21 |
| 中证500股指期货 | 13 | 16 | 15 |
| 中证1000股指期货 | — | 7 | 14 |
| 上证50股指期货 | 16 | 16 | 12 |

资料来源：中国保险资产管理业协会

### （三）保险资产管理公司参与金融衍生品交易以风险管理为主要目标

调研结果显示，92%的保险资产管理公司使用金融衍生品管理投资组合的风险敞口，88%的公司利用金融衍生品优化资产的风险收益特征（见图5-7-1）。此外，超九成公司认为参与金融衍生品交易达到预期管理目标，公司风险管理效率有所提升。

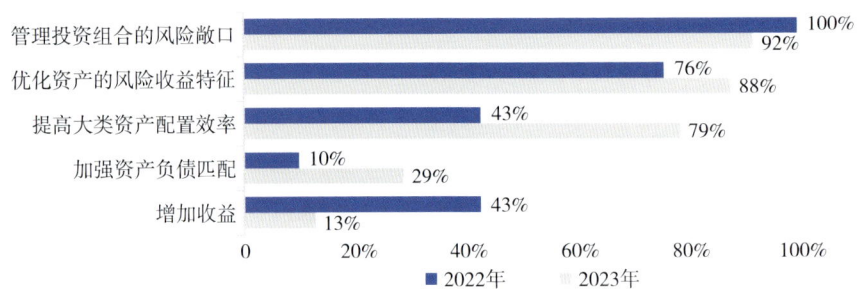

图5-7-1　保险资产管理公司参与金融衍生品业务的主要目的（公司数量占比）

资料来源：中国保险资产管理业协会

### （四）保险资产管理公司使用多种策略参与金融衍生品业务

调研结果显示，2023年保险资产管理公司国债期货与股指期货业务投资策略均以空头套保为主，部分公司采用多头套保策略或中性策略，少量公司采用打新策略、指数增强策略、择时策略、基差策略和跨品种策略等，保险资产管理公司使用金融衍生工具的熟练度和深度有所提高。调研数据显示，未来一年在面对债券现货市场价格下行风险时，有68%的保险资产管理公司会选择使用国债期货进行风险对冲（见图5-7-2）；面对权益现货市场价格下行风险时，有83%的保险资产管理公司会选择使用股指期货进行风险对冲（见图5-7-3）。

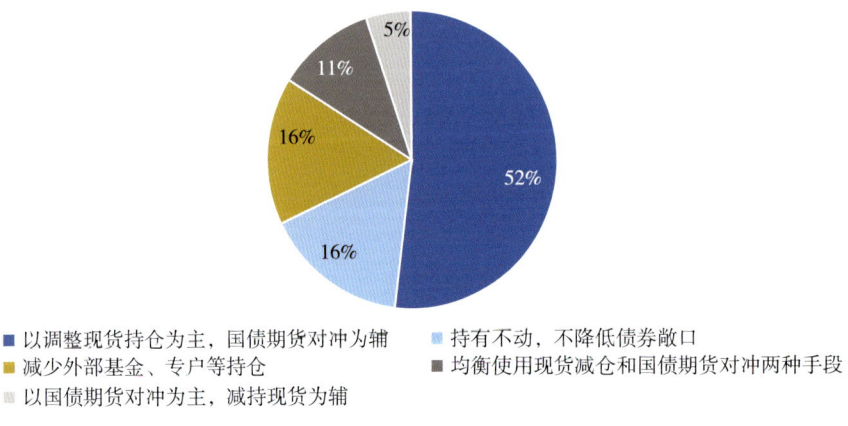

图5-7-2　未来一年债券现货价格下行时保险资产管理公司应对策略（公司数量占比）

资料来源：中国保险资产管理业协会

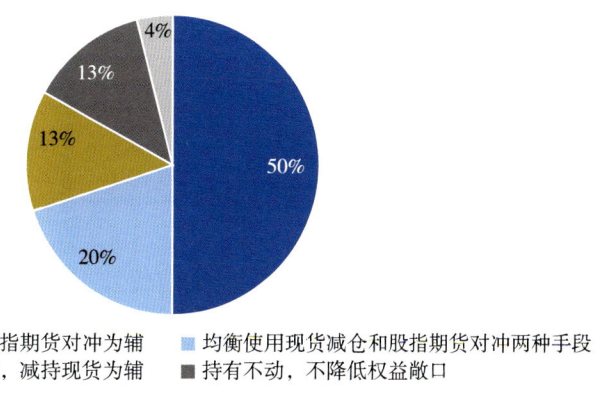

- ■ 以减持现货为主，股指期货对冲为辅　　■ 均衡使用现货减仓和股指期货对冲两种手段
- ■ 以股指期货对冲为主，减持现货为辅　　■ 持有不动，不降低权益敞口
- ■ 其他

图5-7-3　未来一年权益现货价格下行时保险资产管理公司应对策略（公司数量占比）

资料来源：中国保险资产管理业协会

### （五）保险资产管理公司参与金融衍生品业务的账户或产品较为集中

保险资产管理公司主要通过保险资产管理产品和保险委托账户参与业务。国债期货方面，5家保险资产管理公司通过保险资产管理产品方式参与交易，4家公司通过保险委托账户参与交易（见图5-7-4）。股指期货方面，23家保险资产管理公司通过保险资产管理产品方式参与交易，4家公司通过保险委托账户参与交易，3家通过年金类账户或产品参与交易，2家通过基本养老账户或产品参与交易（见图5-7-5）。

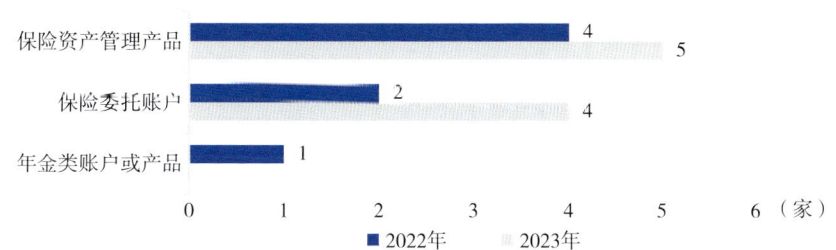

图5-7-4　保险资产管理公司各类账户参与国债期货业务情况（公司数量）

资料来源：中国保险资产管理业协会

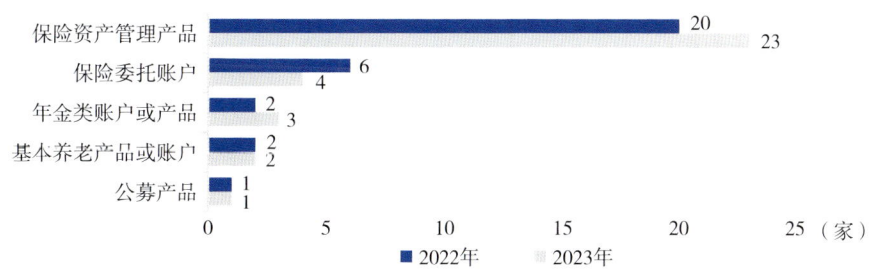

图5-7-5　保险资产管理公司各类账户参与股指期货业务情况（公司数量）

资料来源：中国保险资产管理业协会

## （六）从业人员数量稳定，市场化招聘人才比例上升

截至 2023 年末，保险资产管理公司参与金融衍生品业务人员共计 366 人，比 2022 年保险资产管理公司从业人员数量增加 15 人。其中，187 人负责资产配置和投资交易，78 人负责风险控制，64 人负责清算和核算，37 人负责其他业务（见表 5-7-4）。2023 年，公司新增的金融衍生品业务核心投资人员（资产配置和投资交易专业人员）中有 58% 来源于公司自主培养，42% 来源于市场化招聘。

表 5-7-4　　　　　　　2023 年保险资产管理公司从业人员汇总表　　　　　　　（单位：人）

| 业务类型 | 总人数 | 公司中位数 |
| --- | --- | --- |
| 资产配置和投资交易 | 187 | 6 |
| 风险控制 | 78 | 3 |
| 清算和核算 | 64 | 2 |

资料来源：中国保险资产管理业协会

## （七）保险资产管理公司与期货公司合作力度加大

2023 年，保险资产管理公司共计与 26 家期货公司进行业务合作，比 2022 年保险资产管理公司合作期货公司数量增加 2 家。保险资产管理公司国债期货交易涉及 19 家期货公司，其中 17 家于 2023 年获得证监会 AA 评级；股指期货交易涉及 24 家期货公司，其中 17 家于 2023 年获得证监会 AA 评级。

## （八）保险资产管理公司参与金融衍生品业务意愿较高

调研结果显示，除截至 2023 年已参与金融衍生品业务的公司外，另有 15 家保险资产管理公司已计划或有意愿参与国债期货业务，2 家公司已计划或有意愿参与股指期货业务。各公司对 2024 年参与上述两类期货业务的规模预测均较 2023 年有所提升。

## 【专项八】保险机构境外投资业务情况调研[①]

为了解行业境外投资情况，引导保险机构稳步开展境外投资业务，在监管部门的指导下，中国保险资产管理业协会（以下简称协会）组织52家具备境外投资资格的保险机构开展了2023年境外投资情况调查。调查主要结果如下：

### 一、境外投资业务规模下降

调研显示，38家保险机构在2023年开展境外投资业务，比2022年减少2家。截至2023年末，保险机构境外投资余额761亿美元，较2022年末下降9%。保险机构境外投资余额占行业上季末总资产的比值为2.3%。

### 二、业务组织结构及人员配置趋于完备

截至2023年末，36家机构设置境外投资的主责部门，3家机构成立境外投资专责部门，4家机构通过境内外资产管理子公司进行境外投资。各机构境外投资相关岗位投资专业人员人数平均为3.3人，其中具有3年以上境外投资相关经验人数平均为3.2人。

### 三、资金出境以 QDII 为主，ODI 方式为辅

2023年在保险机构境外投资中，以合格境内机构投资者（QDII）额度出境金额占总出境资金的58%，较上年下降5个百分点；以对外直接投资（ODI）方式出境金额占比28%，较上年上升6个百分点；其他方式占比14%，较上年上升1个百分点。截至2023年末，国家外汇管理局批复的保险机构QDII额度共计389.23亿美元，已使用

---

[①] 本专题涉及的保险机构境外投资数据不包含港股通投资业务。

的 QDII 额度为 306.54 亿美元[①]，使用率为 79%，较 2022 年下降 7 个百分点。

## 四、资金来源以境内资金为主，融资渠道多样化

截至 2023 年末，境外投资资金主要来源于境内保险业务资金，占境外投资资金来源的 84%，较上年上升 3 个百分点。通过内保外贷融资金额占总境外投资资金来源的 7%，通过自有资金投资金额占总境外投资资金来源的 5%，通过境外上市融资和境外发债融资等方式融资相对较少。

## 五、投资标的以权益类产品为主，资产配置多元化

截至 2023 年末，投资货币市场类产品余额占境外投资余额的 5%，投资固定收益类产品余额占境外投资余额的 17%，投资公开市场权益类产品余额占境外投资余额的 28%，投资股权基金和股权项目余额占境外投资余额的 32%，不动产类直接投资余额占境外投资余额的 15%，投资衍生品产品余额占境外投资余额的 1%，其他投资余额占境外投资余额的 2%。

## 六、投资区域以中国香港为主，市场集中度略有回落

截至 2023 年末，34 家保险机构投资中国香港市场，占海外投资余额的 59%。21 家保险机构投资美国市场，占境外投资余额的 26%。投资于其他国家和地区的投资余额占境外投资余额的 15%。中国香港市场是保险机构开展股票和债券投资的首选市场，美国市场是保险机构开展股权基金和不动产投资的首选市场。

---

① 不包含特批的 QDII 额度。

## 七、保险机构看好投资级债券，倾向于采用委托投资方式

未来 1 年，38% 的保险机构最看好投资级债券，较上年增加 5 个百分点；各有 19% 的保险机构最看好美股市场和港股市场，有 11% 的保险机构最看好现金类投资产品。未来 3~5 年，30% 的保险机构最看好投资级债券，较上年增加 7 个百分点；28% 的保险机构最看好美股市场，21% 的保险机构最看好港股市场。投资方式的选择上，30% 的保险机构倾向于以自主投资方式开展境外投资，70% 的保险机构倾向于以委托投资方式开展境外投资。

# 【专项九】保险资产管理行业投资者信心调查

## 一、调查背景及意义

近年来，保险资产管理行业发展取得显著成绩，在服务实体经济、支持国家战略等方面发挥着越来越重要的作用，在经济金融市场等领域的影响力稳步提升。

为反映保险资产管理行业对未来我国经济形势和市场热点等问题的总体预期和对投资市场的信心程度，引导保险资金安全稳健开展投资业务，中国保险资产管理业协会（以下简称协会）组织开展了"保险资产管理业投资者信心调查"（以下简称信心调查）。信心调查是协会2018年开始面向保险机构投资者推出的行业性调查活动，目前已组织开展12期。调查活动每年开展2期，首期为年初对全年经济和市场的预判，第二期是对当年下半年的判断。通过多维度的数据指标助力保险机构投资业务决策，为保险资金在市场预期和资产配置等方面提供专业化、合理化、实用性强且具有针对性的信息参考。

## 二、调查报告摘要

"2024年第1期（总第12期）保险资产管理业投资者信心调查"是对2024年我国宏观环境、市场情况、公司资产配置计划和收益预期的判断，调查对象包括33家保险资产管理公司和70余家大中型保险公司。

### （一）国内经济总体保持平稳，市场流动性小幅宽松

调查显示，保险资产管理行业对2024年我国宏观经济整体持中性态度。政策方面，保险资产管理行业认为2024年我国货币政策将稳健偏松，将重点关注运用降准、结构工具、降息、改革手段，为经济恢复提供有力支持和加强与财政政策的协调配合，适时加大公开市场投放，平滑短期资金波动，并加大服务实体经济力度。保险资产管理行业预计我国财政政策2024年也将稳健偏松，保险资产管理公司希望加大对中小微企业减负纾困力度，保险公司则希望能加强与货币、产业、科技、社会政策的协调配合，形成政策合力。市场流动性方面，七成的保险资产管理公司和六成的保险公司预

期金融市场流动性会小幅宽松。国内经济最关注的领域是房地产投资、财政政策、消费和出口。

### （二）公开市场投资受保险机构青睐

在资产配置偏好方面，债券、股票等公开市场投资仍然是保险机构最为青睐的投资资产。此外，银行存款、组合类保险资产管理产品的关注度也有显著提升。近年来，保险资金多投资于标准化产品，且配置结构趋于稳定。调查显示，2024年多数保险机构投资于银行存款、债券、股票、证券投资基金和其他资产的比例基本稳定在10%以下、50%以上、10%以下、10%以下和30%以下。2024年，超过半数的保险机构预期各类资产配置与2023年基本保持一致。有资产配置计划调整的机构，多倾向于适度增加债券、股票的投资比例。

### （三）保险机构对债市预期相对乐观

调查显示，约半数的保险机构对2024年债券市场整体持较乐观态度，还有近四成的保险机构持中性态度。保险机构对无风险收益率的走势预期呈现震荡和整体呈下行两种态度，较多数保险机构对中高等级信用债收益率预期呈现震荡下行趋势，还有部分保险机构则预期中高等级信用债收益率呈现窄幅震荡趋势。近两年，保险机构对债券的配置偏好逐年递增。2024年，保险机构看好超长期利率债、银行永续债和二级资本债、高等级城投债和中长久期利率债。近两年保险机构对债券配置久期有很大调整，从偏好中短期债券转变为偏好10年期以上的长期债券。2024年，我国经济基本面和货币政策或将成为影响债券市场的主要因素。

### （四）保险机构对A股预期显中性，看好科技成长和生物医药板块

调查显示，半数的保险机构对2024年A股市场比较谨慎，持中性态度，另有近四成的保险机构持较乐观态度。同时，近五成保险资产管理公司认为2024年A股市场将宽幅震荡，保险公司则预期A股市场将震荡上行。对于2023年末A股估值，大部分保险机构均认为估值较低，预计2024年上证综指将在2 700点至3 300点。2024年A股市场，保险机构最看好沪深300，其次为上证50、中证500和创业板。在关注的投资领域方面，新技术、高端技术制造、生物医药、科技安全等投资领域将是保险机构关注的重点。在行业方面，保险机构看好电子、医药生物、公共事业、计算机、有色金

属和煤炭等行业。2024 年，保险机构认为企业盈利增速、消费和地产等复苏情况、经济增速情况将是影响 A 股市场的主要因素，保险机构或将超配科技成长板块和生物医药板块。

### （五）境外投资偏好债券投资

债券投资是保险机构 2024 年最偏好的境外投资资产。从资产配置来看，保险资金境外投资目前已基本涵盖流动性资产、固定收益类资产、权益类资产、不动产类资产和其他金融资产等多种投资品种。超四成保险机构 2024 年偏好债券投资，近三成保险机构偏好港股投资。

# 【专项十】保险资产管理行业投资信心指数

为贯彻落实党中央深化金融体制改革，完善金融市场体系，提升金融服务实体经济能力，防范化解金融风险的部署，助力金融高质量发展与金融强国建设，中国保险资产管理业协会（以下简称协会）于 2022 年推出全新的指数产品——"保险资产管理行业投资信心指数"（以下简称信心指数），通过展现保险机构对未来一定时期经济形势、投资趋势的预判，为保险资产管理行业制定科学稳健的投资决策提供直观、量化、动态参考。

## 一、信心指数定义

信心指数是反映保险资产管理行业投资信心强弱的先行指标，通过对 200 余家保险机构（保险集团、保险公司、保险资产管理公司）开展调查，用简单、直观、量化的方式，动态展现保险资产管理行业对未来一定时期经济形势和投资趋势的预判。

## 二、信心指数构成和计算

信心指数目前包含宏观经济信心指数、固定收益投资信心指数和权益投资信心指数三大类。通过五级量表形式设置分项指标，使用模型和系统多重加权产生信心指数结果。结果数值在 0～100 之间，50 为中性值，指数数值越高，表明信心越强。

## 三、信心指数调查周期

信心指数调查每季度开展一次，原则上于上季度末收集问卷，在当季度初进行公布。另外，每年度末期将对下一年度情况进行预判。

## 四、2024年度信心指数结果

协会于2023年底向200家保险机构发放2024年信心指数调查问卷，回收问卷189份，问卷覆盖率达95%，参与调查的保险机构总资产占全行业总资产比例的98%。2024年信心指数结果显示（见图5-10-1），宏观经济信心指数为56.05，固定收益投资信心指数为57.82，权益投资信心指数为61.01，均超50中位值，认为保险机构对2024年宏观经济形势、固定收益投资和权益投资情况持较乐观态度。

图5-10-1 2024年度保险资产管理行业投资信心指数调查结果

## 五、各季度信心指数结果汇总

调查结果见图5-10-2。

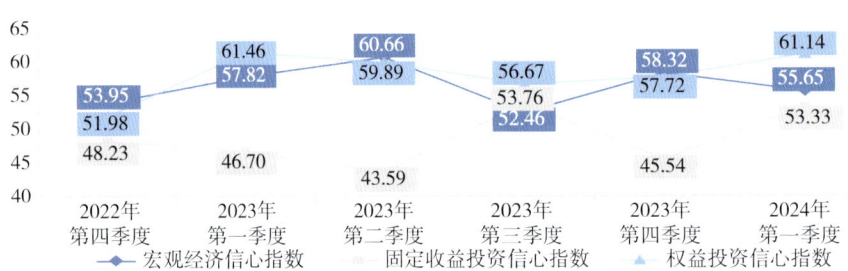

图5-10-2 各季度保险资产管理行业投资信心指数调查结果（数据截至2023年底）

更多信心指数情况，请登录协会官网——信息与研究——投资信心指数专栏，或扫描下方二维码查看。

"投资信心指数"专栏

# 附　录

**附录一**

# 2021—2023 年保险资产管理行业主要政策目录[①]

### （以发布时间次序排列）

| 发布时间 | 政策名称 | 政策文号 | 政策方向 | 内容概要 |
| --- | --- | --- | --- | --- |
| 2021年1月12日 | 中国银保监会办公厅关于印发保险资产管理公司监管评级暂行办法的通知 | 银保监办发〔2021〕5号 | 保险资产管理机构监管评级 | 吸收借鉴国内外金融机构分类监管的相关经验做法，建立实施保险资产管理公司的监管评级制度，并根据评级结果，在市场准入、业务范围、产品创新、现场检查等关键领域采取差异化监管措施 |
| 2021年1月25日 | 保险公司偿付能力管理规定 | 中国银行保险监督管理委员会令2021年第1号 | 保险公司偿付能力管理 | 将偿二代监管规则中原则性、框架性要求上升为部门规章，并进一步完善监管措施，以提高其针对性和有效性，更好地督促和引导保险公司恢复偿付能力 |
| 2021年2月18日 | 银行保险机构声誉风险管理办法（试行） | 银保监发〔2021〕4号 | 声誉风险管理 | 完善声誉风险管理制度体系，吸收固化声誉风险管理良好做法，对原先两部声誉风险管理指引进行修订 |
| 2021年5月15日 | 中国银保监会办公厅关于开展专属商业养老保险试点的通知 | 银保监办发〔2021〕57号 | 第三支柱养老保险 | 发展第三支柱养老保险和商业养老保险，更好地服务多层次、多支柱养老保险体系建设，开展专属商业养老保险试点 |
| 2021年6月8日 | 中国银保监会关于印发银行保险机构公司治理准则的通知 | 银保监发〔2021〕14号 | 银行保险机构公司治理 | 推动银行保险机构提高公司治理质效，促进银行保险机构科学健康发展 |
| 2021年6月9日 | 银行保险机构恢复和处置计划实施暂行办法 | 银保监发〔2021〕16号 | 银行保险机构恢复和处置计划机制 | 充分借鉴国际监管良好实践，及时总结防范和化解金融风险攻坚战的有益经验，补齐监管制度短板 |
| 2021年9月28日 | 中国银保监会办公厅关于资产支持计划和保险私募基金登记有关事项的通知 | 银保监办发〔2021〕103号 | 保险资产管理产品发行制度改革 | 进一步深化保险资金运用市场化改革，提高服务实体经济质效，保险资产管理机构的资产支持计划和保险私募基金由注册制改为登记制 |

---

[①] 截止时间为2023年12月31日。

续表 1

| 发布时间 | 政策名称 | 政策文号 | 政策方向 | 内容概要 |
| --- | --- | --- | --- | --- |
| 2021年10月14日 | 中国银保监会关于印发银行保险机构大股东行为监管办法（试行）的通知 | 银保监发〔2021〕43号 | 大股东行为监管 | 进一步加强股东股权监管，完善银行保险机构公司治理，有效防范金融风险，强化大股东行为监管 |
| 2021年11月17日 | 中国银保监会办公厅关于保险资金投资公开募集基础设施证券投资基金有关事项的通知 | 银保监办发〔2021〕120号 | 保险资金投资公募REITs | 进一步丰富保险资产配置结构，助力盘活基础设施存量资产，提高直接融资比重，从制度层面明确投资规范和监管规则 |
| 2021年11月19日 | 中国银保监会办公厅关于调整保险资金投资债券信用评级要求等有关事项的通知 | 银保监办发〔2021〕118号 | 调整保险资金投资债券信用评级要求 | 规范保险资金债券投资行为，防范资金运用风险，调整保险资金投资债券信用评级要求等 |
| 2021年11月30日 | 保险集团公司监督管理办法 | 中国银行保险监督管理委员会令2021年第13号 | 保险集团公司监督管理 | 进一步加强对保险集团公司的监督管理，有效防范保险集团经营风险，促进金融保险业健康发展，适应保险集团发展和监管的要求 |
| 2021年12月3日 | 中国银保监会办公厅关于保险资金参与证券出借业务有关事项的通知 | 银保监办发〔2021〕121号 | 保险资金参与证券出借业务 | 进一步深化保险资金运用市场化改革，规范保险资金参与证券出借业务行为，有效防范风险 |
| 2021年12月17日 | 中国银保监会关于修改保险资金运用领域部分规范性文件的通知 | 银保监发〔2021〕47号 | 保险资金运用领域部分文件修改 | 进一步激发市场主体活力，提升保险资金服务实体经济质效，有效防范相关领域风险，对部分规范性文件集中修订 |
| 2021年12月24日 | 中国银保监会办公厅关于规范和促进养老保险机构发展的通知 | 银保监办发〔2021〕134号 | 发展第三支柱养老保险 | 推动养老保险公司和养老金管理公司走专业化发展道路，更好服务第三支柱养老保险建设 |
| 2021年12月30日 | 中国银保监会关于印发保险公司偿付能力监管规则（Ⅱ）的通知 | 银保监发〔2021〕51号 | 偿付能力监管规则 | 结合金融工作新要求和保险监管新形势，原银保监会对现行偿二代监管规则进行了全面修订升级 |
| 2022年1月14日 | 银行保险机构关联交易管理办法 | 中国银行保险监督管理委员会令2022年第1号 | 关联交易 | 进一步加强关联交易监管，规范银行保险机构关联交易行为，防范利益输送风险，健全银行业保险业关联交易管理 |
| 2022年1月19日 | 中国银保监会关于精简保险资金运用监管报告事项的通知 | 银保监规〔2022〕1号 | 精简报送事项 | 进一步落实国务院"放管服"改革要求，整合监管资源，聚焦风险监管，提高监管质效 |
| 2022年1月20日 | 保险公司非现场监管暂行办法 | 中国银行保险监督管理委员会令2022年第3号 | 非现场监管 | 总结保险公司非现场监管的工作经验，明确了保险公司非现场监管的职责分工，规范了保险公司非现场监管的工作流程 |

续表2

| 发布时间 | 政策名称 | 政策文号 | 政策方向 | 内容概要 |
| --- | --- | --- | --- | --- |
| 2022年1月26日 | 中国银保监会办公厅关于银行业保险业数字化转型的指导意见 | 银保监办发〔2022〕2号 | 数字化转型 | 加快数字经济建设，全面推进银行业和保险业数字化转型，推动金融高质量发展，更好服务实体经济和满足人民群众需要 |
| 2022年5月13日 | 中国银保监会关于印发保险资金委托投资管理办法的通知 | 银保监规〔2022〕9号 | 保险资金委托投资 | 进一步规范保险资金委托投资行为，强化保险机构主体责任，防范委托投资风险 |
| 2022年5月13日 | 中国银保监会关于保险资金投资有关金融产品的通知 | 银保监规〔2022〕7号 | 保险资金投资金融产品 | 进一步优化保险资产配置结构，提升保险资金服务实体经济质效，防范投资风险 |
| 2022年6月2日 | 中国银保监会关于印发银行业保险业绿色金融指引的通知 | 银保监发〔2022〕15号 | 绿色金融 | 促进银行业保险业发展绿色金融，积极服务兼具环境和社会效益的各类经济活动，更好助力污染防治攻坚，有序推进碳达峰、碳中和 |
| 2022年6月2日 | 中国银保监会关于加强保险机构资金运用关联交易监管工作的通知 | 银保监规〔2022〕11号 | 关联交易 | 进一步加强保险机构资金运用关联交易监管工作，规范保险资金运用关联交易行为，防范投资风险 |
| 2022年8月5日 | 保险资产管理公司管理规定 | 中国银行保险监督管理委员会令2022年第2号 | 保险资产管理公司管理规定 | 进一步深化金融供给侧结构性改革，强化保险资产管理公司监管，促进保险资产管理行业高质量发展 |
| 2022年11月10日 | 保险保障基金管理办法 | 中国银行保险监督管理委员会、中华人民共和国财政部、中国人民银行令2022年第7号 | 保险保障基金管理 | 促进保险业稳健经营和高质量发展，更好发挥保险保障基金的积极作用，维护保单持有人合法权益 |
| 2022年11月30日 | 银行保险机构公司治理监管评估办法 | 银保监规〔2022〕19号 | 银行保险机构公司治理 | 进一步加强和改进金融机构公司治理监管，切实提升公司治理有效性，贯彻原银保监会2022年弥补监管制度短板方案要求 |
| 2022年12月1日 | 中国银保监会办公厅关于开展养老保险公司商业养老金业务试点的通知 | 银保监办发〔2022〕108号 | 商业养老金 | 贯彻落实党的二十大关于发展多层次、多支柱养老保险体系的决策部署，进一步丰富商业养老金融供给，更好满足人民群众多样化养老需求 |

续表3

| 发布时间 | 政策名称 | 政策文号 | 政策方向 | 内容概要 |
| --- | --- | --- | --- | --- |
| 2022年12月30日 | 银行保险机构消费者权益保护管理办法 | 中国银行保险监督管理委员会令2022年第9号 | 消费者权益保护 | 维护公平公正的金融市场环境，切实保护银行业保险业消费者合法权益，促进行业高质量健康发展 |
| 2023年1月9日 | 银行保险监管统计管理办法 | 中国银行保险监督管理委员会令2022年第10号 | 监管统计管理 | 加强银行业保险业监管统计管理，规范监管统计行为，提升监管统计质效 |
| 2023年9月5日 | 国家金融监督管理总局关于个人税收递延型商业养老保险试点与个人养老金衔接有关事项的通知 | 金规〔2023〕4号 | 税延养老保险 | 落实个人养老金相关制度要求，有序推进个人税收递延型商业养老保险试点与个人养老金衔接 |
| 2023年9月10日 | 国家金融监督管理总局关于优化保险公司偿付能力监管标准的通知 | 金规〔2023〕5号 | 偿付能力监管 | 在保持综合偿付能力充足率100%和核心偿付能力充足率50%监管标准不变的基础上，根据保险业发展实际，优化保险公司偿付能力监管标准 |
| 2023年10月11日 | 国务院关于推进普惠金融高质量发展的实施意见 | 国发〔2023〕15号 | 普惠金融 | 构建高水平普惠金融体系，进一步推进普惠金融高质量发展 |
| 2023年10月20日 | 中国人民银行 国家金融监督管理总局关于印发《系统重要性保险公司评估办法》的通知 | 银发〔2023〕208号 | 系统重要性保险公司评估 | 强化金融稳定保障体系，加强系统重要性金融机构监管，建立系统重要性保险公司评估与识别机制 |
| 2023年10月25日 | 国家金融监督管理总局关于促进专属商业养老保险发展有关事项的通知 | 金规〔2023〕7号 | 专属商业养老保险 | 稳步推动专属商业养老保险发展，明确相关业务要求，进一步扩大经营专属商业养老保险业务的机构范围 |
| 2023年12月25日 | 国家金融监督管理总局关于印发养老保险公司监督管理暂行办法的通知 | 金规〔2023〕13号 | 养老保险公司监管 | 增强养老保险公司监管针对性、有效性，进一步推动养老保险机构聚焦主业，更好参与和服务我国多层次、多支柱养老保险体系建设 |
| 2023年12月29日 | 银行保险机构操作风险管理办法 | 国家金融监督管理总局令2023年第5号 | 操作风险 | 进一步完善银行保险机构操作风险监管规则，提升银行保险机构的操作风险管理水平 |

资料来源：国家金融监督管理总局官网

## 附录二

# 保险资产管理行业大事记

2023年1月11日，光大永明资产荣获由中国金融思想政治工作研究会颁发的"2021—2022年全国金融系统文化建设优秀单位"荣誉称号。

2023年3月1日至3日，中国保险资产管理业协会在上海组织《保险资产管理股票投资类数据元》行业标准编制审定工作会。

2023年3月23日，"聚势向新 创见未来"保险资金股权投资暨私募基金管理人评价工作交流会圆满落幕。

2023年3月28日，中国人寿领航Pre-REITs增值策略型基金成功签约，规模约40亿元。该基金由国寿投资公司旗下国寿资本公司发起设立，拟投资公募REITs准入领域的优质项目，是保险行业首只产权类Pre-REITs专题基金。

2023年3月31日，阳光资产管理（香港）有限公司获批注册为持牌法团，从事第4类（就证券提供意见）及第9类（资产管理）受规管活动。

2023年4月11日，太平（深圳）乡村振兴私募股权投资基金合伙企业（有限合伙）正式设立。基金主要投向农业农村基础设施建设、现代种养业、现代种业、乡村富民产业、农产品加工流通业、农业科技创新等领域，助力乡村全面振兴。

2023年4月20日，国寿资产下属私募股权基金平台成功发起设立九州启航（北京）股权投资基金（有限合伙），基金规模达到339.01亿元，主要服务于金融机构化险和风险处置，维护金融市场的稳定。

2023年4月25日，中国保险资产管理业协会股权投资专业委员会与中国证券投资基金业协会私募股权及并购投资基金委员会合作主办的"保险资金+私募股权并购基金"专题研讨交流会在四川省成都市成功举办。

2023年5月12日，中国保险资产管理业协会以"清风领航 廉润资管——共建行业清廉生态"为主题，在京成功举办保险资产管理行业清廉文化建设征文活动成果发布暨经验交流座谈会。

2023年6月9日，由中国保险资产管理业协会主办、长江养老保险承办、恒生电子协办的"新科技·新动能·新未来"人工智能的发展及大语言模型在投资领域的运用交流研讨活动在杭州成功举办。

2023年6月29日，平安资管正式加入联合国负责任投资原则组织（UNPRI）。

2023年8月2日，泰康资产养老金管理规模突破8 000亿元。

2023年9月15日，国寿投资发起设立国寿投资-宝武绿碳基金股权投资计划，总规模10亿元，完成首期出资。该基金是全国首只制造业背景的碳中和主题基金。

2023年9月15日，太平医疗健康产业股权投资基金与国家医保研究院合作撰写《多层次医疗保障体系下的商业保险发展机遇综述报告》。

2023年9月21日，中国保险资产管理业协会在北京召开"2023年信用评级机构评价结果发布暨信用风险管理专业委员会工作会议"，并于会上发布"2023年信用评级机构评价结果"。

2023年10月13日，国寿资产、泰康资产、太保资产、人保资产、平安资管5家保险资产管理公司首批获得上交所和深交所同意试点开展ABS及REITs业务。

2023年10月23日，经上海市黄浦区市场监督管理局核准，交银康联资产管理有限公司正式更名为"交银保险资产管理有限公司"。

2023年10月27日，中邮保险资产管理有限公司正式成立。

2023年10月31日，中国保险资产管理业协会在上海召开"中小保险公司资金运用与风险管理工作交流会"。

2023年11月8日，太平资本发起设立太平资本－菜鸟网络高标仓股权投资计划，是行业内唯一的由保险资金、头部电商、快递公司共同参与的Pre-REITs项目。

2023年12月20日，由中国保险资产管理业协会主办的"峥嵘二十薪火传 继往开来筑华章"——中国保险资产管理行业改革发展20周年座谈会在北京召开。2023年12月26日，国寿投资携手社保基金共同投资新桂项目。该项目总规模100.02亿元，首次引入社保基金作为投资人，完成首笔40亿元出资，通过基金形式投资广西投资集团旗下核电项目，助力产业升级和广西高质量发展。

2023年12月27日，国寿资产作为总协调人、最大投资人，投资约14.2亿元的持有型不动产ABS项目"华泰－中交路建清西大桥持有型不动产资产支持专项计划"成功落地，为优质基础设施资产发行长久期ABS提供了可行路径和成功范例。

**附录三**

# 保险资产管理行业倡议书

## 一、中国保险资产管理业 2023 年助力乡村振兴定点帮扶工作倡议书

各位会员：

过去一年，中国保险资产管理业始终坚持以习近平新时代中国特色社会主义思想为指导，深入贯彻落实党中央、国务院和中国银保监会党委决策部署，助力定点帮扶地区推动产业发展、拓宽农牧民增收渠道、提升乡村治理效能、增强内生发展动能。2023 年是全面贯彻落实党的二十大精神的开局之年。新征程上，我们将全面深入贯彻落实党的二十大精神，守牢防止规模性返贫底线，夯实帮扶举措，扎实推进乡村发展、乡村建设、乡村治理等重点工作，为全面建设社会主义现代化国家开好局起好步打下坚实基础。在此，我们倡议：

（一）落实落细全面推进乡村振兴各项任务，深入推进农村精神文明建设

要深入贯彻落实习近平总书记关于"三农"工作的重要论述，坚持党领导"三农"工作原则不动摇，扎实推动乡村产业、人才、文化、生态、组织振兴，守好"三农"基本盘。鼓励会员单位支持乡村群众性文化活动，深入开展社会主义核心价值观宣传教育，协调推进重点任务规划和专项工作计划落实，以强有力举措推进巩固拓展脱贫攻坚成果同乡村振兴有效衔接。

（二）持续巩固拓展脱贫攻坚成果，增强脱贫地区和脱贫群众内生发展动力

鼓励会员单位开展消费帮扶助农增收，参与农副产品推广，拓宽农产品销售渠道。鼓励会员单位协助定点帮扶地区建立健全优质农产品生产基地，扩大绿色、有机、地理标志和名特优新产品规模，推进现代农业全产业链标准化，增强市场竞争力和可持续发展能力。发挥保险保障功能，积极参与"防贫保"项目，对脱贫不稳定户、边缘易致贫户以及突发严重困难户加强帮扶。

（三）培育壮大乡村新产业新业态，拓宽农民增收致富渠道

鼓励会员单位充分考虑区域资源禀赋条件、经济发展水平，坚持因地制宜发展教育农园、研学基地、农产品电商、乡村露营游、乡土文化体验游等新模式，帮助定点帮扶地区挖掘农业农村特色资源，推动乡村产业全链条升级，探索实施乡村休闲旅游精品工程，推介乡村休闲旅游精品景点线路，坚持把增加农民收入作为"三农"工作的中心任务，千方百计拓宽农民增收致富渠道。

（四）发展新型农村集体经济，激发农业农村发展活力

鼓励会员单位通过投入资金支持定点帮扶地区特别是经济薄弱村培育壮大新型农村集体经济，

提升带动群众增收致富的能力和水平。鼓励会员单位结合实际需求对脱贫家庭务农人员、返乡回流人员开展生产经营技能培训，提高再就业能力，支持脱贫家庭新成长劳动力实现更高质量、更加充分的就业，稳定扩大就业规模。

（五）改善乡村基础设施和公共服务，建设宜居宜业和美乡村

鼓励会员单位协助定点帮扶地区统筹推进农村道路、农村供水、数字乡村等基础设施建设，助力推动加强农村防疫、教育、医疗、社会保障、养老托育等公共服务体系建设。推动实施村庄小型公益性基础设施提升工程。统筹推进农村生活污水和垃圾治理，健全农村生活垃圾收运处置体系，帮助有条件的村庄推进垃圾分类、源头减量，深入实施村庄清洁行动，引导农民开展庭院和村庄绿化美化。

（六）发挥保险资产管理行业优势，积极参与农村金融环境建设

鼓励会员单位发挥保险资金现金流稳定、存续时间长和资本存量大等特征，通过创新建设模式和投融资机制，开展普惠性、基础性、兜底性民生项目建设。鼓励会员单位探索保险资金绿色投资，优先服务于绿色产业园区、绿色循环农业等投资周期长、融资量大的乡村振兴项目，实现"双碳"目标下乡村振兴与绿色金融的融合。鼓励会员单位各类公益慈善资金支持定点帮扶地区，扎实推动乡村振兴，促进农村农民共同富裕。

各位会员，强国必先强农，农强方能国强。党的二十大对全面推进乡村振兴作出了新的部署，擘画了以中国式现代化全面推进中华民族伟大复兴的宏伟蓝图。我们要"拉满弓""上满弦"，以增加农民收入为核心，以发展产业、壮大村级集体经济为突破口，以加快农业农村现代化为着力点，全面推进乡村振兴战略实施步伐，切实推动农业提质增效、农村文明进步、农民增收致富，要在承担公共服务、提供技术支持、实施帮扶项目等方面主动作为，大力开展产业帮扶、消费帮扶、商贸帮扶、科技帮扶、能力帮扶、人才帮扶、捐赠帮助等行动，为落实定点帮扶工作任务贡献各自力量，奋力谱写全面推进乡村振兴新篇章！

中国保险资产管理业协会

2023 年 4 月 24 日

## 二、中国保险资产管理业协会关于保险资产管理行业全力支持防汛救灾及灾后重建倡议书

各会员单位：

今年 7 月以来，我国东北、华北、华南等多地受强降雨影响，发生严重洪涝地质灾害，广大人民群众生命安全受到严重威胁，财产受到严重损失。为高效助力防汛救灾及灾后恢复重建工作，国家金融监督管理总局于近日下发了《关于做好防汛救灾和灾后重建金融服务工作的通知》（银发〔2023〕170 号），强调引导和鼓励保险资金积极参与灾后恢复重建，全力帮助受灾群众和企业渡过难关，尽快恢复正常生产生活秩序。为此，中国保险资产管理业协会倡议各会员单位：

一、提高政治站位，坚决履行责任担当

各会员单位应严格落实国家金融监督管理总局关于做好防汛救灾及灾后重建金融服务部署要求，充分认识到当前防汛救灾及灾后恢复重建工作的特殊重要性，加强组织领导和制度保障，切实发挥好保险资金在支持灾后重建、生产恢复等方面的支撑保障作用，全力支持受灾地区尽快恢复生产生活秩序。

二、积极发挥行业优势，全力推动灾后重建

（一）积极参与灾后恢复重建，积极对接受灾地区经营主体灾后重建、生产恢复等方面的资金需求。各会员单位要提升灾后重建金融服务意识，坚持主动靠前服务，积极对接受灾地区政府机构及经营主体灾后重建及生产恢复等方面资金需求；鼓励会员单位通过设立绿色通道、简化审批流程等方式，加大对重点受灾地区民生领域建设和实体经济发展的支持力度，保障当地社会经济平稳运行，以实际行动彰显保险资产管理业的行业价值和社会责任。

（二）充分利用保险资产管理产品的多种工具属性，满足差异化的资金需求，为灾后重建提供长期资金支持。鼓励各会员单位综合运用债权投资计划、股权投资计划、保险私募投资基金等保险资产管理产品，全方位多层次对接受灾地区灾后恢复重建的差异化资金需求。持续提升债权性投资力度，为受灾地区水利、交通、能源、通信等关键基础设施和医疗卫生、教育、保障性住房等公共服务设施项目建设提供长期稳定资金支持；加大权益性投资比重，为受灾地区经济民生发展、产业结构转型、企业复工复产等关键领域提供权益性资金支持，加快提升受灾地区的保障水平，全面推动完成灾后恢复重建工作。

（三）积极履行社会责任，彰显企业时代担当。鼓励各会员单位围绕受灾地区重建总思路及整体规划，支持优化受灾地区功能布局，助力受灾地区提升防灾减灾能力及持续发展能力，提升基础设施及基本公共服务保障水平。

三、加强正面引导，提供全方位支持

鼓励各会员单位挖掘在支持防汛救灾及灾后恢复重建工作中的典型成果、先进人物及事迹，充

分用好各类宣传渠道,加强宣传引导,塑造行业良好形象;鼓励调动各方资源,通过公益募捐、医疗支持、物资保障等方式,对受灾地区及人员提供精准帮扶。

各会员单位,当前,做好防汛救灾及灾后恢复重建是全社会各行业的共同任务,作为保险资产管理行业,我们要"拉满弓""上满弦",以高度的责任感、使命感和紧迫感坚决贯彻落实习近平总书记关于防汛救灾重要工作指示,落实好党中央、国务院及国家金融监督管理总局工作部署,形成行业合力、工作合力,进一步提升金融支持的力度、精度和温度,为受灾地区尽快恢复正常生产生活秩序,保障经济社会稳定发展贡献行业力量!

中国保险资产管理业协会

2023 年 8 月 18 日

## 三、中国保险资产管理行业加强文化建设倡议书

行业各机构：

2023 年是全面贯彻党的二十大精神开局之年，以习近平同志为核心的党中央团结带领全党全国各族人民开启了建设中国式现代化的新征程，为金融业改革发展指明了方向。历经 20 年发展，中国保险资产管理业在服务国家战略、实体经济、国计民生和保险主业中发挥着重要作用。为全面加强推进保险资产管理行业文化建设，充分发挥行业文化的凝聚力、感召力和影响力，中国保险资产管理业协会发出如下倡议：

一、责任担当，全面融入构建新发展格局

坚持心怀"国之大者"，践行金融工作的政治性、人民性，积极服务国家战略，履行社会责任。丰富服务实体经济模式，加大对共同富裕、乡村振兴、养老产业、绿色投资等领域支持力度，在中国式现代化建设中积极作为、主动担当，在提升服务国家战略和支持实体经济发展能力的过程中携手共进，贡献力量。

二、专业服务，筑牢行业高质量发展根基

立足保险主责主业，筑牢资产管理根基。坚持专业化、市场化发展之路，建设高素质、专业化人才队伍；发挥优势专长，锻造核心能力，全面提升风险防控、产品创新、市场服务的能力和水平；优化发展环境，激发创造活力，为行业高质量发展凝聚专业力量。

三、价值引领，打造行业可持续发展引擎

坚持价值创造，牢记发展使命。实现经营效益、业务价值、投资收益稳健增长，将满足社会需要、客户需求作为行业发展的价值和使命，坚定不移地以客户、员工、股东、社会、合作伙伴等综合价值最大化为目标，发挥长期资金管理对社会经济发展的积极作用，构建共生共赢的高质量发展行业生态。

四、稳健规范，构建行业现代化治理路径

常观大势大局，常思防范风险。坚持总体国家安全观，主动提高识变、应变、求变能力，坚决守住不发生系统性风险底线。倡导长期投资、价值投资、稳健投资、责任投资，健全公司风险管理框架，提高风险理念和管理水平，夯实规范运作机制，依法合规稳健经营，持续优化内控制度体系建设，不断提升公司治理水平。

五、创新发展，释放行业改革发展内驱力

贯彻新发展理念，探索新发展路径。发挥保险资金特色优势，积极探索新经济新产业服务模式；完善产品工具，推动产品创新，提升配置金融资源和服务市场客户的能力。强化科技支撑，赋能业务发展，推动构建覆盖投研、交易、风控、运营等关键业务环节的资产管理科技体系，释放行业改革发展内在动力。深化国际交流合作，促进保险资产管理市场高水平开放和高质量发展。

**六、廉洁从业，共育新时代良好行业生态**

提高大局意识，自觉维护国家利益，合力营造风清气正的行业生态。坚持标本兼治、惩防并举，厚植清廉沃土，筑牢拒腐防变的思想自觉。坚持职业操守，增强法制观念，坚守道德底线，自觉抵制内幕交易、操纵市场和利益输送等违规行为，维护行业清朗廉洁形象。

行远自迩，笃行不怠。站在建设中国式现代化的新起点上，全行业要以习近平新时代中国特色社会主义思想为指导，践行"责任担当、专业服务、价值引领、稳健规范、创新发展、廉洁从业"的行业文化理念，内化于心、外化于行，与国家社会人民同频共振，牢牢把握服务实体经济发展主线，积极参与完善多层次资本市场建设，走好中国特色保险资产管理发展之路，为实现中国式现代化宏伟目标贡献力量！

中国保险资产管理业协会

2023 年 12 月 22 日

附录四

# 2023 年保险资产管理公司情况统计表[①]

## 一、基本情况

1. 本表数据截至 2023 年末（单位：亿元），主营业务收入数据为 2023 年全年；
2. 具备的投资管理能力，包括"①信用风险管理能力""②股票投资管理能力""③衍生品运用管理能力""④债权投资计划产品管理能力""⑤股权投资计划产品管理能力"，表中所填序号与此一一对应；
3. 按机构成立时间排序。

| 序号 | 机构名称 | 注册资本 | 资产管理规模[②] | 其中：专户管理规模 | | | 其中：保险资产管理产品管理规模 | | | 具备的投资管理能力[③] | 主营业务收入 | 人员数量（人） |
|---|---|---|---|---|---|---|---|---|---|---|---|---|
| | | | | 系统内保险资金 | 系统外保险资金 | 其他资金 | 债权投资计划 | 股权投资计划 | 组合类保险资产管理产品 | | | |
| 1 | 中国人保资产管理有限公司 | 12.98 | 17 321.3 | 11 967.91 | 356.16 | 128.71 | 493.15 | 171.9 | 4 046.15 | ①②③④⑤ | 15.26 | 361 |
| 2 | 中国人寿资产管理有限公司 | 40 | 48 174 | 44 160 | 197 | 1 | 1 046 | 564 | 5 541 | ①②③④⑤ | 41.71 | 542 |
| 3 | 华泰资产管理有限公司 | 6.01 | 9 365.49 | 576.98 | 171.51 | 3 744.47 | 2 022.47 | 1.51 | 1 421.7 | ①②③④⑤ | 14.25 | 316 |
| 4 | 中再资产管理股份有限公司 | 15 | 7 312.57 | 3 348.44 | 49.65 | 10.75 | 148.94 | 72.51 | 3 682.29 | ①②③④⑤ | 6.13 | 184 |

---

① 本附录数据来源于各保险资产管理公司填报的"2023 年保险资产管理公司情况统计表"，协会不对数据真实性、完整性负责，如与实际情况存在差异，请以各公司官方披露数据为准。
② 资产管理规模（总资产）数据为专户管理规模与保险资产管理产品管理规模去重后的总规模。
③ "具备的投资管理能力"，指的是《中国银保监会关于优化保险机构投资管理能力监管有关事项的通知》（银保监发〔2020〕45 号）中，适用于保险资产管理机构的五类投资管理能力。

续表 1

| 序号 | 机构名称 | 注册资本 | 资产管理规模 | 其中：专户管理规模 | | | 其中：保险资产管理产品管理规模 | | | 具备的投资管理能力 | 主营业务收入 | 人员数量（人） |
|---|---|---|---|---|---|---|---|---|---|---|---|---|
| | | | | 系统内保险资金 | 系统外保险资金 | 其他资金 | 债权投资计划 | 股权投资计划 | 组合类保险资产管理产品 | | | |
| 5 | 平安资产管理有限责任公司 | 15 | 42 739.68 | 34 653.37 | 337.79 | 46.07 | 2 658.05 | 159.85 | 4 884.56 | ①②③④⑤ | 42.90 | 484 |
| 6 | 泰康资产管理有限责任公司 | 10 | 32 472.89 | 13 587.08 | 298.09 | 9 536.60 | 994.34 | 177.37 | 3 977.13 | ①②③④⑤ | 46.25 | 867 |
| 7 | 新华资产管理股份有限公司 | 5 | 18 917.48 | 12 681.18 | 11.26 | — | 405.44 | — | 5 819.37 | ①②③④⑤ | 13.26 | 255 |
| 8 | 太平洋资产管理有限责任公司 | 21 | 13 812.94 | 9 678.48 | 53.61 | 16.04 | 1 623.86 | 6.51 | 2 434.44 | ①②③④⑤ | 14.97 | 282 |
| 9 | 太平资产管理有限公司 | 10 | 13 812.2 | 9 650.1 | 70.5 | 92.3 | 556.3 | 498.0 | 3 874.7 | ①②③④⑤ | 13.2 | 370 |
| 10 | 大家资产管理有限责任公司 | 6 | 9 688.90 | 5 651.01 | 10.58 | 22.74 | 262.11 | — | 3 742.47 | ①②③④⑤ | 3.65 | 233 |
| 11 | 生命保险资产管理有限公司 | 5 | 2 474.09 | 1 728.75 | 7.94 | 6.17 | 474.35 | — | 256.88 | ①②③④ | 2.69 | 131 |
| 12 | 光大永明资产管理股份有限公司 | 5 | 5 914.63 | 821.34 | 143.85 | 10.87 | 577.68 | 5.89 | 4 160.48 | ①②③④⑤ | 6.06 | 189 |
| 13 | 合众资产管理股份有限公司 | 2 | 1 721.67 | 1 344.60 | 10.94 | — | 191.63 | 23.09 | 151.41 | ①②③④⑤ | 1.93 | 113 |
| 14 | 民生通惠资产管理有限公司 | 1 | 2 536.81 | 929.02 | 13.68 | — | 239.69 | — | 1 200.51 | ①②③④ | 4.06 | 135 |
| 15 | 阳光资产管理股份有限公司 | 1.25 | 8 085.72 | 3 979.02 | 5.38 | — | 192.20 | — | 3 909.12 | ①②③④⑤ | 10.30 | 231 |
| 16 | 中英益利资产管理股份有限公司 | 1 | 371.67 | — | 5.24 | 5.4 | 168.32 | — | 192.71 | ①②③④⑤ | 0.89 | 61 |

续表 2

| 序号 | 机构名称 | 注册资本 | 资产管理规模 | 其中：专户管理规模 | | | 其中：保险资产管理产品管理规模 | | | 具备的投资管理能力 | 主营业务收入 | 人员数量（人） |
|---|---|---|---|---|---|---|---|---|---|---|---|---|
| | | | | 系统内保险资金 | 系统外保险资金 | 其他资金 | 债权投资计划 | 股权投资计划 | 组合类保险资产管理产品 | | | |
| 17 | 中意资产管理有限责任公司 | 5 | 3 306.10 | 1 165.15 | 72.42 | — | 1 246.10 | — | 822.43 | ①②③④⑤ | 5.27 | 144 |
| 18 | 华安财保资产管理有限责任公司 | 2 | 1 822.98 | 134.61 | 26.15 | — | 232.85 | — | 1 416.09 | ①②③④ | 2.82 | 129 |
| 19 | 长城财富保险资产管理股份有限公司 | 2 | 3 267.89 | 850.16 | 1.45 | — | 485.23 | — | 1 931.05 | ①②③④ | 2.08 | 108 |
| 20 | 英大保险资产管理有限公司 | 5.20 | 1 853.37 | 1 032.30 | 3.70 | — | 140.51 | — | 676.86 | ①②③④⑤ | 1.72 | 107 |
| 21 | 华夏久盈资产管理有限责任公司 | 5 | 7 190.8 | 7 114.58 | 0.01 | 1.82 | 54.01 | 20.38 | — | ①②③④⑤ | 5.04 | 242 |
| 22 | 建信保险资产管理有限公司 | 3 | 3 801.4 | 2 467.56 | 7.73 | — | 397.98 | 24.42 | 665.39 | ①②③④⑤ | 6.84 | 186 |
| 23 | 百年保险资产管理有限责任公司 | 1 | 3 562.31 | 2 401.81 | 103.00 | — | 276.20 | — | 910.98 | ①②③④ | 3.03 | 169 |
| 24 | 永诚保险资产管理有限公司 | 3 | 2 323.59 | 37.47 | — | 2.97 | — | — | 2 283.15 | ①②③ | 2.17 | 78 |
| 25 | 工银安盛资产管理有限公司 | 1 | 3 228.47 | 2 808.33 | 2.52 | 4.21 | 225.3 | — | 416.64 | ①②③④⑤ | 2.83 | 137 |

续表 3

| 序号 | 机构名称 | 注册资本 | 资产管理规模 | 其中：专户管理规模 | | | 其中：保险资产管理产品管理规模 | | | 具备的投资管理能力 | 主营业务收入 | 人员数量（人） |
|---|---|---|---|---|---|---|---|---|---|---|---|---|
| | | | | 系统内保险资金 | 系统外保险资金 | 其他资金 | 债权投资计划 | 股权投资计划 | 组合类保险资产管理产品 | | | |
| 26 | 交银康联资产管理有限公司 | 1 | 1 221.95 | 1 163.37 | — | — | 136.18 | — | — | ①②④ | 0.92 | 55 |
| 27 | 中信保诚资产管理有限责任公司 | 5 | 2 271.57 | 1 865.98 | — | — | 11.51 | — | 394.08 | ①②③④⑤ | 3.37 | 120 |
| 28 | 招商信诺资产管理有限公司 | 5 | 2 822.6 | 1 588.26 | 2.67 | — | 660.36 | — | 556.09 | ①②③④⑤ | 3.22 | 146 |
| 29 | 国寿投资保险资产管理有限公司 | 37 | 5 174.87 | 4 035.47 | — | — | 910.70 | 320.34 | — | ①④⑤ | 5.36 | 315 |
| 30 | 国华兴益保险资产管理有限公司 | 5 | 2 801.26 | 731.73 | — | 6.28 | 72.31 | — | 1 990.94 | ①②③④ | 1.95 | 92 |
| 31 | 安联保险资产管理有限公司 | 5 | 3 042.68 | 458.79 | 1.22 | — | 171.82 | — | 2 449.79 | ①②③④ | 1.21 | 99 |
| 32 | 人保资本保险资产管理有限公司 | 2 | 1 570.99 | 823.11 | — | — | 1 010.62 | 85.67 | — | ①④⑤ | 4.45 | 147 |
| 33 | 太平资本保险资产管理有限公司 | 2 | 103.57 | 80.95 | — | — | 21 | — | — | ①④⑤ | 1.06 | 109 |
| 34 | 中邮保险资产管理有限公司 | 5 | 4 394.46 | 4 394.46 | — | — | — | — | — | ①② | 0.79 | 103 |

## 二、服务国家战略情况

| 序号 | 机构名称 | 项目类型 | 项目名称 | 服务类型 | 项目简介 | 项目资金规模 | 项目获奖 |
|---|---|---|---|---|---|---|---|
| 1 | 中国人保资产管理有限公司 | 债权投资计划 | 人保资产－丰台科技园基础设施绿色债权投资计划 | 服务科技自立自强 | 2023年10月10日发起设立"人保资产－丰台科技园基础设施绿色债权投资计划",资金主要投向北京市丰台区中关村科技园区丰台园产业基地东区三期项目。东区三期着力吸引各类中高端高技术服务企业总部入驻,加快区域高端化、国际化进程 | 6亿元 | |
| 2 | 中国人保资产管理有限公司 | 债权投资计划 | 人保资产－河南水投基础设施绿色债权投资计划 | 绿色金融 | 2023年8月发起设立人保资产－河南水投基础设施绿色债权投资计划,资金投向新蔡县水系联通项目一期工程PPP项目。项目建成后,将大大提高城市的防洪除涝标准,为引水灌区提供充足的灌溉水量,还具有防洪排涝效应,助力新蔡县从昔日的"十年九涝"到"魅力水城,繁荣新蔡"的转变 | 8.5亿元 | |
| 3 | 中国人保资产管理有限公司 | 债权投资计划 | 人保资产－长沙卓伯根不动产债权投资计划 | 服务区域经济发展战略 | 本产品募集资金将用于湖南省首个外企总部项目建设。融资主体长沙恒德卓伯根投资有限公司外方股东卓伯根(Zurbrüggen)集团是一家具有百年历史的德国企业,核心交易对手长沙城市发展集团有限公司为长沙市城市建设及运营领域内规模最大的城市发展综合运营商。本产品对助力中部地区吸引外商投资、加快区域社会经济发展具有重大意义 | 9.76亿元 | |

续表 1

| 序号 | 机构名称 | 项目类型 | 项目名称 | 服务类型 | 项目简介 | 项目资金规模 | 项目获奖 |
|---|---|---|---|---|---|---|---|
| 4 | 中国人寿资产管理有限公司 | 股权投资计划 | 中国人寿－沪发1号股权投资计划 | 科技金融、上海国际科创中心建设 | 国寿资产发起设立"中国人寿－沪发1号"股权投资计划，以S份额投资方式受让上海汽车集团股权投资公司、上海国盛集团公司所持有的上海集成电路产业投资基金股份有限公司股权，转让资金全部通过上海集成电路二期基金支持国家重点项目建设。该项目成功探索了保险资金与政府资金在产业扶持上的接力合作模式，是中国人寿聚焦新质生产力、助力科技自立自强、支持上海国际科技创新中心建设的重要实践 | 118亿元 | |
| 5 | 中国人寿资产管理有限公司 | 债权投资计划 | 中国人寿－曲江文控基础设施债权投资计划 | 西部大开发、服务实体经济 | 国寿资产发起设立"中国人寿－曲江文控"基础设施债权投资计划，融资主体为西安曲江文化控股有限公司，担保主体为西安城投。资金将用于西安渼陂湖水系生态文化区（一期）项目、曲江电竞产业园项目、碑林历史文化街区PPP项目、小雁塔历史文化片区综合改造PPP项目的建设等。其中，渼陂湖的生态修复对关中水系的复原具有重要意义，渼陂湖水系生态区（一期）项目建成后将发挥水利工程的基础设施作用，促进该区域的生态可持续发展 | 100亿元 | |
| 6 | 中国人寿资产管理有限公司 | 资产支持计划 | 华泰－中交路建清西大桥持有型不动产资产支持专项计划 | 盘活存量资产、建设交通强国 | 国寿资产作为总协调人、最大投资人，拟定产品方案，并投资"华泰－中交路建清西大桥持有型不动产资产支持专项计划"。标的项目为中国交建旗下清西大桥项目。该产品底层现金流全部来源于清西大桥及接线工程项目运营收入，已实现真实出售，资产盘活后将助力企业提升运营效率，优化资产负债结构。该项目为优质基础设施资产发行长久期ABS提供了可行路径和成功范例 | 14.2亿元 | |

续表2

| 序号 | 机构名称 | 项目类型 | 项目名称 | 服务类型 | 项目简介 | 项目资金规模 | 项目获奖 |
|---|---|---|---|---|---|---|---|
| 7 | 华泰资产管理有限公司 | 债权投资计划 | 华泰－固废材料发电基础设施债权投资计划（一期、二期、三期） | 绿色金融 | 一期投资于中节能定州环保能源有限公司生活垃圾发电一期工程项目、东光县生活垃圾焚烧发电项目；二期投资于保定环保热电工程、中节能（保定）环保能源有限公司生活垃圾焚烧发电二期扩建暨餐厨垃圾无害化处置共建项目等；三期投资于中节能（涞水）生活垃圾焚烧发电项目等。各投资项目均为生活垃圾焚烧发电项目，属于固废污染治理项目的一种，对绿色发展具有积极作用 | 33.8亿元 | |
| 8 | 华泰资产管理有限公司 | 债权投资计划 | 华泰－江西金川青美基础设施债权投资计划 | 绿色金融 | 该项目投资于江西省廖坊水利枢纽灌区二期工程（投资项目一）和青云谱区"美丽青云谱·幸福新家园"环境综合整治一期工程（投资项目二）。投资项目一有利于提升廖坊水利枢纽工程的整体效益，解决下游金溪、东乡、临川三县（市、区）的农田灌溉和城乡供水问题，被列为国家"十三五"期间重大水利工程项目、国家172项重大水利工程之一、财政部第三批次国家示范项目；投资项目二包括市政道路整治工程、老旧社区整治工程、昌南工业园区整治工程及铁路沿线周边市容环境等其他改造内容，有利于提升市容市貌，改善生产生活环境 | 13.63亿元 | |
| 9 | 华泰资产管理有限公司 | 债权投资计划 | 华泰－大新公路基础设施债权投资计划 | 区域经济发展战略 | 该项目投资于二河国道主干线大同至新广武公路（简称大新高速）。大新高速是我国"五纵七横"公路主干架的重要组成部分，是山西高速公路网"四纵十五横十二环"公路主骨架和三小时高速公路通达工程中轴快速通道的龙头路段，是晋煤外运的主要通道之一，对山西省经济发展具有重要意义 | 15亿元 | |

续表 3

| 序号 | 机构名称 | 项目类型 | 项目名称 | 服务类型 | 项目简介 | 项目资金规模 | 项目获奖 |
|---|---|---|---|---|---|---|---|
| 10 | 中再资产管理股份有限公司 | 固定收益类资管产品 | 中再资产－基建强国REITs主题资产管理产品 | 推动基础设施领域REITs健康发展，深化金融供给侧结构性改革 | 2022年11月23日发行设立并于2023年1月公开募集。该产品以中证REITs全收益指数为基准，以公募REITs二级市场投资为主要投资策略，是业内首只主动管理型公募REITs资产管理产品，在为投资人提供具备长期配置价值和优质回报产品的同时，为我国重大基础设施项目提供多元化资金渠道 | 10.09亿元 | 获得2023"上证·金理财"年度保险资管产品奖，产品投资经理荣获上海证券交易所"REITs交易菁英优秀个人"称号 |
| 11 | 中再资产管理股份有限公司 | 债权投资计划 | 中再－节能环保绿色债权投资计划（一期） | 绿色金融 | 融资主体中国节能环保集团有限公司是国内唯一一家以节能减排、环境保护为主业的中央企业，所募资金主要用于安徽、四川等地的生物质资源综合利用类项目。经测算，募资所涉项目预计每年可处理垃圾183.40万吨，生活垃圾焚烧炉渣处理量为15.00万吨，对外提供电量55 674.00万千瓦时，生产沼气量1 660.75万吨，可实现年替代化石能源量17.89万吨标准煤，能够有效实现生活垃圾的资源化、减量化、稳定化和无害化，在变废为宝的同时，有效改善城乡环卫面貌，促进可持续发展 | 17.25亿元 | 中诚信绿色债券评估委员会授予该投资计划最高等级G－1认证 |
| 12 | 中再资产管理股份有限公司 | 债权投资计划 | 中再－宁波奉化棚改债权投资计划 | 区域经济发展战略 | 主要投向宁波市奉化区锦屏棚改项目，预计覆盖总用地面积50.15亩，新建9幢高层住宅，1幢体育用房及相关配套用房，总建筑面积10.04万平方米，将为700户家庭提供住房，助力当地人民实现"居者有其屋、居者优其屋"的梦想。同时，项目可以有效带动配套交通运输、建筑材料等相关行业的发展，为当地高质量发展、建设共同富裕示范区注入更多动能 | 9亿元 | |

续表4

| 序号 | 机构名称 | 项目类型 | 项目名称 | 服务类型 | 项目简介 | 项目资金规模 | 项目获奖 |
|---|---|---|---|---|---|---|---|
| 13 | 平安资产管理有限责任公司 | 债权投资计划 | 平安－新能源电池基础设施绿色债权投资计划 | 支持国家自主可控现代化产业链体系建设 | 募投项目为宁德时代在洛阳140亿元新能源电池生产基地中的首期项目，该项目将按照"灯塔工厂"标准，打造全国有竞争力的1 000亿元产值新能源电池基地，带动上下游配套产业及相关服务业年产值近2 000亿元，打造在全国范围有竞争优势的新能源产业集群 | 10亿元 | |
| 14 | 平安资产管理有限责任公司 | 债权投资计划 | 平安－先正达基础设施债权投资计划（一期）、（二期） | 科技金融 | 用于先正达集团植物保护相关3座工厂的建设。先正达植物保护业务拥有全球最先进的专利产品研发能力，通过领先的化学设计和合成技术等，持续创新并扩充在研产品以应对日趋严重的病虫草害的抗性问题，通过农业科技创新为支持乡村振兴、助力"三农"发展贡献力量 | 68.5亿元 | |
| 15 | 平安资产管理有限责任公司 | 债权投资计划 | 平安 长江存储债权投资计划 | 支持国家自主可控现代化产业链体系建设 | 定向支持国内第一、全球重要的存储芯片（3D NAND）供应厂商的扩产项目建设。2021年至今，平安资管已通过各种形式累计对该项目投建提供超百亿元资金支持，全周期陪伴项目的技术创新研发、工艺突破精进、产品线与产业链安全投产、市场应用和占有率的有效突破，以长期资金助力地方产业链的构建，推动战略性新兴产业发展，助推存储产业链国产化和安全可控 | 25.6亿元 | |
| 16 | 泰康资产管理有限责任公司 | 资产支持计划 | 华泰资管－中电投租赁2号碳中和绿色资产支持专项计划 | "双碳"目标 | 泰康主导投资"华泰资管－中电投租赁2号碳中和绿色资产支持专项计划"，募集资金用于风电和光伏项目，合计装机容量500MW，预计可实现年二氧化碳减排50.59万吨、年替代化石能源19.57万吨标准煤、二氧化硫年减排65.56吨 | 18.4亿 | 中诚信绿金公司－最高等级（G-1）标准认证 |

续表5

| 序号 | 机构名称 | 项目类型 | 项目名称 | 服务类型 | 项目简介 | 项目资金规模 | 项目获奖 |
|---|---|---|---|---|---|---|---|
| 17 | 泰康资产管理有限责任公司 | 债权投资计划 | 泰康-长沙轨交基础设施绿色债权投资计划（第五期、第六期） | "双碳"目标 | 该项目投资于长沙市轨道交通地铁项目的建设，随着长沙市城市轨道交通线路逐渐投入运营，长沙市的经济将在未来持续保持增长趋势。本债权投资计划拟投项目将带动相关地区经济发展，具有较强的社会综合效益 | 7亿元 | 中诚信绿金公司-最高等级（G-1）标准认证 |
| 18 | 泰康资产管理有限责任公司 | 债权投资计划 | 泰康-先正达基础设施永续债权投资计划 | 支持乡村振兴战略 | 泰康与先正达的合作不仅是落实党中央关于"粮食安全"等重大决策部署的重要体现，更是积极响应中央经济工作会议关于"绿色低碳和科技创新双轮驱动"号召的具体措施。本债权投资计划用于8个现代农业项目建设及企业研发融资支出，助力先正达集团在农业科技、先进制造业等方面发挥更大作用 | 5亿元 | |
| 19 | 新华资产管理股份有限公司 | 资产支持计划 | 建信保险资管-浦江惠众1号资产支持计划 | 普惠金融 | 该资产支持计划以"微信分付"为基础资产的投资标的，是具备强消费场景的信贷类资产。微信分付服务了大量长尾客群，为新市民群体、广大乡村地区等提供了普惠化、大众化的金融服务。支持微信分付发展体现了新华资产作为国有企业主动落实中央要求、主动服务人民高品质生活需求的责任与担当 | 9.06亿元 | |
| 20 | 新华资产管理股份有限公司 | 基础设施证券投资基金 | 中信建投国家电投新能源封闭式基础设施证券投资基金 | 绿色金融 | 该项目基础资产为江苏省盐城市的海上风电项目，年发电量超5亿千瓦时，项目为兼具绿色和蓝色经济双重属性的新能源基础设施，有助于盘活存量新能源基础设施资产、改善能源电力企业财务结构，回收资金可用于投资新能源项目建设，形成投融资良性循环，推动新能源基础设施行业快速发展 | 2.80亿元 | |

续表6

| 序号 | 机构名称 | 项目类型 | 项目名称 | 服务类型 | 项目简介 | 项目资金规模 | 项目获奖 |
|---|---|---|---|---|---|---|---|
| 21 | 新华资产管理股份有限公司 | 债权投资计划 | 招商信诺资管－武汉滨江不动产债权投资计划 | 服务区域经济发展战略，推动长江经济带区域协同发展 | 该项目资金用于武昌滨江核心区E1地块项目的开发建设，底层项目为武汉市招商引资重点项目，是长江经济带地区重大基础设施。武汉市依托本项目引进长江铁路公司以推进沿江高速铁路项目建设，助力长江经济带的蓬勃发展 | 4.05亿元 | |
| 22 | 太平洋资产管理有限责任公司 | 债权投资计划 | 太平洋－武汉地铁基础设施债权投资计划（二期） | 绿色金融、长江经济带高质量发展战略 | 该项目是太平洋－武汉地铁基础设施债权投资计划二期项目，注册金额30亿元，发行期限7＋N年。该债权投资计划为永续型产品，已累计放款25亿元。该债权投资计划的落地，积极支持了后疫情时代武汉市的城市基础设施建设，也是保险资金开展绿色金融投资的有益实践 | 30亿元 | 联合赤道环境评价股份有限公司最高级G1的绿色认证 |
| 23 | 太平洋资产管理有限责任公司 | 资产支持计划 | 太平洋－宁波轨交商业项目2023第1号资产支持计划 | 长三角一体化发展战略、助力国有企业盘活存量资产 | 该项目是全国首单地下商业保险CMBS项目，入池资产是浙江省首个城市轨道交通地下商业街区，也是全国建筑面积最大的两站区间综合体。该项目的实施中有效创新保险资金投资模式、创新产证形式，成功解决了历史遗留问题，为保险资金服务长三角基础设施的高质量发展和全国城市轨道交通地下空间开发利用提供了参考案例 | 8.5亿元 | |
| 24 | 太平洋资产管理有限责任公司 | 股权投资计划 | 太平洋－广州地铁芳白城际股权投资计划（绿色） | 绿色金融、粤港澳大湾区发展战略 | 该项目投资于广州绿色一号基础设施股权投资合伙企业（有限合伙）有限合伙份额，最终投资于广州地铁芳村至白云机场城际项目。该项目全线设站10座，是粤港澳大湾区城际线网同步实施工程的核心项目，是粤港澳大湾区城际轨道交通网的重要组成部分。项目的实施是助力广州市更好服务粤港澳大湾区战略、支持大湾区发展的重要举措 | 36.6亿元 | 经中诚信绿金科技（北京）有限公司综合评定G－1等级 |

续表 7

| 序号 | 机构名称 | 项目类型 | 项目名称 | 服务类型 | 项目简介 | 项目资金规模 | 项目获奖 |
|---|---|---|---|---|---|---|---|
| 25 | 太平资产管理有限公司 | 资产支持计划 | 太平－广州城建供应链资产支持计划1号（二十期） | 粤港澳大湾区发展战略 | 在"支持区域战略、服务粤港澳大湾区建设"的决策部署中，"太平－广州城建供应链资产支持计划"是太平资产落实金融支持大湾区建设、支持实体经济发展的代表产品之一。资金用于广州城建及越秀集团下属的上下游供应商小微企业，是公司贯彻金融服务实体经济、助力小微企业发展的具体实施 | 3.4亿元 | 刊登中国证券报新闻宣传稿《立足金融为民，积极践行央企社会责任担当》 |
| 26 | 大家资产管理有限责任公司 | 债权投资计划 | 阳光－河钢集团高强板基础设施债权投资计划（二期） | 加快转型升级、提升高端制造能力 | 该债权投资计划资金投向高强度汽车板技术改造项目，是"河钢集团十二五"期间单体投资最大的产品升级项目，也是优化产品结构、加快转型升级、提升综合竞争力的重要战略举措。项目聚焦"高端化、绿色化、智能化"发展，主要生产高端家电板和高强汽车板等战略产品，以节能环保、轻量安全为主旨，连续获得国家级"创新成果"荣誉 | 5亿元 | |
| 27 | 大家资产管理有限责任公司 | 债权投资计划 | 大家－福州城投债权投资计划 | 区域经济发展战略 | 该项目可以满足城市高等级路面铺设的主要建筑材料需求，提升生产环节环保要求，填补福州市环保式大型沥青混凝土生产设施空白。同时，帮助福州城投打造公司的上下游产业链，高标准的投入与建设、运营，重新树立行业的生产、施工标准 | 5亿元 | |
| 28 | 大家资产管理有限责任公司 | 债券投资 | 21鄂长投MTN003（乡村振兴） | 支持乡村振兴战略 | 该项目募集资金部分用于支持发行人子公司采购农产品和各类农业机械。截至2023年底，公司持有乡村振兴债券5.7亿元；乡村振兴债券募集资金投向领域为乡村振兴项目建设，推动农村改善供水、供电、信息等基础设施，助力农村各项事业全面发展 | 0.6亿元 | |

续表 8

| 序号 | 机构名称 | 项目类型 | 项目名称 | 服务类型 | 项目简介 | 项目资金规模 | 项目获奖 |
|---|---|---|---|---|---|---|---|
| 29 | 生命保险资产管理有限公司 | 债权投资计划 | 生命资产－京昆高速公路基础设施债权投资计划 | 区域经济发展战略 | 项目主要建设京昆高速公路石太北线石家庄段的路段，是国家"十纵十横"综合运输大通道纵八线"北京至昆明"的重要组成部分。它的建成有效提升了沿线竞争优势，激活了发展潜力，对加快沿线地区工业及农副产品的流通、推进资源优化配置、带动旅游业发展具有重要作用和意义，将给易县、涞水等沿线地区经济社会发展增加新引擎 | 产品登记规模 19.9 亿元，2023 年放款 12 亿元 | |
| 30 | 生命保险资产管理有限公司 | 债权投资计划 | 生命资产－武汉城投基础设施债权投资计划（一期） | "一带一路"建设、长江经济带高质量发展战略 | 投资资金主要用于武汉市杨泗港长江大桥项目，是连接汉阳区与武昌区的过江通道。大桥建成后，有效缓解了中心城区过江交通压力，进一步优化了城市空间布局，促进长江两岸协调发展，对于推进武汉建设国家中心城市目标的实现起到了重要的促进作用 | 19.99 亿元 | |
| 31 | 生命保险资产管理有限公司 | 债权投资计划 | 生命资产－武汉江汉四桥基础设施债权投资计划 | "一带一路"建设、长江经济带高质量发展战略 | 投资资金主要用于武汉市江汉四桥拓宽工程（琴台大道至京汉大道）。该项目是武汉市重点工程、武汉市军运会重点保障线路——汉江大道的重要交通节点、武汉市主城区"三环十三射"快速路网骨架系统重要组成部分，对于缓解城市交通拥堵、促进武汉及周边经济发展具有重要的现实意义 | 0.7 亿元 | |
| 32 | 光大永明资产管理股份有限公司 | 债权投资计划 | 光大永明－无锡新发基础设施债权投资计划 | 绿色金融、区域经济发展战略 | 投资项目为无锡市高新区中欧低碳产业园建设，列入《无锡高新区产业园区"三优化、三提升"三年行动计划（2021—2023 年）》，是中央金融工作会议提倡的建设金融强国的五篇大文章之"绿色金融"典型案例，对于促进当地产业结构升级和增强经济增长活力，提升产业承载能力，加快区域转型升级步伐具有重要意义 | 计划募集 15 亿元（已募集 13.5 亿元） | |

续表 9

| 序号 | 机构名称 | 项目类型 | 项目名称 | 服务类型 | 项目简介 | 项目资金规模 | 项目获奖 |
|---|---|---|---|---|---|---|---|
| 33 | 合众资产管理股份有限公司 | 债权投资计划 | 合众-前沿生物技术产业生产基地（一期）债权投资计划 | 区域经济发展战略 | 项目资金主要用于前沿生物技术产业生产基地（一期）A、B地块开发建设。该项目位于东湖高新区光谷生物城内，是落实"湖北省十四五规划"的重要项目、武汉市2022年重点项目，项目的建设将为东湖科学城生物技术产业发展打下坚实的基础，有利于打造重大创新平台、加快完成建设科技强省的目标 | 注册规模不高于19.6亿元，已发行规模12亿元 | |
| 34 | 阳光资产管理股份有限公司 | 债权投资计划 | 阳光-河钢集团高强板基础设施债权投资计划（二期） | 构建现代产业体系 | 该债权投资计划投资于高强度汽车板技术改造项目，致力于行业新材料开发与轻量化设计。项目方唐山钢铁集团高强汽车板有限公司先后荣获"中国制造2025全国智能制造试点示范项目"、国家级"高新技术企业"等荣誉称号，连续被纳入河北省生态环境厅监管的"战略性新兴产业正面清单" | 26.5亿元 | |
| 35 | 阳光资产管理股份有限公司 | 债权投资计划 | 阳光-中国节能基础设施债权投资计划（一期） | "双碳"目标 | 该债权投资计划投资于中节能保南（鑫县）环保能源有限公司项目、莱西市垃圾综合处理项目、即墨市生活垃圾焚烧发电项目和商河县生活垃圾焚烧发电项目等四个垃圾焚烧发电项目，为投资项目的持续运营提供了有力的资金保障。通过焚烧发电发挥了生活垃圾潜在的经济效益，为保护生态环境、建设环保型社会起到积极作用 | 10.75亿元 | |
| 36 | 阳光资产管理股份有限公司 | 债权投资计划 | 阳光-山西交控高速公路基础设施债权投资计划 | 区域经济发展战略 | 该债权投资计划投资于山西省境内的忻州市至保德县高速公路，简称忻保高速。忻保高速通车后，将带动神府煤田、河东煤田两大煤田，成为山西省又一条重要的运煤通道，与陕西神府高速连通后，陕西到北京仅需4个半小时。对促进山西省转型跨越发展，带动我国中西部地区经济社会发展具有十分重要的意义 | 15亿元 | |

续表10

| 序号 | 机构名称 | 项目类型 | 项目名称 | 服务类型 | 项目简介 | 项目资金规模 | 项目获奖 |
|---|---|---|---|---|---|---|---|
| 37 | 中英益利资产管理股份有限公司 | 债权投资计划 | 中英益利－湖北联投鄂咸高速公路债权投资计划 | 区域经济发展战略 | 该项目投资于湖北省鄂咸高速公路项目，是连接鄂州与咸宁的快速通道，与黄鄂高速等形成一条新的鄂东地区南北纵向大通道，形成"鄂－黄－黄－咸"城市群环线，促进武汉城市圈东部外围城市经济社会发展 | 7.9亿元 | |
| 38 | 中英益利资产管理股份有限公司 | 债权投资计划 | 中英益利－青山湖科技城基础设施债权投资计划 | 区域经济发展战略 | 该项目投资于浙江省青山湖科研创新基地，标的项目包括滨河产业园、雅观产业园、临安横畈污水处理工程项目，属于高新技术产业园配套，符合国家和地方政府产业规划要求，所在的青山湖科技城属于杭州城西科创大走廊的重要组成部分，城西科创大走廊作为"浙江省十三五规划"的省重点项目，具有重要的示范意义 | 2.4亿元 | |
| 39 | 中英益利资产管理股份有限公司 | 债权投资计划 | 中英益利－陕西有色硅材料项目债权投资计划 | 培育发展战略性新兴产业 | 该项目投资于陕西省榆林市电子及光伏新材料产业化项目，标的生产的中间产品电子级硅烷气产品是国内市场头部供应商，具备进口替代优势。标的项目对颗粒硅产能采取改良后的硅烷流化床法技术，较之业界普遍采用的西门子法，能耗大幅降低，符合"节能减排碳中和"时代潮流，是光伏硅料行业绿色发展的先进生产力和发展方向 | 4.05亿元 | |
| 40 | 中意资产管理有限责任公司 | 债权投资计划 | 中意－内蒙古查干淖尔矿井基础设施债权投资计划 | "一带一路"建设 | 服务于北京能源集团有限责任公司的内蒙古查干淖尔矿井的煤电一体化项目，是保险资金支持京能集团作为北京市属国有企业盘活能源资产的成功实践，也是保险资金落实国家"一带一路""西部大开发"精神的重要体现，在突出京蒙双向奔赴的同时，完成区域能源协作再升级的战略部署 | 10亿元 | |

续表 11

| 序号 | 机构名称 | 项目类型 | 项目名称 | 服务类型 | 项目简介 | 项目资金规模 | 项目获奖 |
| --- | --- | --- | --- | --- | --- | --- | --- |
| 41 | 中意资产管理有限责任公司 | 债权投资计划 | 中意-湖北交投绿色基础设施债权投资计划 | 绿色金融 | 项目符合国家发改委等七部委发布的《绿色产业指导目录（2019年版）》和中国人民银行等三部委发布的《绿色债券支持项目目录（2021版）》，符合《长江经济带发展规划纲要》，在建设、运营过程中能够提供大量的就业机会。项目建设完毕后，成为鄂西地区高速网重要组成部分，缓解跨长江交通拥堵压力，助力长江经济带建设，促进和谐社会发展 | 11亿元 | |
| 42 | 中意资产管理有限责任公司 | 债权投资计划 | 中意-宁波枢纽北区基础设施债权投资计划（一期） | 区域经济发展战略 | 该债权投资计划投向宁波西枢纽项目，宁波西枢纽项目为宁波市打造的空铁一体化的综合性交通枢纽工程，也是宁波市的1号工程，能有效提升区域交通水平和城市形象 | 6亿元 | |
| 43 | 华安财保资产管理有限责任公司 | 中保专项产品 | 华安财保资管中保系列专项产品15期/22期/25期/27期/29期 | 服务实体经济 | 通过场内股票质押式回购交易业务参与化解上市公司股票质押流动性风险，为优质上市公司和民营企业提供长期融资支持，维护金融市场长期健康发展 | 17亿元 | |
| 44 | 华安财保资产管理有限责任公司 | 债权投资计划 | 华安-金牛交子云创想产业园债权投资计划 | 区域经济发展战略 | 该项目位于成都蓉北商圈，结合园区发展需求，为服务园区企业经营所需的创客创想、标准化厂房、配套用房等建设，投资项目可为园区企业发展提供基础支撑，承载着金牛区交子云创想产业园区发展的启幕角色 | 注册规模15亿元，目前已发行7亿元 | |
| 45 | 华安财保资产管理有限责任公司 | 债权投资计划 | 华安-颐养中心项目债权投资计划 | 养老金融 | 该项目位于北京市朝阳区姚家园路南，东四环CBD东扩区域核心地带，周边服务配套完善，交通便利，区域条件优越。拟定位建设成为医养康三位一体的高品质颐养社区，聚焦为北京75岁以上老人提供高品质医养结合的持续照料服务 | 5亿元 | |

续表 12

| 序号 | 机构名称 | 项目类型 | 项目名称 | 服务类型 | 项目简介 | 项目资金规模 | 项目获奖 |
|---|---|---|---|---|---|---|---|
| 46 | 长城财富保险资产管理股份有限公司 | 债权投资计划 | 长城人寿资金投资"安联资管－首开股份债权投资计划（一期）、（二期）" | 支持国家棚户区改造计划 | 投资项目为首开股份下属万泉寺棚户区改造项目，位于北京市丰台区万泉寺村，已被纳入省级棚户区改造计划，并已纳入国家棚户区改造计划 | 3亿元 | |
| 47 | 长城财富保险资产管理股份有限公司 | 债权投资计划 | 长城财富－北控物流基础设施债权投资计划 | 支持乡村振兴战略 | 投资项目为浙江衢州市的衢州城市物流综合体项目，位于浙江省衢州市，符合保险资金助力乡村振兴国家战略，符合保险机构配置要求及配置偏好，也符合中资协关于绿色通道产品的登记要求 | 11.3亿元 | |
| 48 | 长城财富保险资产管理股份有限公司 | 债权投资计划 | 长城财富－粤海集团广州不动产债权投资计划 | 支持粤港澳大湾区重点项目建设 | 投资项目为粤海云港城商办项目，位于粤港澳大湾区核心城市广州市白云区，属于保险资金支持粤港澳大湾区重点项目建设，同时投资项目符合绿色建筑设计标准，符合保险机构绿色金融投资理念 | 40亿元 | |
| 49 | 英大保险资产管理有限公司 | 组合类资管产品 | 英大资产稳利创鑫系列产品 | 区域经济发展战略 | 公司发行的稳利创鑫系列产品，采用摊余成本法的设计有效保证了投资人的本金安全。产品重点投资地方专项债，支持地方经济高质量发展，有效响应了国家"六稳六保"的工作方针 | 174亿元 | 财视中国第十四届基金与财富管理介甫奖－"优秀创新保险资管产品" |
| 50 | 英大保险资产管理有限公司 | 组合类资管产品 | 英大资产泰和优选3号产品 | 支持国家科技创新战略 | 泰和优选3号产品主要投向高科技行业上市公司，在为客户带来收益的同时，支持了国家科技自主创新发展 | 2.55亿元 | |
| 51 | 华夏久盈资产管理有限责任公司 | 债权投资计划 | 华夏久盈－招商蛇口基础设施债权投资计划 | 区域经济发展战略 | 公司以发行债权投资计划的方式完成了对招商局蛇口工业区控股股份有限公司在深圳市南山区两个基础设施项目的保险资金投放，助力招商蛇口在粤港澳大湾区的重要基础设施项目建设 | 7.57亿元 | |

续表 13

| 序号 | 机构名称 | 项目类型 | 项目名称 | 服务类型 | 项目简介 | 项目资金规模 | 项目获奖 |
|---|---|---|---|---|---|---|---|
| 52 | 华夏久盈资产管理有限责任公司 | 债权投资计划 | 华夏久盈－招商蛇口仓储债权投资计划 | 区域经济发展战略 | 公司以发行债权投资计划的方式完成了对招商局蛇口工业区控股股份有限公司在深圳市南山区两个基础设施项目的保险资金投放，助力招商蛇口在粤港澳大湾区的重要基础设施项目建设 | 6.21 亿元 | |
| 53 | 华夏久盈资产管理有限责任公司 | 股权投资计划 | 华夏久盈－中电建路桥股权投资计划 | "一带一路"建设 | 公司投资由华夏久盈自主发行的华夏久盈－中电建路桥股权投资计划，本次瑞众保险战略入股的中电建路桥，成为中电建路桥新的社会资本和战略投资人，系中国电建体系内专项开拓基础设施建设的重点企业 | 20.01 亿元 | |
| 54 | 建信保险资产管理有限公司 | 资产支持计划 | 建信保险资管－浦江系列资产支持计划 | 支持中小微企业及普惠金融 | 该系列产品作为企业小额贷款债权类的资产证券化产品和个人消费金融债权类的资产证券化产品，以产品认购资金购买原始权益人拥有的基础资产，属于支持普惠金融范畴 | 209 亿元 | |
| 55 | 百年保险资产管理有限责任公司 | 债权投资计划 | 百年－上虞国投基础设施债权投资计划 | 支持乡村振兴战略 | 本项目主要建设示范农业、粮食储存、农资配送销售、乡镇市场提升、农村人居环境提升、农文旅建设等方面，有助于促进农业增效、农民增收，改变区域资源环境约束，解决农业农村发展空间受限等问题，从而实现绿色发展和资源永续利用，带动区域共同富裕 | 8 亿元 | |
| 56 | 百年保险资产管理有限责任公司 | 债权投资计划 | 百年－温州鹿城基础设施债权投资计划 | 绿色金融 | 项目是绿色经济的样板工程，为全市的绿色经济发展提供样板。通过停车位、充电桩、储能站、换电站全方位一体化的绿色新基建的实施，补齐基础设施短板，推动清洁生产、绿色服务作为新的经济增长点。该项目是数字经济与绿色发展的融合，推动形成绿色低碳的消费理念、生产方式和消费模式 | 3 亿元 | 中诚信绿色评估 G－1 等级认证 |

续表 14

| 序号 | 机构名称 | 项目类型 | 项目名称 | 服务类型 | 项目简介 | 项目资金规模 | 项目获奖 |
|---|---|---|---|---|---|---|---|
| 57 | 工银安盛资产管理有限公司 | 债权投资计划 | 工银安盛－滨江水环境绿色基础设施债权投资计划 | "双碳"目标 | 该计划募投项目为南京市江北新区滨江水环境提升利用系统工程四期，项目主要包括河道排口整治、调蓄设施建设、河道清淤、景观绿化、污水管网改造等工程，具有极强的绿色属性。同时，本项目位于长江流域，有利于改善长江水环境，确保落实长江发展战略及思想 | 8亿元 | |
| 58 | 工银安盛资产管理有限公司 | 债权投资计划 | 工银安盛－白云水库绿色基础设施债权投资计划 | "双碳"目标 | 该计划募投项目为济南市章丘白云水库工程，是济南市年度市级重点项目，已被列入《全国"十三五"大中型水库建设规划》《山东省水资源综合利用中长期规划》，是缓解济南市东部新区及章丘区供水矛盾、提高当地应急保障能力和促进水资源密集型产业发展的重点项目 | 5亿元 | |
| 59 | 工银安盛资产管理有限公司 | 资产支持计划 | 工银安盛－安惠1号资产支持计划 | 普惠金融 | 向原始权益人受让其持有的对借款人合法享有的消费贷款资产，基础资产为个人消费者基于在"抖音商城"购买商品而使用的"抖音月付"消费贷款服务 | 50亿元 | |
| 60 | 交银保险资产管理有限公司 | 债权投资计划 | 交银－湖北交投绿色基础设施债权投资计划 | 绿色金融、区域经济发展战略 | 本债权投资计划投资于武汉至松滋高速公路江陵至松滋段（含观音寺长江大桥）项目，对改善湖北省中游城市群对外交通出行条件，带动区域产业协作，促进沿线资源开发和社会经济发展等方面具有重要意义。本项目实施方案中的高速公路绿化、ETC设施建设、智能化信息系统建设、生态保护区保护、疏浚弃土循环利用等对生态环境的可持续发展具有积极效益 | 30亿元 | |

续表15

| 序号 | 机构名称 | 项目类型 | 项目名称 | 服务类型 | 项目简介 | 项目资金规模 | 项目获奖 |
|---|---|---|---|---|---|---|---|
| 61 | 交银保险资产管理有限公司 | 债权投资计划 | 交银－新盛绿源循环基础设施绿色债权投资计划 | 绿色金融 | 本债权投资计划投资于徐州市循环经济产业园中的建筑垃圾综合处理中心、危险废弃物处置中心、污水处理厂，建成后可实现年处理拆除垃圾80万吨、装修垃圾20万吨、可利用一般固体废弃物30万吨，无害化和减量化处理危险废物7.26万吨，解决园区及周边防污减污能力不足的问题，为经济社会可持续发展提供助力 | 9亿元 | |
| 62 | 中信保诚资产管理有限责任公司 | 私募股权投资基金 | 中小企业发展基金（深圳南山有限合伙） | 普惠金融 | 根据国务院关于设立国家中小企业发展基金的会议精神及指示，财政部、工信部、科技部、国家发改委和国家工商总局五部委共同牵头落实，于2016年首期试点设立了四支中小企业发展基金子基金，其中包括中小企业发展基金（深圳南山有限合伙） | 1亿元 | |
| 63 | 中信保诚资产管理有限责任公司 | 私募股权投资基金 | 中小企业发展基金（成都）交子创业投资合伙企业（有限合伙） | 普惠金融 | 东方富海于2022年6月发起设立中小企业发展基金（成都）交子创业投资合伙企业（有限合伙）（简称"成都基金"），总规模50亿，是唯一一只落地西南三省的中小企业发展基金，也成为国家中小企业发展基金成立以来规模最大的一只子基金 | 2亿元 | |
| 64 | 国寿投资保险资产管理有限公司 | 股权投资计划 | 国寿投资－京港地铁股权投资计划 | 绿色金融、京津冀协同发展 | 该项目与北京首都创业集团有限公司共同认购总规模120.02亿元的北京京港地铁股权投资基金合伙企业（有限合伙），充分发挥保险资金另类投资优势，以实际行动提升金融服务实体经济质效，是中国人寿作为金融央企心怀"国之大者"的又一成功典范 | 60亿元 | |

续表 16

| 序号 | 机构名称 | 项目类型 | 项目名称 | 服务类型 | 项目简介 | 项目资金规模 | 项目获奖 |
|---|---|---|---|---|---|---|---|
| 65 | 国寿投资保险资产管理有限公司 | 资产支持计划 | 国寿投资－拓星资产支持计划（第2期） | 普惠金融 | 为大力发展普惠金融，加强对小微企业融资支持，提高服务实体经济质效，国寿投资公司协同旗下国寿资本公司发起设立"国寿投资－拓星资产支持计划"。2023年，有效支持1 921家小微企业主的经营性融资需求。本计划精准定位小微企业经营过程中的资金周转需求，为更多小微企业提供了更高效的融资渠道，并引入保证保险增信，是安全、稳健、优质的普惠金融类资产 | 储架规模50亿元，第2期规模7.5亿元 | |
| 66 | 国寿投资保险资产管理有限公司 | 基金类产品 | 广西广投桂能能源投资合伙企业（有限合伙） | 绿色金融、支持战略性新兴产业发展、重大基础设施建设、西部大开发 | 为进一步盘活存量资产，助力发展绿色金融，支持重大基础设施建设，服务西部大开发，国寿投资公司旗下国寿金石公司作为基金管理人发起设立广西广投桂能能源投资合伙企业（有限合伙）（简称新桂基金），基金穿透投资于广西防城港核电有限公司。该基金引入社保基金投资45亿元，国寿投资－新桂股权投资计划出资5亿元，成功开启社保基金与保险资产管理公司在另类投资领域的首次项目合作 | 100.02亿元 | |
| 67 | 国华兴益保险资产管理有限公司 | 债权投资计划 | 国华兴益－黄河水东调基础设施债权投资计划 | 绿色金融、区域经济发展战略 | 投资项目为黄水东调二期工程项目，青岛、烟台、潍坊、威海四市所处的胶东地区为山东省缺水最为严重的地区，为充分利用青烟潍威四市引黄用水指标，缓解四市水资源供需矛盾，2016年山东省委省政府确定启动黄水东调工程建设。投资项目能够充分发挥黄水东调工程效益，完善胶东地区水资源配置工程体系 | 15.8亿元 | 联合赤道给予最高绿色等级G－1 |

续表 17

| 序号 | 机构名称 | 项目类型 | 项目名称 | 服务类型 | 项目简介 | 项目资金规模 | 项目获奖 |
| --- | --- | --- | --- | --- | --- | --- | --- |
| 68 | 国华兴益保险资产管理有限公司 | 债权投资计划 | 国华兴益－北京琉璃河基础设施绿色债权投资计划 | 绿色金融、区域经济发展战略 | 该项目为北京市房山区琉璃河湿地公园项目，通过开展"退耕还林、退耕还湖"等工作，改善首都周边水环境，打造世界一流的和谐宜居之都。投资项目能够有效涵养地下水源，确保该段河道防洪安全及周边湿地公园相关设施、村庄、企业安全，同时对改善生态环境、打造京西南进京第一门户形象、实现京津冀区域生态一体化等具有重要意义 | 15 亿元 | 联合赤道给予最高绿色等级 G－1 |
| 69 | 安联保险资产管理有限公司 | 绿色债券 | 22 工商银行绿色金融债 01 | 绿色金融 | 该债券为工商银行于 2022 年发行的首期绿色金融债，规模 100 亿元，该笔绿色金融债募集资金用于《绿色债券支持项目目录（2021 年版）》中包含的具有显著碳减排效益的绿色产业项目，助力我国碳达峰、碳中和战略目标的实现 | 0.5 亿元 | 《证券时报》2023 保险业绿色发展方舟奖、2023 新浪金麒麟年度 ESG 投资保险机构 |
| 70 | 安联保险资产管理有限公司 | 债权投资计划 | 安联资管－漳州古雷公共管廊基础设施债权投资计划 | "一带一路"建设 | 该项目用于古雷山南路公共管廊支廊及配套设施工程项目和古雷公共管廊工程项目，公共管廊建设是古雷石化园区实现基础设施共享的重要措施之一。古雷开发区是全国七大石化产业基地之一、21 世纪海上丝绸之路核心区的重点建设区域 | 3.5 亿元 | |
| 71 | 人保资本保险资产管理有限公司 | 债权投资计划 | 人保资本－先正达集团基础设施债权投资计划 | 科技金融、服务保障国家粮食安全 | 2023 年，人保资本通过设立保险债权投资计划向全球领先的农业科技创新企业先正达集团股份有限公司（以下简称先正达集团）投放首期保险资金。支持先正达集团在优良品种和生物育种技术等方面持续创新研发，破解种业技术"卡脖子"难题，增强农业产业链韧性，助力构建农业现代化产业体系，保障国家粮食安全 | 25 亿元 | |

续表 18

| 序号 | 机构名称 | 项目类型 | 项目名称 | 服务类型 | 项目简介 | 项目资金规模 | 项目获奖 |
|---|---|---|---|---|---|---|---|
| 72 | 人保资本保险资产管理有限公司 | 债权投资计划 | 中国广核集团基础设施债权投资计划（三期、四期） | 绿色金融、服务国家"双碳"目标 | 2023年，人保资本深化同中广核集团合作，再次合作开发了"中国广核集团基础设施债权投资计划（三期、四期）"，资金用于浙江三澳核电厂一期工程建设，这是浙江省首个采用"华龙一号"自主产权技术的核电项目，也是助力浙江省在"十四五"期间达成"碳达峰、碳中和"目标的重点工程，有利于进一步优化我国能源结构、保障国家能源安全 | 50亿元 | |
| 73 | 人保资本保险资产管理有限公司 | 私募股权基金 | 华润医药商业集团 | 养老金融 | 2023年，人保康养基金完成了对华润医药商业集团（以下简称华润医商）混改引战项目的投资认购，助力全国医药流通巨头企业战略升级，医药流通在全民药械供应保障方面有明确的战略意义。人保资本股权投资助力华润医商进一步向上下游延伸产业链，加快数字化转型，实现更高质量发展 | 2亿元 | |
| 74 | 太平资本保险资产管理有限公司 | 间接股权投资 | 太平乡村振兴股权投资基金（有限合伙） | 支持乡村振兴战略 | 太平乡村振兴股权投资基金主要投向农业农村基础设施建设、现代种养业、现代种业、乡村富民产业、农产品加工流通业、农业科技创新等领域。基金积极助力太平集团定点帮扶的甘肃两当、安徽六安等地特色农业产业发展，已实现首个投资项目—"甘肃两当太平助农项目"落地 | 5亿元 | |

续表 19

| 序号 | 机构名称 | 项目类型 | 项目名称 | 服务类型 | 项目简介 | 项目资金规模 | 项目获奖 |
|---|---|---|---|---|---|---|---|
| 75 | 太平资本保险资产管理有限公司 | 债权投资计划 | 太平资本－上海首杨债权投资计划、太平资本－湖南建投基础设施债权投资计划（一期）、太平资本－河运高速基础设施债权投资计划（一期） | 区域经济发展战略 | 1. 上海首杨项目是太平资本在具备投资能力资质后发行的首批债权投资计划产品首次提款，是公司积极服务国家重大战略部署，持续推进长三角一体化区域经济发展战略的重要举措 2. 湖南建投项目募集资金用于支持湖南衡阳至永州路段高速公路项目建设，是公司助力长江经济带高质量发展战略落地实施的重要举措 3. 河运高速项目作为山西省高速公路网"三纵十二横十二环"西纵的重要组成部分，起着连接横向公路侯禹段及侯运段的重要作用，是公司促进中部地区加快崛起战略的重要举措 | 1. 上海首杨项目提款规模 9 亿元 2. 湖南建投项目提款规模 7 亿元 3. 河运高速项目提款规模 5 亿元 | |
| 76 | 太平资本保险资产管理有限公司 | 股权投资计划 | 太平资本－菜鸟网络高标仓股权投资计划 | 现代流通体系建设 | 该项目是太平资本发行的首单股权投资计划产品，募集资金拟用于投资位于物流核心枢纽的高品质高标仓。该项目为行业内唯一的由保险资金、头部电商、快递公司共同参与的 Pre－REITs 项目，是公司助力现代流通体系建设，构建以国内大循环为主体、国内国际双循环相互促进的新发展格局的重要举措 | 注册规模 3 亿元，认缴规模 2.4 亿元 | |
| 77 | 中邮保险资产管理有限公司 | 债权投资计划 | 阳光－中国节能基础设施债权投资计划（一期） | 绿色金融 | 融资主体"中节能集团"系国务院国资委直属中央企业，在清洁能源开发、清洁供能、固废处理及生物质发电、污水处理等领域地位突出。本债权投资计划资金所投项目，系中节能集团下属固废处理及生物质发电板块，4 个项目分别位于济南、青岛、保定三城，符合绿色金融和绿色产业的发展要求 | 3.75 亿元 | |

## 三、履行社会责任情况[1]

| 序号 | 机构名称 | 项目类型 | 项目名称 | 项目简介 | 资金规模 | 项目获奖 |
|---|---|---|---|---|---|---|
| 1 | 中国人保资产管理有限公司 | 定点捐款 | 定点帮扶县捐赠 | 向定点帮扶县留坝、桦川、乐安等地累计捐赠450万元 | 2023年向定点帮扶县捐款450万元 | |
| 2 | 中国人保资产管理有限公司 | 帮购帮销 | 定点帮扶县销帮购农产品 | 完成四个定点县帮销帮购农产品不低于60万元 | 2023年完成四个定点县帮销帮购74.89万元，额外帮销内蒙古等地区1.11万元 | |
| 3 | 中国人保资产管理有限公司 | 引资帮扶 | 留坝、桦川县引资帮扶800万元 | 向留坝、桦川县引进无偿帮扶资金800万元 | 2023年向留坝、桦川县引进无偿帮扶资金累计800万元 | |
| 4 | 中国人寿资产管理有限公司 | 消费帮扶 | 定向采购脱贫地区农产品 | 按照2023年度定点帮扶工作计划，公司消费采购及通过工会为员工采购脱贫地区农产品 | 2023年共计消费帮扶金额为210.65万元 | |
| 5 | 华泰资产管理有限公司 | 捐款 | 内蒙古兴和县定点帮扶项目 | 2021年起，公司积极协助开展内蒙古自治区兴和县定点帮扶工作，捐资专项用于全国社会保障基金理事会在兴和县的定点帮扶项目 | 2023年捐款7万元 | 兴和县人民政府感谢信 |
| 6 | 中再资产管理股份有限公司 | 捐赠物资、教育帮扶 | 中再资产新绿公益计划 | 2023年9月，应青海省循化县牙日小学师生提出的需求，中再资产新绿公益计划捐赠四台智慧黑板，解决了原老旧设备无法使用的问题，有效提升了教学效率与质量，相关事迹被刊登在循化县牙日小学（2023）第07期《文都教育》（2023年第7期）上。目前，牙日小学各项设施基本齐全，学生生活条件大为改善 | 2023年捐赠9.96万元购置智慧黑板 | |

[1] 统计时间区间为2023年全年；因篇幅有限，表中所列仅为各保险资产管理公司积极履行社会责任的部分情况摘编。

续表 1

| 序号 | 机构名称 | 项目类型 | 项目名称 | 项目简介 | 资金规模 | 项目获奖 |
|---|---|---|---|---|---|---|
| 7 | 中再资产管理股份有限公司 | 捐赠物资、公益活动 | 心系老人办实事，冬送温暖映初心——中再资产赴敬老院开展公益活动 | 2023年冬天，中再资产面向全体员工举办健步走公益募捐，共募善款两万余元，赴北京市丰台区嘉祥敬老院开展冬送温暖活动，为老人们送上暖冬礼包，将来自中再资产员工的衷心问候和亲切关怀传达给老人们和敬老院的工作人员 | 2023年捐赠暖冬礼包2万元 | |
| 8 | 中再资产管理股份有限公司 | 金融帮扶 | 引入外部资金金融帮扶 | 中再资产不断探索拓宽帮扶工作思路，确保自身帮扶资金到位的同时，主动发挥投资优势，协调引入鼎晖基金、通沛基金等外部社会资本10万元，对口支持中国再保定点帮扶对象青海省循化县清水乡大庄村孟达小学 | 2023年募捐10万元置办教学设备 | |
| 9 | 平安资产管理有限责任公司 | 消费帮扶 | 平安资管乡村振兴农产品采购帮扶 | 2023年度，平安资管积极履行社会责任，开展《平安有爱，送爱到家》主题消费帮扶活动，向广西田林县、陕西佛坪县、江西赣州、甘肃渭源县、重庆等地纺织和农牧产品采购消费帮扶产品，助力乡村经济发展，共计95万余元 | 2023年帮扶95万元 | |
| 10 | 平安资产管理有限责任公司 | 捐款 | 平安资管乡村振兴"乌兰哈达苏木幸福院修缮"专项帮扶 | 2023年度，平安资管按照原中国银保监会发布的《关于银行业保险业做好2023年全面推进乡村振兴重点工作的通知》文件精神，发挥定点帮扶职责，帮助"乌兰哈达苏木幸福院修缮"项目解决资金缺口，有效解决当地基层实际困难，落实好助力乡村振兴各项工作任务，持续巩固提升帮扶质效 | 2023年度捐款15万元 | 收到中共察哈尔右翼后旗委员会感谢信一封 |
| 11 | 泰康资产管理有限责任公司 | 消费扶贫 | 内蒙古乌兰察布市察右中旗、察右后旗消费扶贫项目 | 扶贫工作是党和国家关于乡村振兴战略的重要部署决策。泰康资产工会结合传统节日，在给员工发放的慰问品中增加扶贫地区生产的农副食品，通过消费帮扶的方式，助力贫困地区经济发展 | 2023年消费扶贫总金额约60万元 | |

续表2

| 序号 | 机构名称 | 项目类型 | 项目名称 | 项目简介 | 资金规模 | 项目获奖 |
| --- | --- | --- | --- | --- | --- | --- |
| 12 | 泰康资产管理有限责任公司 | 捐款 | 泰康资产捐助泰康溢彩公益基金会 | 1. 捐助新疆阿克苏沙雅县努尔巴格乡英阿瓦提村核桃加工厂，以自动化设备助力核桃加工，每户农户每年增加1万~2万元收入，开启产业升级、乡村振兴新篇章 2. 捐资"英阿瓦提村少年夏令营"，通过组织开展历史文化、爱国主义教育、现代化研学等寓学于游的城市学习交流活动，支持乡村学生走出家乡、看见更广阔的世界 | 2021—2025年，捐赠200万元助力乡村振兴，分5年完成，截至2023年累计捐赠120万元 | |
| 13 | 泰康资产管理有限责任公司 | 公益活动 | PEER毅恒挚友公益捐书活动 | 泰康资产联合北京毅恒挚友大学生志愿服务促进中心（PEER）开展"为县镇学生开启图书盲盒"活动，面向县域中学生进行荐书、选书、赠书及阅读交流的活动，丰富县中学生的精神生活 | 2023年捐赠价值1.1968万元的书籍 | |
| 14 | 新华资产管理股份有限公司 | 消费帮扶 | 新华资产助力乡村振兴定点帮扶工作 | 多年来持续为内蒙古乌兰察布察哈尔右翼后旗贫困地区进行专项扶贫帮扶工作，采买当地农产品 | 2023年共计采买25.6万元农产品 | |
| 15 | 新华资产管理股份有限公司 | 捐款活动 | 新华资产"暖冬计划" | 为了让欠发达地区的孩子们度过一个温暖的冬天，新华资产组织募捐活动为新疆买谢提小学、甘肃渭源莲峰镇第一中心小学等5所乡村学校的1 900名孩子捐赠羽绒服 | 活动募集金额共计5.49万元 | |
| 16 | 新华资产管理股份有限公司 | 捐赠物资 | "助力全民健康·共建幸福家园" | 新疆阿牙克库勒达西村的村民多患有高血压、糖尿病等疾病。新华资产组织员工为该地区村民捐赠血糖仪、血压仪等医疗检测器械，为村民进行日常检测提供了切实帮助支持 | 共计捐赠血糖仪、血压仪73台 | |
| 17 | 太平洋资产管理有限责任公司 | 公益帮扶 | "乌兰哈达苏木幸福院修缮"定点帮扶乡村振兴项目 | 太保资产积极对接中国保险资产管理行业协会的定点帮扶乡村振兴项目，帮助"乌兰哈达苏木幸福院修缮"项目解决资金缺口，助力修建建设"幸福食堂"，并收到来自察哈尔右翼人民政府的感谢函 | 2023年帮扶6万元 | |

续表3

| 序号 | 机构名称 | 项目类型 | 项目名称 | 项目简介 | 资金规模 | 项目获奖 |
| --- | --- | --- | --- | --- | --- | --- |
| 18 | 太平洋资产管理有限责任公司 | 捐赠物资 | 为乡村小学、辅读学校和困难老人捐赠物资设备 | 在云南保山隆阳区，推进爱心助学计划，与当地小学签订助学共建协议，向云南保山市潞江小平田明德小学和潞江镇道街小学捐赠电脑、复印机等教学物资设备。向青海果洛小学、浦东新区辅读学校捐赠美术用品。向陆家嘴社区公益基金会捐赠太安谷大米，为街道困难老人送上关怀和温暖 | 10.2万元 | |
| 19 | 太平洋资产管理有限责任公司 | 消费帮扶 | 采购云南保山地区的扶贫咖啡 | 2020年以来，太保资产在云南保山确定了需要对口支持的村落和咖农，每年持续定制云南保山"公益特色咖啡"，帮助咖农提升销量，提高和稳定当地咖农收入，通过咖啡消费助力咖农走出困境 | 2023年帮扶5.4万元 | |
| 20 | 太平资产管理有限公司 | 捐款 | 引入外部资金捐赠 | 发掘自身业务资源，引荐外部客户开展资金捐赠方式，支持集团定点帮扶地区两当县乡村振兴发展。2023年以来引荐前海人寿、百瑞信托等企业开展无偿捐助119万元。其中，向两当县捐赠99万元，用于支持两当县产业、民生、基建等乡村振兴事业；20万元捐赠中国乡村发展基金会，用于基金会在两当县开展百美村庄调研、培训项目等 | 2023年捐款119万元 | 公司"外部单位捐赠定点帮扶资金项目"荣获集团2022年度"优秀公益事业项目奖" |
| 21 | 太平资产管理有限公司 | 志愿帮扶 | 助农帮扶视频参加央视公益展播项目 | 太平资产与央视17套农业农村频道《谁知盘中餐》品牌栏目开展为期两周的拍摄工作。本项目是太平资产首次拍摄制作助农视频，一方面提升了"太平中华蜜"的品牌知名度和美誉度，为助农销售公司的发展壮大创造了良好条件，持续巩固拓展公司脱贫攻坚成果；另一方面，广泛宣传了中国太平在助农扶贫领域的丰硕成效，较好展现了公司助农扶贫的特色做法 | — | "太平中华蜜"亮相首届"乡村振兴品牌节"，入选乡村振兴组织振兴典型案例 |
| 22 | 太平资产管理有限公司 | 消费帮扶 | 持续开展消费帮扶 | 2023年公司采购两当县、裕安区、内蒙古乌兰察布察右中等多个太平集团、中国保险资产管理业协会定点帮扶地区的特色农产品52万余元，推进农牧业增效，推动农牧民增收，不断巩固脱贫成果。接待两当县助农销售公司一行来访，交流推动消费帮扶工作。两当县助农销售公司感谢公司对于当地农产品销售的大力支持，向公司赠送锦旗 | 2023年帮扶52万元 | |

续表 4

| 序号 | 机构名称 | 项目类型 | 项目名称 | 项目简介 | 资金规模 | 项目获奖 |
|---|---|---|---|---|---|---|
| 23 | 生命保险资产管理有限公司 | 消费帮扶 | 开展消费帮扶 | 2023 年 2 季度，生命资产开展专项消费帮扶，通过察右中旗电子商务平台"草原精品汇"小程序采购察右中旗燕麦片、牛肉干等农牧产品合计 37 138.5 元 | 2023 年消费帮扶 3.71 万元 | |
| 24 | 生命保险资产管理有限公司 | 志愿帮扶 | 开展养老服务项目帮扶 | 2023 年 3 季度，生命资产响应监管部门及中国保险资产管理业协会号召，支持帮扶地区养老设施建设，对乌兰哈达苏木幸福院修缮项目进行专项资金帮扶，金额为 60 000 元，助力推动加强养老公共服务体系建设，建设宜居宜业和美乡村 | 2023 年帮扶 6 万元 | |
| 25 | 生命保险资产管理有限公司 | 公益活动 | 组织童书捐赠 | 2023 年 4 季度，公司组织开展"童书乐捐"公益活动，面向全体员工，为乡村地区少年儿童开展童书捐赠。此次"童书乐捐"共募集图书 40 本 | — | |
| 26 | 光大永明资产管理股份有限公司 | 捐赠物资、志愿帮扶 | 出资协助建设远程视频诊疗服务系统；为贫困党员和留守儿童捐赠 | 提供资金协助定点帮扶地区湘西地区（古丈县坪坝镇）建设远程视频诊疗服务系统，为村民提供远程医疗问诊，助力提升乡村卫生服务能力和医疗水平；向溪口村、大寨村贫困党员和留守儿童捐赠现金以及图书 600 余本、玩具和学习用品 120 余件 | — | |
| 27 | 合众资产管理股份有限公司 | 消费帮扶 | 采购定点帮扶地区农副产品 | 公司积极响应中国保险资产管理业协会定点帮扶倡议，采购内蒙古乌兰察地区特色农牧产品近 8 万元。公司自 2019 年起连续四年通过消费帮扶＋产业帮扶的形式，采购农副产品、为当地"蘑菇大棚"建设提供资金支持，累计投入资金近 46 万元，有效地促进当地居民稳定持续增收和特色产业长效发展 | 2023 年帮扶 8 万元 | |
| 28 | 阳光资产管理股份有限公司 | 捐赠物资 | 依旧有爱，让爱循环 | 为西藏自治区昌都市察雅县吉嘎村捐赠衣物，捐赠对象吉嘎村位于西藏自治区昌都市察雅县，海拔高气候严寒。活动发起后，公司员工踊跃参与，短短几天内就捐赠了爱心衣物 200 余件，通过爱的包裹给吉嘎村村民带去一份温暖和关爱 | — | |

续表 5

| 序号 | 机构名称 | 项目类型 | 项目名称 | 项目简介 | 资金规模 | 项目获奖 |
|---|---|---|---|---|---|---|
| 29 | 阳光资产管理股份有限公司 | 捐赠物资 | 阳光有爱，温暖前行 | 联合"飞蚂蚁"爱心公益组织开展"阳光有爱，温暖前行"爱心捐赠活动，给四川省凉山彝族的孩子们捐赠衣物及书籍。活动发起后，公司员工踊跃参与，短短几天内就捐赠了爱心衣物及书籍200余件，通过爱的包裹给大山的孩子们带去一份温暖和关爱 | — | |
| 30 | 阳光资产管理股份有限公司 | 消费帮扶 | 消费帮扶传递阳光温度 | 2023年阳光资产坚持开展乡村振兴消费帮扶工作，对接吉林安图、内蒙古察哈尔右翼后旗、甘肃临洮和重庆彭水等地，参与购置贫困地区特色农牧产品建立长期的帮扶关系。2023年消费帮扶共计27.5万元，缓解了贫困地区农牧产品售卖难的问题，助力当地贫困群众持续稳定增收，为乡村振兴助力 | 2023年消费帮扶共计27.5万元 | |
| 31 | 华安财保资产管理有限责任公司 | 消费帮扶 | 定点帮扶计划 | 连续四年购买内蒙古自治区乌兰察布市察哈尔右翼后旗乌兰哈达苏木地区当地的特色农产品作为员工福利发放，助力当地贫困群众稳定增收 | 2023年采购特色农产品6万余元 | |
| 32 | 长城财富保险资产管理股份有限公司 | 消费帮扶 | 中国保险资产管理业2023年助力乡村振兴定点帮扶工作 | 响应中国保险资产管理业协会2023年助力乡村振兴定点帮扶工作的号召，投入约13万元用于采买定点帮扶地区农产品，支持行业定点帮扶乌兰哈达苏木地区绿色发展 | 2023年帮扶13万元 | |
| 33 | 华夏久盈资产管理有限责任公司 | 消费帮扶 | 华夏久盈消费扶贫 | 华夏久盈以工会经费为主要资金来源，多年来持续对乌兰察布察右后旗进行专项扶贫帮扶活动，采购扶贫物资 | 2023年帮扶6.5万元 | |
| 34 | 建信保险资产管理有限公司 | 消费帮扶 | 脱贫攻坚、乡村振兴 | 坚持做好巩固脱贫攻坚成果同乡村振兴有效衔接工作，采购帮扶物资共计198 040元 | 2023年帮扶19.8万元 | |
| 35 | 百年保险资产管理有限责任公司 | 消费帮扶 | 内蒙古扶贫计划项目 | 在中国保险资产管理业协会等机构的组织下，对接内蒙古自治区乌兰察布市察哈尔右翼后旗白镇等贫困地区，主动购买农牧产品近6万元，用实际行动为解决贫困地区因疫情影响导致的农牧产品滞销问题尽绵薄之力 | 2023年帮扶6万元 | |

续表6

| 序号 | 机构名称 | 项目类型 | 项目名称 | 项目简介 | 资金规模 | 项目获奖 |
| --- | --- | --- | --- | --- | --- | --- |
| 36 | 百年保险资产管理有限责任公司 | 公益活动 | "星光闪耀，童心相连"六一儿童节公益活动 | 2023年6月，百年保险资产管理有限责任公司联合来比心机构共同开展"星光闪耀，童心相连"节日特别活动，与来自星星的孤独症小朋友们一同绘制湿拓画、做手工，度过了一个快乐温馨的儿童节 | — | 来比心能力成长中心-优秀公益合作伙伴 |
| 37 | 百年保险资产管理有限责任公司 | 公益活动 | "多彩世界，让爱一路同行"花木街道阳光之家公益志愿活动 | 2023年2月24日，百年保险资产管理有限责任公司开展了"多彩世界，让爱一路同行"关爱残障人士的公益志愿活动。公司志愿者团队走进了上海市花木街道的阳光之家，与残障人士们一起玩游戏，做剪纸手工，吃蛋糕、过生日，和这群特殊的"学员们"共同度过了一个温暖的生日会 | — | |
| 38 | 工银安盛资产管理有限公司 | 公益活动 | 员工无偿献血活动 | 公司自2020年起，每年组织无偿献血活动。连续3年，累计23名员工抵达爱心献血屋参与无偿献血，以实际行动践行公益精神，履行社会责任 | — | |
| 39 | 工银安盛资产管理有限公司 | 消费帮扶 | 定点帮扶地区的消费帮扶 | 公司工会响应总行号召，以新春节日为契机，做好消费帮扶工作，对总行定点四县市，采购农副产品，开展消费帮扶，累计采购金额13 700元 | 2023年帮扶1.37万元 | |
| 40 | 招商信诺资产管理有限公司 | 消费帮扶 | 2023年助力乡村振兴定点帮扶工作计划 | 2023年6月，招商信诺资管参与中国保险资产管理业2023年助力乡村振兴定点帮扶工作计划，采买定点帮扶地区农产品投入27 600元 | 2023年帮扶2.76万元 | |
| 41 | 招商信诺资产管理有限公司 | 捐款 | "抗旱保粮"爱心捐赠活动 | 2023年7月15日，招商信诺资管向云南省曲靖市德泽乡米支嘎村捐赠了50 000元的抗旱资金，用于购置水泵、水管、电缆、水桶等抗旱物资设备，帮助群众做好"抗旱保粮"工作 | 2023年捐款5万元 | |
| 42 | 国寿投资保险资产管理有限公司 | 公益活动 | 与飞蚂蚁合作捐衣造林活动 | 积极履行社会责任，展现公司生态振兴担当。发起公益林活动倡议，捐赠旧衣物3 000余公斤，赴甘肃开展公益植树挂牌及造林活动，充分展现公司热心公益事业、勇于承担社会责任的精神风貌 | — | |

续表 7

| 序号 | 机构名称 | 项目类型 | 项目名称 | 项目简介 | 资金规模 | 项目获奖 |
|---|---|---|---|---|---|---|
| 43 | 国寿投资保险资产管理有限公司 | 基金类产品 | 国寿（郧西）乡村振兴基金 | 国寿（郧西）乡村振兴基金规模5 000万元，资助覆盖教育、乡村医护工作者、乡村振兴创业带头人、返乡青年创设的扶贫产业等方面，为郧西县巩固拓展脱贫成果，推动乡村全面振兴提供有力支持，使之成为全面推进郧西乡村振兴的一项长效帮扶举措 | 2023年分配收益400万元，惠及约1 600名困难学生 | |
| 44 | 安联保险资产管理有限公司 | 消费帮扶 | 安联资管爱心助农计划 | 为积极响应中国保险资产管理业协会号召，为农民脱贫工作尽一份力，公司工会委员会于2023年开启"安联资管爱心助农计划"。通过采买定点帮扶地区农产品，实实在在地支持当地农民打开销路 | 2023年帮扶1.16万元 | |
| 45 | 人保资本保险资产管理有限公司 | 志愿帮扶 | 定点帮扶 | 落实公司定点帮扶工作，协调向江西吉安县人民政府引进三方帮扶资金400万元，向陕西留坝县捐赠帮扶项目资金350万元，通过中国人保消费帮扶平台购买定点帮扶四县农产品21.18万元 | 三方帮扶资金400万元捐赠帮扶资金350万元购买帮扶产品21.18万元 | |
| 46 | 人保资本保险资产管理有限公司 | 捐款 | 公益捐赠 | 组织员工参加支援涿州防汛救灾和灾后重建工作捐款，与灾区人民风雨同舟，共渡难关。组织员工参加中国人保2023"PICC爱心日"捐款，用于关爱、慰问系统内困难员工 | — | |
| 47 | 太平资本保险资产管理有限公司 | 消费帮扶 | 集团定点帮扶地区（安徽六安、甘肃两当）消费帮扶 | 根据集团和公司年度定点帮扶工作任务安排，结合公司员工慰问相关安排，制订年度消费帮扶采购计划并适时采购帮扶地区农产品，积极履行央企责任 | 2023年累计采购帮扶地区农产品19.22万元 | |

# 后 记

2023年是保险资产管理业发展的第20个年头。低利率的市场环境叠加权益市场波动，着实让保险业资产端迎来一场"大考"。在此背景下，保险资产管理业坚持稳中有进、稳健发展，持续提升行业高质量发展的水平与服务实体经济质效。

《中国保险资产管理业发展报告（2024）》旨在全面反映中国保险资产管理行业2023年的发展情况及现状。本报告由中国保险资产管理业协会组织编纂，协会研究规划部牵头实施，协会各部门参与报告的撰写工作。同时，34家保险资产管理公司参与了材料提供和问卷调研，198家保险（集团）公司和中保投资有限责任公司也参与问卷调研活动，为本报告的撰写提供了大量数据和丰富素材。

本报告的编写过程中，我们还得到了国家金融监督管理总局相关部门的大力支持。初稿完成后，国家金融监督管理总局相关部门和业内相关专家、学者对报告提出了宝贵的意见和建议，在此对他们表示衷心的感谢。

由于编写时间和水平有限，《中国保险资产管理业发展报告（2024）》难免存在疏漏和不足，真诚希望各位读者批评指正，并提出宝贵意见。

中国保险资产管理业协会

2024年6月